厦门大学知识产权研究丛书

总主编　林秀芹

本书的出版受"福建省高校特色智库——创新与知识产权研究中心"资助

知识产权侵权损害赔偿救济制度研究

朱　冬◎著

Research on Damages Remedy for Intellectual Property Infringement

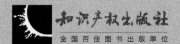

知识产权出版社

全国百佳图书出版单位

图书在版编目（CIP）数据

知识产权侵权损害赔偿救济制度研究／朱冬著. —北京：知识产权出版社，2018.7（2021.6重印）

ISBN 978-7-5130-5657-1

Ⅰ.①知… Ⅱ.①朱… Ⅲ.①知识产权—侵权行为—赔偿—研究—中国 Ⅳ.①D923.404

中国版本图书馆 CIP 数据核字（2018）第 142414 号

责任编辑：刘 睿 邓 莹   **责任校对：王 岩**
文字编辑：邓 莹   **责任印制：孙婷婷**

知识产权侵权损害赔偿救济制度研究

朱 冬 著

出版发行： 知识产权出版社 有限责任公司	**网　址：** http：//www.ipph.cn
社　址： 北京市海淀区气象路 50 号院	**邮　编：** 100081
责编电话： 010-82000860 转 8346	**责编邮箱：** dengying@cnipr.com
发行电话： 010-82000860 转 8101/8102	**发行传真：** 010-82000893/82005070/82000270
印　刷： 北京虎彩文化传播有限公司	**经　销：** 各大网上书店、新华书店及相关专业书店
开　本： 720mm×960mm　1/16	**印　张：** 12.75
版　次： 2018 年 7 月第 1 版	**印　次：** 2021 年 6 月第 2 次印刷
字　数： 200 千字	**定　价：** 48.00 元
ISBN 978-7-5130-5657-1	

目　　录

绪　　论

　　损害赔偿是知识产权侵权救济的重要手段之一，关乎知识产权权利人利益的保障和知识产权法促进创新目标的实现。同时，受知识产权权利客体的非物质性特征所决定，如何确定损害赔偿数额也是一个世界性的难题。近年来，知识产权侵权损害赔偿救济问题在我国受到广泛关注。与此同时，知识产权侵权损害赔偿救济的司法实践状况却并不尽如人意。如何完善我国知识产权侵权损害赔偿救济法律制度，优化知识产权侵权损害赔偿救济的司法实践已成为目前亟须解决的问题。

　　在我国，知识产权侵权损害赔偿救济的司法政策经历了一个演变的过程。在 20 世纪末 21 世纪初，为了解决赔偿数额计算的难题，适应加入 WTO 的要求，贯彻 TRIPs 协议所确定的全面赔偿原则，❶ 知识产权侵权损害赔偿救济问题在我国开始受到关注。在将知识产权保护上升到国家战略层面之后，尤其是在创新驱动发展战略的指引下，对知识产权侵权损害赔偿救济问题的探讨开始带有强烈的政策考量意味。在加大知识产权保护力度以适应国家发展战略的大背景下，最高人民法院确定了全面加大赔偿力度、增加侵权成本、有效遏制侵权发生的司法政策。❷ 受此影响，在我国三部主要知识产权单行法的修订过程中，法定赔偿数额

---

　　❶　2001 年 6 月 12 日，时任最高人民法院副院长曹建明在全国法院知识产权审判工作会议上的讲话。

　　❷　《最高人民法院关于贯彻实施国家知识产权战略若干问题的意见》；《最高人民法院关于当前经济形势下知识产权审判服务大局若干问题的意见》。

的上限被不断提高；❶ 出于对法定赔偿数额限制不足以实现上述政策的考虑，我国法院开始在司法实践中探索超越法定赔偿的上限酌定赔偿数额的方法；❷ 我国学术界则开始对在知识产权领域引入惩罚性赔偿的必要性和可行性展开讨论。❸

近年来，最高人民法院又提出在知识产权损害赔偿额的计算上回归知识产权市场价值，理性看待知识产权侵权损害赔偿的观点。❹ 目前，"以充分实现知识产权市场价值为指引，进一步加大损害赔偿力度"的司法政策已经被写入国务院颁布的《"十三五"国家知识产权保护和运用规划》之中。上述司法政策所强调重点的变化表明，我国对于如何利用知识产权侵权损害赔偿救济促进或者保障创新进而为国家发展的总体战略服务的认识正在不断地深化，这种变化也促使学术界不断深入地对该问题进行理论探讨。如何准确理解和具体落实加大损害赔偿力度的司法政策，使得知识产权司法保护能够切实地起到促进作用和保障创新作用，为创新驱动发展战略的实施提供保障，无疑是摆在理论界和实务界面前的重大课题。

尽管我国法院一直致力于不断完善知识产权侵权损害赔偿的司法实践，但是仍然存在一些问题亟待解决。

在观念层面，我国普遍存在一种唯高额赔偿论的论调。这种观念将加大损害赔偿力度等同于提高赔偿数额。该种认识的基本判断是，我国

---

❶ 2013 年修订的《商标法》将法定赔偿的上限由 50 万元提高至 300 万元；2014 年的《〈著作权法〉（修订草案）》将法定赔偿的上限由 50 万元提高至 100 万元；2015 年的《〈专利法〉修订草案》将法定赔偿的上限由 100 万元提高至 500 万元。

❷ 《最高人民法院关于当前经济形势下知识产权审判服务大局若干问题的意见》（法发〔2009〕23 号）。

❸ 和育东等："知识产权侵权引入惩罚性赔偿之辩"，载《知识产权》2013 年第 3 期；张玲、纪璐："美国专利侵权惩罚性赔偿制度及其启示"，载《法学杂志》2013 年第 2 期；朱丹：《知识产权惩罚性赔偿制度研究》，法律出版社 2016 年版。

❹ 最高人民法院副院长陶凯元在 2014 年 7 月全国法院知识产权审判工作座谈会的讲话中提出，要促进形成符合市场规律和满足权利保护要求的损害赔偿计算机制，使损害赔偿数额与知识产权的市场价值相契合。林广海："市场价值视域下的知识产权侵权赔偿"，载《知识产权》2016 年第 5 期。

目前知识产权损害赔偿数额总体水平不高，❶ 难以有效遏制侵权行为的发生，不利于知识产权保护水平的提高。高额赔偿案件的出现往往被作为知识产权保护水平不断提高的重要指标。赔偿数额的高低往往涉及价值判断，判断知识产权损害赔偿额水平的高低需要一个合理的标准。然而，关于得出上述判断的标准则并未达成一致。一种观点主张，在我国知识产权侵权案件中实际判赔额远远低于当事人的请求额。❷ 据学者对 2006~2008 年商标侵权案件的统计，法院裁判的损害赔偿额平均值仅为商标权人所主张的损害赔偿额平均值的 1/4~1/3。❸ 另一种观点则以国外知识产权损害赔偿平均水平为准，例如，有学者认为我国的知识产权损害赔偿水平远远低于美国，说明我国法院并没有充分评估知识产权的应有价值。❹ 实证研究则表明，我国专利侵权案件法定赔偿平均数额的确偏低，这与专利侵权案件主要集中在传统快速消费品和传统耐用消费品领域有关；而对于高新技术产品而言，法定赔偿平均数额则远远高于前两类产业，法院在司法实践中亦通过关注被告有无恶意竞争、假冒专利、侵犯国外权利人的专利权等因素增加损害赔偿数额。❺ 盲目地从整体上提高知识产权侵权损害赔偿数额的做法，可能导致个案判决的失当，进而影响整个创新秩序。可见，为知识产权侵权损害赔偿额的确定寻找一个合理的标准仍然是一个亟待解决的问题。

在操作层面，知识产权案件中法定赔偿泛滥，导致法律规定的其他损害赔偿计算方式的制度设计被架空。据统计，以法定赔偿计算损害赔

---

❶　《广东法院探索完善司法证据制度破解"知识产权侵权损害赔偿难"试点工作座谈会纪要》（粤高法〔2013〕191 号）。

❷　2005 年 11 月 21 日，时任最高人民法院副院长曹建明在全国法院知识产权审判工作座谈会上的讲话。

❸　[德] 弗兰克·A.哈梅尔："中国法院对知识产权法的实施——兼论对损害赔偿和费用承担的主张"，徐楷行译，见《中德法学论坛》（第 8 辑），南京大学出版社 2011 年版。

❹　李明德："关于知识产权损害赔偿的几点思考"，载《知识产权》2016 年第 5 期。

❺　李黎明："专利侵权法定赔偿中的主体特征和产业属性研究——基于 2002~2010 年专利侵权案件的实证分析"，载《现代法学》2015 年第 7 期。

偿数额的案件占据了目前知识产权损害赔偿案件的绝大部分。❶ 法定赔偿的基本特征在于法院基于特定的考量因素，在法定限额内为当事人确定损害赔偿的数额。对法定赔偿的主要批评亦集中在考量因素的任意性和数额的有限性两个方面。而对解决方案的讨论也主要体现在如何细化法定赔偿的考量因素以降低判决的任意性以及对如何超出法定上限确定损害赔偿数额之上。❷ 为了提高知识产权损害赔偿的水平，最高人民法院推动了在法定赔偿上限以上酌定赔偿数额的司法实践，上述实践形象地被称为"法定赔偿2.0"。❸ 但是，除了突破法定赔偿的数额上限以外，其本质仍然未脱离法院主导损害赔偿数额计算的基本逻辑。由法院主导知识产权损害赔偿数额确定带来的问题是，已有的知识产权损害赔偿规则被架空，当事人在诉讼中怠于就损害赔偿数额进行举证，考量因素的不确定性则导致对知识产权损害赔偿的现状存在的不满完全地指向法院。为了缓解法定赔偿泛滥带来的上述问题，有必要对法定赔偿的适用进行限制，并探讨如何积极引导当事人选择适用知识产权损害赔偿的特有规则的方法。

上述问题表明，对知识产权侵权损害赔偿的制度机理和具体适用做深入细致的研究在我国依然显得十分必要。而研究的重点应当放在为知识产权侵权损害赔偿额的确定寻找一个合理的标准，以及探讨如何利用法律规则，积极引导当事人在证明知识产权侵权损害赔偿方面发挥更大的作用上。

本书研究的主要内容是：知识产权侵权损害赔偿救济制度的政策目标为何；如何利用损害赔偿救济制度实现上述政策目标。第一个问题是研究的出发点，也是判定知识产权损害赔偿救济制度效用的根本标准；

---

❶ 徐聪颖："我国商标权法定赔偿的现状及反思"，载《甘肃政法学院学报》2015年第3期。

❷ 黄晖："知识产权法中法定及酌定赔偿数额的综合认定及举证要求"，载《知识产权》2016年第5期。

❸ 宋健："知识产权损害赔偿问题探讨——以实证分析为视角"，载《知识产权》2016年第5期。

第二个问题是本书研究的重点，即如何设计和适用知识产权损害赔偿救济规则，以有效地解决知识产权损害赔偿数额的确定难题，从而保障知识产权法促进创新基本政策目标的实现。为此，本书首先从知识产权损害赔偿的基本理论问题出发，分析知识产权损害赔偿的政策目标、本质及特征，在此基础上对具体制度的构造和法律适用进行系统的研究。

第一章　基本理论问题

本章主要研究知识产权侵权损害赔偿救济的功能定位和法律构造两个基本理论问题。对这些问题的讨论有助于正确认识知识产权侵权损害赔偿救济的制度本质、政策目标、制度设计以及规则适用，从而为后续知识产权侵权损害赔偿具体制度的研究奠定基础。

第一节　知识产权侵权损害赔偿救济的功能

在创新驱动发展已经成为推动我国社会经济发展重要战略的大背景下，如何使知识产权制度更好地服务于上述政策，从而促进和保障创新，是知识产权法学研究面临的重大时代课题。损害赔偿是知识产权侵权的重要救济手段，"知识产权的侵权赔偿问题……实际上并非简单的方法技巧问题，应当进行形而上的追问"。[1] 因此，将知识产权损害赔偿作为保障创新的重要手段看待，在关于知识产权损害赔偿制度的设计、法律适用以及学术研究中引入政策考量的观点是十分必要的。

一、知识产权法促进创新的政策目标

回答知识产权侵权损害赔偿救济如何服务于促进创新的政策目标问

---

[1] 林广海："市场价值视域下的知识产权侵权赔偿"，载《知识产权》2016年第5期。

题，传统的规范法学理论难以胜任，因为传统的规范法学仅仅将法律本身看作是自足的、与道德等价值考量相隔绝的封闭体系，法学的主要任务被定位为解决如何适用已经确定的法律问题。❶ 在规范法学的视角下，政策通常被看作是法的一种非正式渊源，❷ 政策考量至多在填补法律漏洞时方能发挥作用。❸ 规范法学强调从法律内部看待问题，显然无法提供一种依据公共政策从制度外部看待知识产权侵权损害赔偿法律问题的视角。作为一种新兴跨学科研究视角的法政策学，则将法律作为一种重要的公共政策工具看待，从而提供了一种"用政策的观点和方法来研究法律现象"的方法。❹ 法政策学的基本逻辑是提供一种手段—目的的思考方式。❺ 在法政策学的视角下，知识产权侵权损害赔偿救济作为一种政策工具，其根本任务在于实现知识产权法促进创新这一公共政策目标。这与在传统私法理论中，强调损害赔偿仅仅是基于矫正正义对受害人进行补偿的观点存在本质的区别。

（一）损害赔偿救济作为政策工具

在传统的知识产权私权论看来，"通过赋予和确认私权，知识产权制度激励和保护创新者的创新"。❻ 也就是说，实现知识产权促进创新公共目标的最佳方式就是赋予知识产权私权的形式，充分保护私权被认为与上述目标相一致。❼ 损害赔偿作为对知识产权侵权的救济手段，其主要功能在于通过对市场上的违法行为的规制，维护知识产权这种市场手段的有效性。因此，以知识产权的市场价值为基础，以全部赔偿维护知识

---

❶ 陈瑞华："法学研究方法的若干反思"，载《中外法学》2015 年第 1 期。

❷ ［美］E.博登海默：《法理学法律哲学与法律方法》，邓正来译，中国政法大学出版社 2004 年版，第 486 页。

❸ ［德］卡尔·拉伦茨：《法学方法论》，陈爱娥译，商务印书馆 2005 年版，第 252 页。

❹ 胡平仁："法律政策学的学科定位与理论基础"，载《湖湘论坛》2010 年第 2 期。

❺ 解亘："法政策学——有关制度设计的学问"，载《环球法律评论》2005 年第 2 期，第 192 页。

❻ 冯晓青："论知识产权制度对技术创新的促动作用"，载《河北学刊》2003 年第 2 期，第 149 页。

❼ 刘春田主编：《知识产权法》（第 5 版），高等教育出版社 2015 年版，第 30 页。

产权权利人的市场垄断利益是知识产权侵权损害赔偿领域的主流意见。这种观点所隐含的前提即在于通过赋予产权的形式使知识产权进入市场交易是实现鼓励创新目标的最优手段。该理论中，损害赔偿救济与激励创新之间是以知识产权私权机制为中介而发生联系的。也就是说，损害赔偿救济仅仅是附属于市场机制的。由于损害赔偿救济并不直接与激励创新直接挂钩，而是与知识产权的私权属性挂钩，在讨论知识产权侵权损害赔偿救济问题时，保护私权的观念就占据了主导地位。损害赔偿救济所达成的保护私权的目的就被认为与激励创新是一致的。由于知识产权的私权形式是实现促进创新的最优选择，人们不会去讨论其是否合适，而是假定其制度与促进创新之间存在必然的或者毋庸置疑的关系。与此相对，法政策学关注"法律之工具性和合目的性，主要关注如何通过法律顺利实现政策目标"。❶ 在法政策的视角下，需要打破私权保护是激励创新的最佳手段的观念，直接考察知识产权侵权损害赔偿救济对创新的影响，并以促进创新这一政策目标对知识产权侵权损害赔偿救济制度的基本构造和运行状况进行衡量。

（二）关注整体创新环境的改善

法政策学视野下的政策目标具有公共性，关注法律规则带来的整体社会效益，认为好的公共政策应当有益于促进社会的整体福利水平。❷ 在创新政策下考察知识产权侵权损害赔偿救济制度，则需要关注其对整体创新环境的影响。

传统私法中的损害赔偿救济，仅仅关注对侵权行为受害人的事后补偿问题。受此观念的影响，知识产权侵权损害赔偿救济作为对权利人进行充分救济的重要手段，维持了知识产权法所确立的创新激励机制，从而起到促进创新的作用。通过对权利人的充分补偿，知识产权法所促进

---

❶ 鲁宇鹏："法政策学初探——以行政法为参照系"，载《法商研究》2012年第4期，第113页。

❷ ［美］查尔斯·韦兰：《公共政策导论》，魏陆译，格致出版社2014年版，第6页；［美］丹·B.多布斯：《侵权法》（上册），马静等译，中国政法大学出版社2014年版，第12页。

的实际上是个体的创新。不可否认，通过赋予排他性权利进而对个体创新者进行激励，形成一种良好的以市场为导向的创新机制可以有效地实现促进创新的政策目标。但是，从整个创新环境来看，仅仅关注个体创新者是不够的。对个体创造者的激励仅仅是实现知识产权促进创新政策目标的一种手段。尤其是现代社会中的创新往往表现为一种累积创新。❶也就是说，所谓的创新并非完全的首创，后续的创新通常以在先的创新为前提。从优化创新环境的角度出发，知识产权制度不仅需要关注对在先创新者的激励问题，同时需要考虑知识产权保护能否给后续的创新留有足够的空间。从整个创新环境的角度来看，完善的激励必须兼顾在先创新者和在后创新者，而不能片面强调保护在先创新者，还应当考虑在后创新者所面临的风险。❷这就需要"将排他权具有的激励价值与允许利用他人已开发的技术和创造性作品所具有的激励价值进行权衡"。❸

在法政策学的视角下，知识产权损害赔偿救济不仅仅是解决权利人与被控侵权人之间关系的问题，而是关乎知识产权法总体政策目标——促进创新——的实现。在这样一个更为宏观的场域下讨论问题，原本作为私权救济手段的损害赔偿能否达成促进创新的公共政策目标就是一个需要重新加以衡量的问题。就我国而言，"衡量侵权赔偿应当着眼于我国市场的发展现况，坚持国家利益这个不变的宗旨，反映国家的价值追求和长远利益"。❹一方面，知识产权损害赔偿需要保障知识产权权利人的市场垄断权，有效抑制侵权行为的发生，维持知识产权法对创新的激励作用；另一方面，也应当为后续创新者留足空间，不能使知识产权法成为后续创新的障碍。

---

❶ 王争："累积性创新、专利期限与企业 R&D 投资路径"，载《制度经济学研究》2005年第 4 期，第 60 页。

❷ Suzanne Scotchmer, *On the Shoulder of the Giants: Cumulative Research and the Patent Law*, 5 J.Econ.Persp.29, 31 (1991).

❸ ［美］克里斯蒂娜·博翰楠、赫伯特·霍温坎普：《创造无羁限：促进创新中的自由与竞争》，兰磊译，法律出版社 2016 年版，第 54 页。

❹ 林广海："市场价值视域下的知识产权侵权赔偿"，载《知识产权》2016 年第 5 期。

从法政策学的视角出发，需要对知识产权损害赔偿的功能进行重新定位，在此基础上，亦需要对知识产权损害赔偿救济的具体规则进行调整。

二、创新视野下损害赔偿救济功能的重新定位

传统的私法框架关注的是私人之间具体纠纷的解决，损害赔偿救济的理论基础是矫正正义，❶ 关注如何恢复因侵权行为导致的当事人之间利益的不平衡状态。作为一种事后的救济机制，损害赔偿救济的主要功能当然只能是填补损害，遏制侵权发生仅仅是损害赔偿的一种反射效果，是辅助性的功能。❷ 通说认为，遏制侵权的任务主要是由停止侵害来完成的。如前文所述，通过补偿知识产权权利人的损失可以维持知识产权制度对于创新者的激励，从而达到激励创新的效果。这是一种对个体创新者的激励。而从整体创新环境出发，知识产权侵权损害赔偿应当更加关注对市场上的未来侵权行为进行遏制，从而实现维护创新秩序的政策目标。

（一）通过遏制侵权发生维护创新秩序

在以激励创新为公共政策目标的知识产权法中，其关注的重点并非是具体的法律关系，而是关注法律公共目标的实现问题。在激励创新的公共政策视角下，知识产权损害赔偿的一般预防功能应当得到重视，其关注的是公共创新环境而不是个体创新者、是未来影响而不是事后救济。因为遏制侵权法发生是维护正常创新秩序的重要因素。

一方面，"为了把知识产权保护局限于鼓励创新所需的限度，'知识产权法损害'必须以事前视角而非事后视角测度激励"。❸ 通过损害赔偿

---

❶ ［加］欧内斯特·J.温里布：《私法的理念》，徐爱国译，北京大学出版社2007年版，第23页。

❷ 王利明：《侵权责任法研究》（第2版），中国人民大学出版社2016年版，第122页；于敏：《日本侵权行为法》（第3版），法律出版社2015年版，第70页。

❸ ［美］克里斯蒂娜·博翰楠、赫伯特·霍温坎普：《创造无羁限：促进创新中的自由与竞争》，兰磊译，法律出版社2016年版，第65页。

的遏制功能使知识产权权利人免受侵害，在受到侵害时亦能得到充分的补偿，从而维持知识产权通过私权激励创新的机制。与事后的救济相比，在创新政策视野下看待知识产权侵权损害赔偿问题显然更加关注事前遏制。

另一方面，需要关注知识产权侵权损害赔偿对不特定多数人行为的引导作用。除了通过对个体创新者的保护维持激励机制的运行以外，更加关注法律规则的社会效果。从优化创新环境的角度来看，只有人人尊重知识产权方能形成一个有利于创新的大环境。因此，在创新政策下，知识产权损害赔偿的主要功能在于对一般市场主体行为的引导。

需要注意的是，强调知识产权侵权损害赔偿救济的遏制功能并非否定其补偿功能和惩罚功能。只是强调在不同的视角下，对知识产权侵权损害赔偿救济功能重要性的认识存在差别。作为私权救济途径的知识产权侵权损害赔偿，其主要功能当然在于充分补偿权利人的损失。这是在私权救济的角度得出的结论。损害赔偿救济的补偿和惩罚功能均是针对特定侵权人而言，这些功能与法政策学视角缺乏直接联系。在创新政策视野下，知识产权侵权损害赔偿的补偿功能退居第二位：损害赔偿的补偿功能保障了知识产权人的排他性权利，对于维持私权激励机制具有重要意义。在实践中，出现了一种利用惩罚性赔偿对知识产权侵权行为进行遏制的主张。据此，在知识产权领域中引入惩罚性赔偿的呼声日益高涨。《商标法》藉 2013 年第三次修订引入惩罚性赔偿，《著作权法》和《专利法》在修订过程中亦试图引入惩罚性赔偿制度。❶ 事实上，引入惩罚性赔偿制度的目的即在利用其威慑作用，遏制恶意侵权行为的发生。

（二）警惕过度遏制导致阻碍后续创新

关注知识产权侵权损害赔偿救济的遏制功能，为我国加大知识产权损害赔偿力度的司法政策提供了理论基础。衡量知识产权侵权损害赔偿水平的标准，应当是能否有效遏制侵权发生，促进创新环境的优化。但

---

❶ 关于知识产权侵权损害赔偿救济中惩罚性赔偿制度的讨论，参见本书第六章。

是，加大知识产权侵权损害赔偿力度需要有个限度。在考虑保障权利人的市场垄断权、有效抑制侵权行为的发生、维持知识产权法对创新的激励作用的同时，还需要注意为后续创新者留足空间，不能使知识产权法成为后续创新的障碍。尤其是在累积创新环境下，以遏制为主要任务的知识产权侵权损害赔偿制度，还需要警惕过度遏制带来的阻碍创新后果。也就是说，在关注整体创新环境的视角下，知识产权侵权损害赔偿所关注的，应当是"竭力避免预防不足还是始终警惕预防过度"。❶ 按照这样的视角，加大知识产权侵权损害赔偿力度的限制即在于不能够使其产生过度遏制的效果，进而导致遏制创新的不利后果。在加大知识产权侵权损害赔偿力度、提高知识产权侵权损害赔偿数额的大背景下，需要警惕过度赔偿带来的阻碍后续创新的负面结果。因为对后续创新的阻碍同样不利于创新环境的优化。防止过度遏制造成的抑制在后创新后果，是衡量知识产权侵权损害赔偿水平的重要指标之一。知识产权侵权损害赔偿的运用需要"使保护力度与知识产权的创新程度相适应"。❷

三、知识产权侵权损害赔偿救济规则的调试

知识产权法实际上是采取了私权的手段以达成促进创新的政策目标。应当承认大多数情况下损害赔偿救济作为一种政策手段，能够实现知识产权法促进创新的政策目标。同时应当看到，与传统的以保护私权、全面赔偿为目的的损害赔偿制度不同，以促进创新、遏制侵权发生作为目标的知识产权损害赔偿制度需要进行一定的调整。这些调整使得知识产权侵权损害赔偿制度获得了一定的特殊性。

（一）其他计算标准的引入

在知识产权侵权损害赔偿救济制度中，侵权获利、许可费和法定赔偿等其他计算方式，通常被看作是为了解决权利人实际损失难以计算的

---

❶ 蒋舸："著作权法与专利法中'惩罚性赔偿'之非惩罚性"，载《法学研究》2016 年第 5 期。

❷ 林广海："市场价值视域下的知识产权侵权赔偿"，载《知识产权》2016 年第 5 期。

难题而引入的。按照这样的逻辑，判断上述规则优劣的标准除了计算上的简便性之外，重点需要考察其对实际损失的替代性问题。例如，许可费标准的引入使得知识产权侵权损害的概念得到扩张，强化了对知识产权权利人的保护；法定赔偿在一定程度上缓解了损害赔偿的证明难度；惩罚性赔偿对于解决实际损失难以完全确证从而导致的赔偿不足问题具有一定的缓解作用。然而，这些标准的引入使得讨论知识产权损害赔偿的功能呈现出多元化的特点。上述计算方法也可能具有超出完全赔偿原则的功能。从遏制侵权功能的角度来看，支付侵权获利实际上可以通过剥夺侵权利润从而使侵权行为变得无利可图，进而达到遏制侵权发生的作用；❶ 出于仅使侵权人支付许可费从而鼓励侵权行为发生的角度出发，合理许可费的数额通常会高于市场条件下的同等许可费水平；❷ 加重的法定赔偿和惩罚性赔偿的引入体现了通过惩罚来遏制侵权行为发生的考量。❸

（二）侵权人主观状态的影响

通常来讲，财产损害赔偿的范围是由因果关系决定的，❹ 被控侵权人的主观状态对于损害赔偿数额没有影响。而在知识产权领域，当被控侵权人在主观上出于恶意从事侵权行为时，法院酌定损害赔偿数额时考虑到该因素可以适当予以增加，❺ 在此种情形下亦可能适用惩罚性赔偿，❻ 此外判决由侵权人承担律师费等合理开支。❼ 这些制度显然不是单纯出于补偿侵权行为给知识产权权利人带来的损失而设定的，相反，均是为了遏制侵权行为发生、鼓励知识产权权利人主张权利而设定的。在《美国版权法》上，还有侵权人并不知道其行为构成侵权的情形还可以

---

❶ 关于支付侵权获利制度功能的讨论，参见本书第四章第一节。

❷ 关于许可费标准制度功能的讨论，参见本书第三章第一节。

❸ 关于法定赔偿制度功能的讨论，参见本书第五章第一节；关于惩罚性赔偿制度功能的讨论，参见本书第六章第一节。

❹ 王泽鉴：《侵权行为》（第 3 版），北京大学出版社 2016 年版，第 120 页。

❺ 关于主观恶意对法定赔偿数额的影响，参见本书第五章第三节。

❻ 关于主观恶意对惩罚性赔偿数额的影响，参见本书第六章第二节。

❼ 关于主观恶意对支付合理开支的影响，参见本书第七章第一节。

适当减少法定赔偿数额的规定，❶ 这是出于给后续的创新者留足空间的考虑而设定的。

（三）对全部赔偿原则的限制

如前文所述，损害赔偿救济中的全面赔偿原则，主要是通过因果关系的认定来实现的。受全面赔偿原则的影响，在知识产权侵权损害赔偿领域，赔偿的范围不仅仅可以涵盖知识产权部件或者产品，还可能涵盖整件产品或者其他产品。该原则被称为全部市场价值规则。但是在涉及多元件产品的场合，以产品整体价值为基础计算利润损失和合理许可费可能带来高额的损害赔偿金以及重复赔偿的问题，这些问题的出现不利于后续创新的开展。❷ 在这种情形下，需要适用分摊原则，将损害赔偿限定于涉案知识产权对整个侵权产品的贡献之内，与传统侵权法上以因果关系为标准的全面赔偿原则指导下形成的全部市场价值规则形成鲜明对比。分摊原则实际上是试图将知识产权侵权损害赔偿的范围限定在知识产权对权利人或者侵权人利润的应有贡献之内，防止知识产权保护范围的过度扩张，从而为后续的创新预留空间。❸

第二节　知识产权侵权损害赔偿救济的法律构造

知识产权侵权损害赔偿的法律构造需要在实体和程序两个方面进行考察。在实体方面，主要涉及知识产权侵权损害赔偿不同计算方法的选择及其适用关系的确定；在程序方面，则涉及规则的适用权、证明标准的确定和证明责任的分配以及法院酌定赔偿数额等问题。

一、损害赔偿的计算方法及适用关系

从比较法的角度来看，知识产权侵权损害赔偿的计算方法不外乎实

---

❶ 《美国版权法》第 504 条。
❷ 关于全部市场价值规则的讨论，参见本书第二章第四节。
❸ 关于分摊原则的讨论，参见本书第二章第四节、第三章第三节以及第四章第三节。

际损失、许可费、侵权获利、法定赔偿、惩罚性赔偿以及合理开支几种。各个国家和地区在其知识产权单行法中均会从中选取部分或者全部的规则作为知识产权侵权的金钱救济手段。然而,这些计算方法之间的关系如何确定,在比较法上则存在不同的模式。这些模式的主要不同实际上是对于上述规则法律属性的认识存在差别造成的。

(一)选择还是顺序

关于知识产权损害赔偿数额的计算方式,我国现行知识产权单行法的早期版本中鲜有涉及。关于知识产权损害赔偿计算方式的专门条款,主要是 21 世纪之初为加入 WTO 所做的立法准备过程中引入的。不同知识产权单行法中关于损害赔偿计算方式之间的适用关系亦不尽相同。例如,关于实际损失与侵权获利之间的关系,起初《著作权法》规定为相互替代关系,而《专利法》和《商标法》则规定为选择关系。经过近十年的发展,总体上讲,各知识产权单行法中关于知识产权损害赔偿计算方式的规定逐渐地趋向于统一,即全面规定各种计算方法、并规定按照顺序适用(见表 1-1)。❶

表 1-1　我国知识产权立法中损害赔偿方式及适用关系的变迁

		实际损失	<关系>	侵权获利	<关系>	许可费	<关系>	法定赔偿
著作权法	2001 2010	√	难以计算	√	—	×	不能确定	≤50 万元
	2014(草)	√	权利人选择	√	权利人选择	√	权利人选择	≤100 万元
专利法	2000	√	或者	√	难以确定	√	—	×
	2008 2015(草)	√	难以确定	√	难以确定	√	难以确定	1 万~100 万元 10 万~500 万元
商标法	1993❷	√	或者	√	—	×	—	×
	2001	√	或者	√	—	×	难以确定	≤50 万元
	2013	√	难以确定	√	难以确定	√	难以确定	≤300 万元

---

❶ 但是,2014 年国务院法制办公室公布的《〈著作权法〉(修订草案送审稿)》又打破了顺序适用各种计算方式的局面,引入了《美国版权法》的做法,允许当事人在不同计算方式中进行选择。

❷ 需要注意的是,1993 年《商标法》第 39 条关于损害赔偿计算方式的规定实际上是针对商标权行政保护而设的。

明确规定适用顺序的做法，体现了我国法律对于知识产权损害赔偿数额计算方式适用性和难易程度的认识。但是上述顺序在司法实践中并未得到严格的遵守，尤其是法院在放松了对损害赔偿数额难以确定的认定标准之后，导致法定赔偿泛化，其他计算方式被束之高阁的现象。在司法上，由于知识产权损害赔偿计算十分困难，法院倾向于利用法定赔偿来确定损失数额。据统计，目前知识产权侵权案件中90%以上适用法定赔偿。❶ 在实践中，法院在判决中经常有如下论述：由于原告未能证明实际损失或者侵权获利，也不能找到合理许可费的依据，因此本院适用法定赔偿。上述做法导致其他计算方式的边缘化与法定赔偿的主导化。法定赔偿的适用导致当事人怠于举证。同时也反映出我国知识产权单行法中关于损害赔偿计算方式之间的适用关系的设置并不合理。在实践中，已经有法院认为可以突破法定顺序允许当事人选择适用损害赔偿的具体计算方式。❷

TRIPs协议并没有规定损害赔偿计算方式之间的适用顺序，如何规定知识产权侵权损害赔偿计算方式之间的适用关系，各国国内法有选择的自由。在比较法上，允许当事人选择损害赔偿数额计算方式是各个国家和地区知识产权侵权损害赔偿救济制度的主流做法。美国法上则基本采取允许当事人自由选择的模式。❸ 在德国，当事人亦有权在实际损失、合理许可费和侵权获利之间进行选择。❹ 在日本，侵权获利和许可费通常被作为实际损失计算的替代方式看待，知识产权权利人亦有进行选择的余地。❺

（二）排斥还是并列

除了将许可费、侵权获利和法定赔偿作为损害赔偿数额计算的替代

---

❶ 宋健："知识产权损害赔偿问题探讨——以实证分析为视角"，载《知识产权》2016年第5期。

❷ 《浙江省高级人民法院关于审理侵犯专利权纠纷案件适用法定赔偿方法的若干意见》第4条。

❸ 《美国版权法》第504条（a）款、《美国专利法》第284条、《美国商标法》第35条。

❹ 《德国著作权法》第97条、《德国专利法》第139条、《德国商标法》第14条。

❺ 《日本著作权法》第114条、《日本专利法》第102条、《日本商标法》第39条。

方法之外，另一种思路是将其作为一种独立的金钱救济方式看待，这样则还需要考虑上述各种制度能否并列适用的问题。显然，如果将许可费、侵权获利和法定赔偿作为损害赔偿数额计算的替代方法，则上述方法与实际损失之间就是相互排斥的，并不存在并列适用的空间。我国、日本和德国的各知识产权单行法，即采取了上述模式。

在普通法系，上述规则的适用关系则大不相同。对于侵权获利，美国法通常将其作为与实际损失相独立的一种金钱救济方式。❶ 这样，支付侵权获利就需要具有独立的构成要件，其适用亦通常不以实际损失的存在为前提。为了防止重复赔偿问题的出现，美国法上并不允许权利人同时主张赔偿实际损失和支付侵权获利。但是，由于二者在数额上可能存在差异，《美国版权法》明确规定当事人在选择了赔偿实际损失的救济方式之后，仍然可以就超过实际损失的部分侵权获利主张救济。❷ 这种独立于赔偿实际损失的支付侵权获利救济在功能上则主要被定位为遏制侵权发生。

对于合理许可费，一般均承认可以作为损失计算的方式，即使不存在实际销量损失或者价格侵蚀。❸ 这实际上是承认了许可费可以被作为知识产权权利人因侵权存在而遭受的损失。例如，在《美国专利法》上，合理许可费被作为损害赔偿的最低保障，是独立于实际损失之外的，即使权利人并未因侵权而受到损失，亦得依合理许可费主张损害赔偿。❹ 因此，一方面需要防止重复赔偿的出现，另一方面亦应承认实际损失和许可费损失可能同时存在。例如，在专利案件中，当事人可以就已经销售的产品主张赔偿实际损失，对于库存的尚未销售的产品主张合理许可费。

综上所述，知识产权侵权损害赔偿计算方法之间的关系远非替代关

---

❶ 关于普通法上侵权获利的制度归属，参见本书第四章第一节。
❷ 《美国版权法》第504条（a）款。
❸ 关于许可费标准的制度归属，参见本书第三章第一节。
❹ 《美国专利法》第284条。

系这样简单，承认其实体法上的请求权基础的地位，可以充分实现补偿损失和遏制侵权发生的作用。与此同时，这种做法使得知识产权侵权损害赔偿制度的功能变得更加复杂起来。

二、损害赔偿救济中的权力配置

目前，我国确定知识产权侵权损害赔偿数额的责任主要由法院承担，当事人的作用没有得到充分的发挥。我国法院正在积极探索引导当事人选用侵权受损或者侵权获利方法计算赔偿，尽可能避免简单适用法定赔偿方法。❶ 这实际上就是回复损害赔偿诉讼中应有的权力配置状态，明确当事人和法院在该类案件中的地位和作用。

（一）当事人选择与法院适用

知识产权侵权损害赔偿案件中首先涉及的权力配置问题，是损害赔偿数额计算方式的选择问题。❷ 如前文所述，在我国，只有前一顺位的损害赔偿计算方式难以确定时，方能适用下一顺位。这里涉的问题不仅是不同损害赔偿计算方式之间的适用关系，还涉及难以确定的认定是由法院还是当事人进行的问题。如果损害赔偿数额是否难以确定由法院认定，则知识产权权利人需要对前一顺位的损害赔偿计算方法进行举证，在法院判定根据其提供的证据难以确定损害赔偿数额的，才能适用下一顺位的计算方法，此时仍然需要权利人进行举证。以此类推，只有在法院认定许可费标准亦不适用的情形下，当事人方能获得法定赔偿。可见，该种做法适用起来十分烦琐，知识产权权利人的举证负担十分沉重。在实践中，我国法院亦没有完全按照上述顺序操作，而是认可当事人未能就特定损害赔偿计算方式提供证据的情况即构成难以确定，从而直接适用法定赔偿。当然，如果将是否难以确定的认定交给知识产权权利人，即权利人有权对法律提供的若干损害赔偿计算方式适用的难易程

---

❶ 《最高人民法院关于当前经济形势下知识产权审判服务大局若干问题的意见》。

❷ 当然，在普通法系，知识产权侵权损害赔偿中的权利配置问题还涉及陪审团和法官之间的权限划分问题。

度进行评估，从而选择合适的损害赔偿计算方式，则可以免去程序上的烦琐。但是，一旦如此解释，实际上就意味着法律规定的难以确定超出法院审查的范围，因此也就没有必要规定此标准。直接规定由当事人选择似乎在立法技术上更为严谨。也就是说，选择何种损害赔偿计算方式属于当事人的权利。选择了具体的损害赔偿计算方法之后，当事人则需要承当该方法规定下相应的证明责任。当然，除了损害赔偿计算方法的适用上应当以当事人选择为佳，而是否适用惩罚性赔偿，则应当由法院通过行使自由裁量权来决定，只要侵权行为成立、损害赔偿数额亦能够确定，即使当事人不主张，法院亦应主动审查侵权人是否符合加重赔偿的条件。❶

（二）证明责任与证明标准

知识产权侵权损害赔偿的难题主要表现为证明难度大。这是由知识产权客体的非物质性特点决定的。解决法定赔偿泛滥的有效措施是合理分配知识产权侵权损害赔偿救济案件的证明责任和合理确定知识产权侵权损害赔偿数额的证明标准。按照民事诉讼的通行证明标准，知识产权权利人很难证明实际损失，侵权获利和许可费的证明同样困难重重。尤其是在我国，民事诉讼中一直采用客观真实这种一元化的证明标准。❷在这种本来就很高的证明标准下，要求知识产权权利承担损害赔偿数额的证明责任无疑是一种过重的负担。为此，在知识产权侵权损害赔偿案件中，需要逐步摸索合理分配证明责任、适当降低证明标准的方法。这种通过在当事人之间配置权力来解决知识产权侵权损害赔偿计算难题的方式，与完全由法院承担确定损害赔偿数额责任的做法显然更加明智。例如，在实际损失的计算中，可以将侵权产品的销量推定为权利人销量减少的数额；❸在侵权获利的计算中，仅要求权利人证明侵权人的收入总额，由侵权人负责证明应扣除的成本和不属于涉案知识产权产生的部

---

❶ 关于惩罚性赔偿的适用，参见本书第六章第二节。
❷ 江伟主编：《民事诉讼法学》（第3版），北京大学出版社2015年版，第208页。
❸ 关于实际损失中销量损失数额的推定，参见本书第二章第三节。

分利润。❶

（三）酌定赔偿的问题

目前，在加强知识产权保护、提高知识产权损害赔偿数额的司法政策的推动下，现行法律规定的法定赔偿最高限额不能满足上述要求，法院开始了对超出法定赔偿最高限额的酌定赔偿进行探索。对于难以证明侵权受损或侵权获利的具体数额，但有证据证明前述数额明显超过法定赔偿最高限额的，应当综合全案的证据情况，在法定最高限额以上合理确定赔偿额。❷

然而，酌定赔偿实际上仅仅是损害赔偿数额计算中权力配置的一种表现，而并非是损害赔偿数额的计算方式。在大陆法系国家和地区的民事诉讼法中，均存在法院酌定损害赔偿数额的规定。例如，《德国民事诉讼法》规定："当事人对于是否有损害、损害的数额以及应赔偿的利益额有争论时，法院应考虑全部情况，经过自由心证，对此点作出判断。应否依申请而调查证据、是否依职权进行鉴定以及调查和鉴定进行到何种程度，都由法院酌量决定。"❸ 1996 年修订的《日本民事诉讼法》亦规定："在承认损害确已存在的情况下，由于损害的性质决定了证明其损害金额极其困难时，法院可以根据口头辩论的全部旨意和证据调查的结果，认定适当的损害金额。"❹ 受民事诉讼法的影响，《日本著作权法》和《日本专利法》均规定，在已认定损害确有发生的情况下，若证明损害额的必要事实在性质上难以举证，法院可以基于口头辩论全部要旨以及调查证据结果认定相当的损害赔偿额。❺《日本商标法》规定，在确定损害赔偿数额时可以准用该规定。❻

关于酌定赔偿的属性，主要存在证明度减轻说、裁量评价说和折中

---

❶ 关于支付侵权获利中证明责任的分配，参见本书第四章第二节。
❷ 《最高人民法院关于当前经济形势下知识产权审判服务大局若干问题的意见》。
❸ 《德国民事诉讼法》第 287 条第 1 款。
❹ 《日本民事诉讼法》第 248 条。
❺ 《日本著作权法》第 114 条之五；《日本专利法》第 105 条之三。
❻ 《日本商标法》第 39 条。

说三种观点。❶ 但是无论如何，酌定赔偿均是在实际损失、侵权获利或者合理许可费的基础之上做出的，即仍然是在上述类型下进行酌定。按照此种观点，没有必要去讨论是否超过法定赔偿上限的问题。我国目前的司法实践将酌定赔偿建立在法定赔偿基础之上的做法仍然没有脱离法定赔偿的基本逻辑，这种思路的本质在于将酌定赔偿作为法定赔偿之后的另一种损害赔偿额的确定方式，其适用的条件不再是法定赔偿额难以确定，而是法定赔偿不足以弥补权利人所受到的损失。❷

---

❶ 毋爱斌："损害额认定制度研究"，载《清华法学》2012 年第 2 期。
❷ 关于法定赔偿的概念及其与酌定赔偿的关系，参见本书第六章第一节。

第二章　权利人的实际损失

赔偿权利人因侵权行为带来的实际损失，是传统民事损害赔偿制度在知识产权领域中的延伸，也是知识产权侵权损害赔偿救济制度的基础。从政策目标的角度来看，赔偿权利人的实际损失，是贯彻全面赔偿原则，充分保护知识产权权利人利益进而维护知识产权法激励创新机制的重要手段。关于权利人实际损失的本质、侵权行为与实际损失之间因果关系的认定以及实际损失的计算等问题，均是知识产权侵权损害赔偿救济中的难点问题。

第一节　实际损失的本质

知识产权是一种无形财产权，因此知识产权侵权所造成的实际损失主要表现为一种财产损害。[1] 所谓财产损害，是指侵权行为给受害人带来的一种经济上的不利益。[2] 在知识产权侵权损害赔偿救济中，需要关注的焦点问题是侵权行为对知识产权价值的减损程度，确定损害赔偿额的主要任务就是计算出被侵权行为所侵夺的那部分知识产权价值。[3] 从这个意义上讲，价值分析是知识产权侵权损害赔偿救济的逻辑起点。[4]

---

[1]　对著作权中的著作人身权的侵害涉及精神损害赔偿的问题；而专利权和商标权责任单纯的财产权，不涉及精神损害的问题。

[2]　史尚宽：《债法总论》，中国政法大学出版社 2000 年版，第 287 页。

[3]　Dowagiac Mfg.*Co.v.Minnesota Moline Plow Co.*，235 U. S.641，648-649（1915）.

[4]　吴汉东："知识产权损害赔偿的市场价值基础与司法裁判规则"，载《中外法学》2016年第 6 期。

对知识产权侵权中实际损失本质的认识，亦需要从对知识产权价值的讨论入手。

一、知识产权的价值体现

对价值本质和价值衡量的研究并非法学的任务。对于我国司法实践中提出的在知识产权侵权损害赔偿中回归市场价值的基本判断，需要借助经济学、会计学等相关学科的基本理论加以理解。

（一）知识产权价值的经济学解释

经济学上的价值理论主要有劳动价值论、生产要素价值论和效用价值论。按照劳动价值论，商品的价值取决于商品中社会必要劳动时间的量；❶ 生产要素理论认为商品的价值取决于生产费用；❷ 效用价值论则强调商品的有用性对其价值的决定作用。❸ 上述理论在不同层面说明价值的来源和本质。劳动价值论和生产要素价值论均试图解释价值的客观来源问题，可以从抽象的层面解释知识产权保护的正当性基础。但是，在知识产权的利用以及侵权损害赔偿救济的视阈下，关注焦点并非权利正当性的问题，而是在市场上知识产权的价值衡量问题。从这个角度来看，效用价值论的基本逻辑具有一定的启发意义。按照效用价值论，价值在本质上是一个关系概念，一般被用来描述客体对于主体的有用性，不能离开主体单独谈论价值衡量问题。在市场条件下，"对于生产者来说，价值无非就是他花费成本生产出来的商品能否或在多大程度上给他带来效用（利润）"。❹ 从资产评估的角度来看，"市场价值等于所有权

---

❶ 马克思：《资本论》（第 1 卷），人民出版社 1975 年版，第 52 页。

❷ ［英］约翰·穆勒：《政治经济学原理》（上册），胡企林等译，商务印书馆 1997 年版，第 510 页。

❸ ［法］萨伊：《政治经济学概论》，陈福生、陈振骅译，商务印书馆 1963 年版，第 60 页。

❹ 晏智杰："经济学价值理论新解——重新认识价值概念、价值源泉及价值实现条件"，载《北京大学学报》（哲学社会科学版）2001 年第 6 期。

的未来经济效益现值"。❶ 对知识产权价值的认识亦可以从获利能力的角度进行分析。

　　知识产权的本质特征在于其客体的非物质性，这决定了作为知识产权客体的信息具有公共物品的属性，即在不存在知识产权保护的情况下任何人均可以自由地进行使用，并且这些使用之间不会形成冲突。❷ 知识产权制度设立的初衷，乃是为了解决信息公共物品属性带来的供给不足问题。通过赋予知识产权权利人对特定信息排他权的方式人为地制造一种稀缺，使得知识产权人可以在市场上垄断客户，从而获得收益，以此来维持信息生产的动力。❸ 从资产评估的角度来看，知识产权作为一种无形资产，虽然不具有实物形态，但是却能为其拥有者获取权利或者经济利益。❹ 当然，排他性权利的创设仅仅使得知识产权权利人在法律上获得一种获利的可能性。知识产权的价值是由市场决定的。知识产权只有得到市场的认可，从而具有了商业价值之后才能真正转化为无形资产。❺ 因此，知识产权的价值主要体现为权利人利用法律上的排他权，通过自己实施或者许可他人实施知识产权在市场上获取利润的能力。❻虽然投入了大量的研发成本，但是没有得到市场认可的知识产权是不具有任何价值的。由于权利人的利润是通过市场实现的，对知识产权价值的衡量亦应放在市场环境下进行，这是在知识产权侵权损害赔偿中回归知识产权市场价值的本意所在。

---

❶ ［美］戈登·史密斯、罗素·帕尔：《知识产权价值评估、开发与侵权赔偿》，夏玮等译，电子工业出版社 2014 年版，第 154 页。

❷ 吴汉东：《知识产权总论》（第 3 版），中国人民大学出版社 2013 年版，第 26 页。

❸ Mark Lemley, *IP in a World without Scarcity*, 90 N.Y.U L.Rev.460, 462 (2015).

❹ International Valuation Standards Council, *International Valuation Standards* 2017 IVS 201 para.20. 1；中国资产评估协会《资产评估执业准则——无形资产》（中评协〔2017〕37 号）。

❺ 吴汉东："知识产权损害赔偿的市场价值分析：理论、规则与方法"，载《法学评论》2018 年第 1 期。

❻ 例如，美国第九上诉巡回法院即指出，版权的市场价值则是指消费者本应支付给作品的销售者的金额。*Frank Music Corp.v.Metro-Goldwyn-Mayer, Inc.*, 772 F. 2d 505, 512 (9th Cir. 1985)；*Sid & Marty Krofft Television Productions, Inc. v.McDonald's Corp.*, 562 F. 2d 1157, 1174 (9th Cir.1977).

（二）知识产权价值评估方法的选择

资产评估是进行价值衡量的专业活动。知识产权价值评估作为无形资产评估领域中的重要内容，在知识产权转让、许可、破产清算、企业合作、融资、税收、损害赔偿等领域有着广泛的应用。目前，资产评估的三种主要方法——成本法、市场法和收益法——均可以适用于无形财产领域。所谓成本法，又称重置成本法，即以购买替代资产所需的支出来计算相关资产的价值；市场法是通过比较相似资产在相似市场中的价格来计算相关资产的价值；收益法则通过对资产的未来预期收益进行评估来计算相关资产的价值。在资产评估实践中，往往需要根据评估的对象和评估的目的选择不同的评估方法或者对上述方法进行组合使用。

如果将知识产权价值的本质界定为一种通过市场获利的能力，那么收益法无疑应当是知识产权价值评估的主要方法。❶ 在知识产权侵权损害赔偿额计算的过程中，可以运用收益法比较侵权发生前后知识产权权利人收益情况的变化，从而衡量知识产权权利人因侵权行为所受到的利润损失。在无形资产评估实践中，除了直接衡量知识产权给权利人带来的增量利润之外，还可以采用许可费节省法来评估知识产权的收益能力，即将假定应拥有知识产权相对于从他人那里获得许可而节省的许可费金额作为知识产权权利人可能获得的收益。❷ 尽管收益法在理论上具有较强的说服力，但是该方法在实践中的适用范围亦受到一定限制。尤其是对于那些尚未实施并进入市场的知识产权而言，难以确定其获利能力，因此也就很难适用收益法评估其价值。

市场法和成本法在知识产权价值评估中的适用范围更为有限。市场法在知识产权价值评估中适用的主要问题来源于该种方法本身。由于知

---

❶ 范晓波：《知识产权产权的价值与侵权损害赔偿》，知识产权出版社 2016 年版，第 60 页。International Valuation Standards Council, *International Valuation Standards* 2017 IVS 201 para. 60.4.

❷ International Valuation Standards Council, *International Valuation Standards* 2017 IVS 201 para.60.18.

识产权的客体通常都是特定物而非种类物，对于大部分知识产权而言，很难在市场上找到类似资产作为价值评估的参照物。[1] 只有在少数情形下，市场法才有适用的余地。《国际评估标准》（2017）建议，对于广播信号和网络域名价值的评估是可以适用市场法的。[2] 成本法适用的障碍在于，从理论上讲知识产权的价值并不取决于产生知识产权的成本，而是取决于知识产权在市场上的获利能力。显然，"如果经济条件不利于产生利润，那么很难赋予知识产权任何价值，无论其重置或者替代成本的价值示值是多少"。[3] 单独利用成本法评估知识产权价值是不准确的，但是可以利用成本法对以其他方法评估得出的知识产权价值进行检验，或者支撑其结论。当然，对于商标而言，商标所有人进行广告宣传所投入的成本对于商标知名度的形成具有关键作用，此时成本法有其适用的合理性。此外，《国际评估标准》（2017）建议，对于已购买的第三方软件、内部开发或者内部使用的软件等情形亦可以适用成本法，[4] 知识产权开发成本亦可以作为许可谈判考量的因素，因此成本法在许可费确定过程中具有一定的适用性。

二、知识产权侵权中的实际损失

权利人的实际损失是一个法律上的概念，对知识产权侵权导致的实际损失还需要结合侵权法的基本理论进行分析。

（一）差额说下实际损失的范围

从知识产权价值的角度来看，知识产权侵权导致的财产损失主要表现为对知识产权价值的减损。这是从损害对象的角度得出的直接推论。

---

[1] ［美］戈登·史密斯、罗素·帕尔：《知识产权价值评估、开发与侵权赔偿》，夏玮等译，电子工业出版社2014年版，第161页。

[2] International Valuation Standards Council, *International Valuation Standards* 2017 IVS 201 para.50. 6.

[3] ［美］戈登·史密斯、罗素·帕尔：《知识产权价值评估、开发与侵权赔偿》，夏玮等译，电子工业出版社2014年版，第178页。

[4] International Valuation Standards Council, *International Valuation Standards* 2017 IVS 201 para.70. 3.

然而损害赔偿不仅仅是事实问题，相反在本质上乃是一个法律问题。在传统侵权法下，对具体权利侵害通常是责任构成要件方面需要考虑的问题，而在法律救济层面损害赔偿的主要目的则在于使受害人回复到侵权行为尚未发生的状态，❶ 这就要求在侵权法中贯彻全面赔偿原则。按照该原则，损害赔偿的范围完全由因果关系决定，而不必考虑加害人的过错程度、双方经济状况等其他因素。❷ 与全面赔偿原则相适应，传统民法中占据主导地位的损害理论是差额说，关注受害人在侵权发生前后总体财产的变化情况。❸ 损害赔偿救济的目标在于弥补受害人因侵权行为导致的总体财产差额。因此，损害赔偿的范围除了包括侵权行为直接侵害特定财产导致其价值受到减损之外，还应当包括因侵权带来的其他财产损失。

同理，在知识产权侵权案件中，权利人的实际损失除了包括对知识产权本身价值的减损之外，也应当包括因侵权行为给知识产权权利人带来的其他附带损失。例如，在知识产权带动了其他产品的销售时，知识产权侵权所带来的实际损失不仅仅表现在被侵害的知识产权价值的减损，同时导致了其他产品销量的减少，这种附带损失应当被纳入损害赔偿的范围。❹ 又如，由于侵权行为导致权利人产品滞销，进而腐化或者失去效用而带来的损失，亦属于实际损失的范畴。❺ 从差额说的角度来看，知识产权侵权导致的实际损失的范围取决于因果关系的认定。那种简单地将知识产权侵权带来的实际损失等同于侵权行为对知识产权价值的减损的观点无疑是片面的。当然，不可否认，知识产权侵权导致的实际损失主要体现为对知识产权价值的减损，回复知识产权的市场价值仍

---

❶ 《德国民法典》第 249 条第 1 款；Restatement（Second）of Torts § 901 Comment a（1979）.

❷ 周友军："我国侵权法上完全赔偿原则的证立与实现"，载《环球法律评论》2015 年第 2 期。

❸ 曾世雄：《损害赔偿法原理》，新学林出版股份有限公司 2005 年版，第 140 页。

❹ 例如，*King Instument Corp. v. Otari Corp.*，767 F.2d 853，865-866（Fed.Cir.1985）. 关于附带销售损失的讨论，参见本章第四节。

❺ 曾隆兴：《现代损害赔偿法论》，中国政法大学出版社 2001 年版，第 530 页。

然是实际损失认定和计算中的重点。作为权利人的实际损失替代计算方式的支付许可费或者侵权获利，在理论上亦仅仅能够替代对知识产权价值损失部分的计算，亦并未涵盖附带损失。❶

需要注意的是，全面赔偿原则在知识产权侵权损害赔偿救济领域的适用，可以使得权利人获得超出知识产权自身价值的赔偿金，从而对不受知识产权保护的其他要素提供保护，亦可能将涉案知识产权之外的其他知识产权带来的利润计入损害赔偿范围。因此，过分强调全面赔偿原则的适用可能造成重复赔偿或者过度赔偿从而导致遏制在后创新的不良效果。基于知识产权促进创新政策目标的考量，知识产权侵权领域中全面赔偿原则的适用应当受到一定的限制。❷

（二）　实际损失主要表现为消极损失

按照传统侵权法理论，可获赔偿的财产损失既包括现有财产价值的减少，即积极损失；亦包括可得利益的丧失，即消极损失。❸ 知识产权侵权造成的实际损失主要表现为对知识产权价值的减损这一判断所遵循的仍然是积极损失的思路。然而，正如前文所述，知识产权客体的非物质性决定了他人的使用不会降低其使用价值，对知识产权价值的减损并非有形财产意义上的毁损和灭失。❹ 与作为专有使用权的有形财产权不同，知识产权首先是一种禁止权，❺ 即通过禁止他人未经同意行使知识产权，可以使得权利人获得一种对顾客的垄断，从而确保其产品在市场上维持一个较高的利润水平。知识产权侵权的出现打破了这种垄断，导致权利人的利润水平下降。知识产权侵权损害的对象，"是进入一定市

---

❶ ［德］鲁道夫·克拉瑟：《专利法——德国专利和实用新型法、欧洲和国际专利法》，单晓光等译，知识产权出版社 2016 年版，第 1059 页。

❷ 关于该问题的讨论，参见本章第五节。

❸ 张新宝：《中国侵权行为法》，中国社会科学出版社 1995 年版，第 36 页。可得利益损失，在德国和日本通常又被称为逸失利益。

❹ 吴汉东：《无形财产权基本问题研究》（第 3 版），中国人民大学出版社 2013 年版，第 120 页；冯博生、王仲："论侵害智慧财产权之损害赔偿方法"，载《法律评论》第 59 卷第 7、8 期合刊。

❺ 曲三强：《现代知识产权法》，北京大学出版社 2009 年版，第 8 页。

场并获得或可能获得收益的法定无形资产，而不是记载或含有知识、技术、信息的载体或产品本身"。❶ 对知识产权价值的减损表现为知识产权权利人丧失了行使权利本应获得的利润，即权利人在侵权期间受到的利润损失，在本质上应当属于消极损失而非积极损失。

尽管各个国家和地区大多并未在立法中明确规定知识产权侵权的实际损失的表现形式，但是两大法系的司法实践均将利润损失作为计算知识产权侵权损害赔偿中实际损失的主要表现形式。美国法院明确指出，版权侵权造成的实际损失是指版权市场价值的减损，通常通过侵权给版权人所造成的利润损失加以计算；❷ 专利侵权中实际损失的计算就是要弄清"如果侵权行为不存在，专利持有人或者被许可人可能获得的利润有多少"；❸ 商标侵权给商标所有人造成的实际损失亦主要表现为利润损失。❹

将知识产权侵权所受的主要实际损失定位为利润损失的意义在于，明确了实际损失计算的关键在于通过对因果关系的考察确定侵权行为未发生时知识产权权利人的获利情况。正因为如此，在知识产权侵权损害赔偿计算中才需要以收益法作为主要的价值评估方法。❺ 此外，不同权利类别和保护对象，导致不同知识产权的市场价值存在较大区别；❻ 不同的权利人由于其利用知识成果的能力、方式不同，能够获得的收益自然也不相同。❼ 从这个角度来看，知识产权权利人的利润变化需要对价

---

❶❺ 吴汉东："知识产权损害赔偿的市场价值分析：理论、规则与方法"，载《法学评论》2018 年第 1 期。

❷ *McRoberts Software, Inc. v. Media* 100, *Inc.*, 329 F. v. 557, 566 (7th Cir. 2003).

❸ *Aro Mfg. Co. v. Convertible Top Replacement Co.*, 377 U. S. 476, 507 (1964).

❹ *International Star Class Yacht Racing Ass'n v. Tommy Hilfiger*, U. S. A., *Inc.*, 80 F. 3d 749 (2d Cir. 1996).

❻ 吴汉东："知识产权损害赔偿的市场价值基础与司法裁判规则"，载《中外法学》2016 年第 6 期。

❼ 范晓波：《知识产权产权的价值与侵权损害赔偿》，知识产权出版社 2016 年版，第 50 页。

格和需求的关系进行复杂的经济分析。❶ 这给知识产权权利人主张赔偿实际损失带来巨大的困难和成本。在法律层面，如何简化侵权行为与利润损失之间因果关系认定，是知识产权侵权损害赔偿救济中面临的难点问题之一。

三、研发成本在损害赔偿中的作用

在我国知识产权侵权损害赔偿救济的司法实践中，存在着将制作、研发成本作为确定损害赔偿数额考量因素的主张和做法。在专利侵权损害赔偿救济中，主张将研发成本作为确定知识产权侵权损害赔偿数额的考量因素。❷ 在著作权侵权损害赔偿中要求考虑创作成本或者创作投入。❸ 在商标侵权损害赔偿中有考量商标的设计成本、广告投入、价值培育投入、市场开拓成本的主张。❹ 在商业秘密侵权损害赔偿救济中亦存在类似观点。❺

在知识产权侵权损害赔偿救济中考虑研发成本体现了价值评估中成本法的基本精神，其理论基础在于知识产权的客体为创造新智力成果的基本判断。按照劳动价值论的逻辑路径推演，知识产权的价值亦取决于智力劳动投入的量的大小。当然，商标在本质上并非智力成果，❻ 而是商品或者服务来源的指示器，是企业商誉的载体。商誉是企业经营活动

---

❶ Mark Lemley, *Distinguishing Lost Profits from Reasonable Royalties*, 51 Wm. & Mary L. Rev. 655，658（2009）.

❷ 尹锋林：《研发成本应作为我国专利侵权赔偿数额的重要参考因素》，见《知识产权司法保护研讨会文集》（2014 年 4 月）。亦参见《上海市高级人民法院关于知识产权侵权纠纷中适用法定赔偿方法确定赔偿数额的若干问题的意见（试行）》。

❸ 《北京市高级人民法院关于确定著作权侵权损害赔偿责任的指导意见》第 25 条，《上海市高级人民法院关于知识产权侵权纠纷中适用法定赔偿方法确定赔偿数额的若干问题的意见（试行）》。

❹ 《上海市高级人民法院关于知识产权侵权纠纷中适用法定赔偿方法确定赔偿数额的若干问题的意见（试行）》。

❺ 《最高人民法院关于审理不正当竞争民事案件应用法律若干问题的解释》第 17 条第 2 款。

❻ *In re Trade-Mark Cases*, 100 U. S. 82，94（1879）.

中积累的一种无形资产，其价值大小显然与商标标识的设计成本无关。

但是，按照知识产权的价值主要体现在其获利能力以及知识产权侵权导致的实际损失主要为利润损失的观点，知识产权的制作、研发成本显然不宜作为知识产权侵权损害赔偿数额的决定因素。如前文所述，法律虽然赋予了知识产权权利人一种排他权，但是仅仅是为其提供了一种获利的手段或者说可能性。知识产权权利人的实际利润完全由市场供需关系决定，知识产权制度本身并不保证研发成本的回收。由于研发成本与知识产权的价值并不存在相互决定的关系，研发成本与知识产权权利人因侵权而丧失的利润之间亦不存在对应关系。有人担心侵权成本低于研发成本会造成遏制不足，导致侵权发生的概率大幅提升。❶ 但是从维护整个创新秩序的角度来看，在研发成本过高而知识产权市场价值较低的情况下，以研发成本为主要考量因素无法得出符合知识产权市场价值的损害赔偿数额，同时也可能带来对侵权人不公平的现象出现。因为此时大量研发成本的投入是不符合市场效率原则的，侵权人不应当为知识产权权利人承担这部分研发成本。

当然，研发成本并非完全不应被作为确定知识产权侵权损害赔偿数额中的考量因素。尽管不是主流做法，在美国曾经出现过以创作成本计算版权侵权导致的实际损失赔偿数额的判例。❷ 在"广东省新闻出版局信息服务中心诉广东珠海白天鹅光盘有限公司等侵犯著作权纠纷案"中，我国法院亦以制作成本为主要因素确定了损害赔偿数额。❸ 但是，考虑创作成本的做法并非认可著作权侵权带来的实际损失可以表现为创作成本无法回收。学者指出，该种做法的经济学理论基础在于，作品复制件的销量会在边际成本等于边际收益时达到最高，此时价格与边际成

---

❶ 宋健："知识产权损害赔偿问题探讨——以实证分析为视角"，载《知识产权》2016年第5期。

❷ *Harris Market Research v. Marshall Marketing and Communications, Inc.*, 948 F. 2d 1518, 1524 (10th Cir.1991).

❸ 程永顺主编：《著作权案件法官点评》，知识产权出版社2002年版，第266~278页。

本之差将会产生收益以抵消表达成本。❶ 从这个角度来看，考虑创作成本实际上是一种计算利润损失的替代方式。❷

　　对于商业秘密侵权案件，司法实践中亦出现了在损害赔偿过程中考虑研发成本的做法。在美国，有的法院认可商业秘密所有人除了可以主张利润损失之外，还可以主张因盗用商业秘密的行为导致商业秘密所有人为了获得竞争优势而事先投入的研发费用无法收回所带来的损失。❸ 这种研发成本的损失又被称为"先机损失"（head start damages）。❹ 在我国，有的法院亦有认可在由于因商业秘密侵权导致公开的案件中以研发成本计算损害赔偿数额的做法。❺ 与版权、专利和商标等其他知识产权不同，商业秘密保护并非是通过法律创设排他权来实现的，而是对保密事实的认可。保密性的丧失导致商业秘密完全失去其价值，此时按照研发成本计算实际损失体现了价值评估中成本法的基本精神。对于其他知识产权而言，侵权行为的出现通常并不会导致知识产权的价值丧失殆尽，因此也就难以适用成本法评估损害赔偿数额。同理，在商业秘密并未因为盗用行为公开而完全丧失其价值时，研发成本损失亦难以确定。此时，盗用商业秘密导致利润下降的，商业秘密所有人可以选择主张利益损失。❻

---

　　❶　[美]威廉·M.兰德斯、里查德·A.波斯纳：《知识产权法的经济结构》（中译本第2版），金海军译，北京大学出版社2016年版，第43页。

　　❷　William F.Patry, *Patry on Copyright* § 22：109（database updated，2015）.

　　❸　*Kubick, Inc.v.Hull*, 224 N. W. 2d 80（Mich.App.1974）.

　　❹　Robert C.Dorr & Christopher H.Munch, *Protecting Trade Secrets, Patents, Copyrights, and Trademarks* 48（2d ed.1995）.

　　❺　《上海市高级人民法院关于知识产权侵权纠纷中适用法定赔偿方法确定赔偿数额的若干问题的意见（试行）》，《江苏省高级人民法院关于知识产权侵权损害适用定额赔偿方办法若干问题的指导意见》第13条。

　　❻　例如，举证证明某些特定客户已经转向被告，或者证明在被告使用商业秘密后原告销售额的下降或商业增长的中断，也可以被告所获得的合理许可使用费来计算原告遭受的利润损失。Restatement（Third）of Unfair Competition § 45, comment e（1995）.

第二节　实际损失的赔偿范围

差额说仅仅明确实际损失的本质问题，在实际损失的计算方面，则需要弄清实际损失的赔偿范围，在类型化的基础上分别讨论知识产权侵权中实际损失具体表现形式的计算方法。从比较法的角度来看，为各个国家和地区所承认的知识产权侵权导致的实际损失，主要包括利润的减少、成本的增加和商誉损失三种类型。

一、利润的减少

由于知识产权的价值主要体现为知识产权的获利能力，利润的减少就是知识产权侵权实际损失最为主要的表现形式。知识产权的行使方式主要包括自行实施和许可他人实施两种，知识产权权利人的获利方式亦包括销售产品或者提供给服务而获利，以及收取许可费而获利。与此相对应，知识产权侵权带来的利润损失亦包括销售利润损失和许可费损失两类。

（一）销售利润的减少

从各个国家和地区知识产权侵权损害赔偿的司法实践来看，知识产权侵权给权利人带来的利润损失最为直观和最为常见的原因，是侵权产品的出现导致知识产权权利人的产品销量减少。● 计算销售利润损失的通常方法是以因侵权行为出现导致权利人产品销量的减少乘以知识产权产品的利润。然而在市场条件下，知识产权权利人的获利状况往往受到多种因素的影响，在这些因素中将知识产权侵权对产品销量的影响剥离出来并加以量化是非常困难的。销量损失的存在、因果关系的认定以及损失数额的计算等问题，是知识产权侵权实际损失计算中的重点和难

● 《最高人民法院关于审理著作权民事纠纷案件适用法律若干问题的解释》第 24 条；《最高人民法院关于专利纠纷案件适用法律问题的若干规定》第 21 条第 2 款；《最高人民法院关于审理商标民事纠纷案件适用法律若干问题的解释》第 15 条。

点，本章以下几节即着重讨论这些问题。

除了销量减少以外，知识产权权利人销售利润损失还可能表现为由于侵权产品的出现使得知识产权人不得不降低产品价格或者提供折扣以维持原有销量而带来的利润损失，❶ 或者由于侵权行为的出现使得知识产权权利人无法提高产品价格而受到的利润损失。❷ 导致这些利润损失的原因通常被称为价格侵蚀（price erosion）。❸ 从理论上讲，知识产权侵权行为造成产品价格变化进而导致权利人利润损失的情形应当是市场环境下普遍存在的现象，但是在各个国家和地区知识产权侵权损害赔偿救济的司法实践中，适用价格侵蚀计算利润损失的情形较为少见。❹ 个中原因可能是在损失计算过程中价格侵蚀没有销量减少表现得那么直观，对于价格侵蚀的证明往往需要更为复杂的经济分析，知识产权权利人证明价格侵蚀存在的难度更大。

当然，在实践中，知识产权侵权行为导致销量减少和价格侵蚀可能并非是相互独立的，而是同时作为导致知识产权权利人利润损失的原因存在于同一个案件之中。此时计算知识产权权利人因侵权行为出现所受的利润损失时可以同时考虑上述两种原因。

（二）许可费损失

如果知识产权权利人利用知识产权的方式主要是许可他人实施，而非自己实施知识产权、销售受知识产权保护的产品，侵权行为所导致的利润减少即可以表现为本应收取而未能收取的许可费收益损失。知识产

---

❶ *Lam*, *Inc. v. Johns-Manville Corp.*, 718 F. 2d 1056, 1069（Fed. Cir. 1983）；*TWM Mfg. Co. v. Dura Corp.*, 789 F. 2d 895（Fed. Cir. 1986），cert. denied, 479 U. S. 852（1986）.

❷ *Brooktree Corp. v. Advanced Micro Devices*, *Inc.*, 977 F. 2d 1555（Fed. Cir. 1992）.

❸ Richard Troxel & William Kerr, *Calculating Intellectual Property Damages*, §1：9（2016）. 在我国，亦有法院明确认可价格侵蚀作为著作权权利人实际损失的原因。参见《北京市高级人民法院关于确定著作权侵权损害赔偿责任的指导意见》第 7 条第（7）项。

❹ Gregory J. Werden et al., *Quantity Accretion：Mirror Image of Price Erosion from Patent Infringement*, 81 J. Pat & Trademark Off. Soc'y 479, 480（1999）. 在日本，适用价格侵蚀计算损失的专利侵权案件也十分少见。[日] 曾井和夫、田村善之：《日本专利案例指南》，李扬等译，知识产权出版社 2016 年版，第 404 页。

权权利人从事特许经营的案件是许可费损失适用的典型情形。在 Taco Cabana Intern.，Inc.v.Two Pesos，Inc. 案中，被告使用了与原告相同的墨西哥餐馆的外观。美国第五上诉巡回法院指出，被告的侵权行为导致原告丧失了在休斯敦地区收取许可费的机会，最终认可原告主张的特许经营许可费损失。❶ 在 Flying J，Inc.v.Central CA Kenworth 案中，被告未经许可使用了原告享有版权的公路边廉价餐馆建设指南，美国第十上诉巡回法院认为，涉案版权作品是特许经营的关键，原告有权主张以全部特许经营许可费为基础计算实际损失。❷ 而在知识产权权利人主要以自行实施为获利方式的情形，通过假定磋商的方法确定的合理许可费则仅仅是对实际损失的一种拟制，或者说仅仅是实际损失计算的替代方式。❸

二、成本的增加

从理论上讲，除利润损失之外，❹ 知识产权侵权所导致的实际损失还可能包括知识产权侵权导致成本增加带来的损失，即为了处理侵权行为、消除侵权行为带来的损害而不得不支出的成本。但是，受害人成本的增加属于间接损失或者附随损失，即并非侵权行为的直接后果。是否认可其因果关系并将其纳入损害赔偿范围，存在政策考量的余地。各个国家和地区对于在多大程度上将成本增加纳入损害赔偿范围的态度亦不相同。

（一）为维护权利所支出的成本

知识产权侵权给权利人带来的额外成本，首先是指权利人采取措施

---

❶ *Taco Cabana Intern.，Inc. v. Two Pesos，Inc.*，932 F. 2d 1113，1125 - 1126（5th Cir. 1991），aff'd，505 U.S.763（1992）.

❷ *Flying J，Inc.v.Central CA Kenworth*，45 Fed.Appx.763（9th Cir.2002）. 被告主张，现有的许可费中除了包括涉案版权作品外，还包括其他与本案侵权行为无关部分的费用。法院则认为原告提供的证据已经足以证明如果其不使用涉案版权则不会获得特许经营收益。

❸ 鉴于许可费损失与通过合理许可费标准计算损害赔偿额均涉及许可费计算等具体问题，因此，关于许可费损失问题的相关内容亦主要放在许可费标准一章进行讨论。

❹ 需要指出的是，许可费、侵权获利和法定赔偿等均是利润损失的替代计算方式，并不涉及成本增加带来的损失问题。

发现侵权、制止侵权所支出的成本。但是，各个国家和地区的司法实践主要关注利润损失的问题，并未就维权成本的赔偿问题制订出一套完整的规则，而是仅仅对个别支出的可赔偿性进行分析。例如，美国法院认可版权侵权案件中发现侵权行为的支出和由于试题泄露而印刷新题的支出为权利人所受到的实际损失；❶ 德国法院认可专利侵权案件中发出侵权警告的成本作为实际损失；❷ 日本法院则认可出于调查的目的购买侵权产品、委托他人分析等费用属于损害赔偿的范围。❸

关于知识产权权利人所支出的诉讼成本（特别是律师费）是否应纳入损害赔偿范围的问题，在比较法上则存在两种不同的模式。一种模式是将诉讼成本亦纳入损害赔偿的范围之中，将其作为一种不同于利润损失的实际损失表现形式来看待。例如，在日本，律师费通常被作为实际损失看待；❹ 在我国，诉讼中的合理维权开支亦被列入知识产权侵权损害赔偿的范围，属于其现有财产的减少即直接损失。❺ 另一种模式则是在损害赔偿之外单独讨论诉讼成本的负担问题。例如，在美国法上，诉讼成本的分担被作为损害赔偿之外的问题；❻ 在德国，关于律师费等诉讼开支的分担则被规定在民事诉讼法之中。❼ 由此可见，诉讼开支的赔偿或者分担是一个复杂的问题。❽

（二）为重获客户所支出的成本

知识产权侵权带来的实际损失主要表现为被控侵权人抢夺消费者而

---

❶ *Nat'l Council of Exam'rs for Eng'g & Surveying v. Cameron-Ortiz*, 626 F.Supp.2d 262, 269（D.P.R.2009）.

❷ Vgl.OLG Karlsruhe 24.10.1894 GRUR 1985, 36. ［德］鲁道夫·克拉瑟：《专利法——德国专利和实用新型法、欧洲和国际专利法》，单晓光等译，知识产权出版社 2016 年版，第1058 页。

❸ ［日］曾井和夫、田村善之：《日本专利案例指南》，李扬等译，知识产权出版社 2016 年版，第 462 页。

❹ 同上书，第 460 页。

❺ 《广东法院探索完善司法证据制度破解"知识产权侵权损害赔偿难"试点工作座谈会纪要》。

❻ 《美国版权法》第 505 条；《美国商标法》第 36 条。

❼ 《德国民事诉讼法》第 91 条、第 92 条。

❽ 关于合理开支问题，参见本书第七章。

造成权利人的销量减少。知识产权权利人为了消除侵权行为的消极影响、重新获得失去的客户而支出的成本亦属于实际损失的范畴。在美国法上，商标侵权出现后为重获客户所支出成本的典型情形是矫正广告（corrective advertising）支出，❶ 即商标所有人为制止、纠正或者减轻消费者混淆采取补救措施而支出的费用。因此，矫正广告损失在本质上是一种为了控制损失而产生的损失。❷ 在 Big O Tire Dealers，Inc. v. Goodyear Tire & Rubber Co. 案中，美国第十上诉巡回法院讨论了反向混淆案件中的矫正广告损失问题。❸ 自该案以后，以侵权人的广告费用为基础计算商标权人矫正广告损失的做法为美国许多法院所效法。❹ 但是矫正广告损失在计算上的任意性与实际损失之间缺乏关联性，不利于全面赔偿原则的实现，❺ 需要就是否对其赔偿的问题进行严格的限定。❻ 此外，在商业秘密侵权损害赔偿案件中，美国法院亦认可为了重新获得失去的客户而致使原告花费的推广费用作为实际损失而将其纳入赔偿范围之内。❼ 类似的，德国法院亦认可专利侵权案件中采取必要措施矫正被误导的市场参与者的支出可以被纳入损害赔偿范围。❽

---

❶ *Tools USA & Equip. Co. v. Champ Frame Straightening Equip.*，87 F. 3d 654（4th Cir. 1996）.

❷ J. Thomas McCarthy，*McCarthy on Trademarks and Unfair Competition* § 30：83（database updated 2014）.

❸ *Big O Tire Dealers，Inc. v. Goodyear Tire & Rubber Co.*，408 F. Supp. 1219（D. Colo. 1976），modified，561 F. 2d 1365（10th Cir. 1977），cert. dismissed，434 U. S. 1052（1978）. 原告主张其矫正广告的支出应大致相当于被告的广告投入，唯有如此方能起到消除混淆的作用。该主张得到了地方法院的肯定。第十上诉巡回法院则引用了联邦贸易委员会（FTC）的相关规定，主张应以从事虚假广告者拿出其已有广告花费的 25% 来计算矫正广告开支。

❹ *West Des Moines State Bank v. Hawkeye Bancorporation*，722 F. 2d 411（8th Cir. 1983）；*Balance Dynamics Corp. v. Schmitt Industries，Inc.*，204 F. 3d 683（6th Cir. 2000）.

❺ Paul Heald，*Money Damages and Corrective Advertising：An Economic Analysis*，55 U. Chi. L. Rev. 629，644（1988）.

❻ Restatement（Third）of Unfair Competition § 36，comment f（1995）.

❼ Restatement（Third）of Unfair Competition § 45，comment e（1995）.

❽ RG. 13. 10. 1937 GRUR 1937，1072，1074 r.（insoweit nicht in RGZ 156，65）.［德］鲁道夫·克拉瑟：《专利法——德国专利和实用新型法、欧洲和国际专利法》，单晓光等译，知识产权出版社 2016 年版，第 1058 页。

三、商誉损失

除了利润的减少和成本的增加之外，知识产权侵权给权利人带来的实际损失还包括商誉和声誉损失。

所谓商誉损失，是指由于侵权产品质量低劣而导致的知识产权权利人的商誉财产价值受到的贬损。商誉损失的典型情境是商标侵权，❶ 因为商标是商誉的载体。例如，在 Skydive Arizona, Inc. v. Quattrocchi 案中，美国第九上诉巡回法院认可由于商标侵权行为导致原告的商誉财产价值受到贬损而给商标所有人带来的损失，而商誉损失的计算需要考虑原告为了重建声誉的支出情况。❷

但是，商誉损失在著作权、专利和商业秘密领域中是否存在则不无疑问。在美国尽管有法院在版权侵权中认可商誉损失，❸ 但是由于受版权法保护的作品并非商品来源的指示器，也并非权利人商誉的载体，因此从理论上讲在版权侵权中是不可能存在商誉损失的。❹ 在美国，对作者声誉造成的损失仅存在于《视觉艺术家保护法》上，❺ 而该种损害属于精神损害的范畴。而在著作权体系下，著作权人和表演者的声誉损失实际上是因侵犯精神权利而引起的，此种损失应当属于精神损害赔偿的问题，而非财产损害赔偿。❻ 同理，在日本的司法实践中，法院不承认专利侵权中的信用损失。❼ 类似的，美国法院亦否定由于侵权人的产品质量低劣给专利权人造成的商誉损失。在 Minco, Inc. v. Combustion

---

❶ 美国第二上诉巡回法院指出，在商标侵权中，实际损失除了包括利润损失之外，还可能包括商誉的损失以及制止、纠正或者减轻消费者混淆而支出的费用。*International Star Class Yacht Racing Ass'n v. Tommy Hilfiger, U. S. A., Inc.*, 80 F. 3d 749（2d Cir. 1996）。

❷ *Skydive Arizona, Inc. v. Quattrocchi*, 673 F. 3d 1105, 1112（9th Cir. 2012）.

❸ *Harolds Stores, Inc. v. Dillard Dept. Stores, Inc.*, 82 F. 3d 1533（10th Cir. 1996）.

❹ William F. Patry, *Patry on Copyright* § 22：108（database updated, 2015）.

❺ 17 U. S. C. § 106A（a）.

❻ 《北京市高级人民法院关于确定著作权侵权损害赔偿责任的指导意见》第21条；《重庆市高级人民法院关于确定知识产权侵权损害赔偿数额若干问题的指导意见》第20条。

❼ ［日］曾井和夫、田村善之：《日本专利案例指南》，李扬等译，知识产权出版社2016年版，第460页。

Eng'g, Inc. 案中，美国联邦上诉巡回法院给出了否定专利侵权中商誉损失的另一种理由，即商誉损失往往会同时伴有销量减少等利润损失，因此拒绝对商誉损失进行赔偿，以防止重复赔偿现象的出现。❶ 也就是说，如果将商誉定义为对顾客的吸引力，商誉的损失与销售利润损失之间就是存在联系的。这样一来，专利权人受到的商誉损失的确没有独立存在的必要性。

第三节　销售利润损失的存在

从侵权法的基本理论出发，在赔偿知识产权权利人销售利润损失的场合，需要考察侵权行为与损失之间存在因果关系，具体需要考虑销售利润损失的存在、销售利润损失的程度以及销售利润损失数额的计算三个方面的问题。❷ 其中，销售利润损失的存在是损害赔偿的前提条件。知识产权侵权是指未经权利人许可而行使知识产权的行为，权利人是否因此受到实际损失并非侵权的构成要件。也就是说，知识产权权利人的销售利润损失并不因侵权行为的成立而一定存在。在实践中，尚有因侵权行为反而导致知识产权权利人利润上升的案例出现。❸ 这是因为享有知识产权仅仅是一种权利人获利的可能性，不能以知识产权侵权行为的成立来推定权利人受到利润损失，❹ 而是需要权利人加以证明。这涉及知识产权权利人能否获利以及侵权行为是否会对知识产权的获利能力造成影响等问题，尚需要对相关市场因素进行考察。

---

❶ *Minco, Inc. v. Combustion Eng'g, Inc.*, 95 F. 3d 1109, 1120-1121 (Fed.Cir.1996).

❷ 关于以上三个方面的划分，参见王军：《侵权损害赔偿制度比较研究》，法律出版社2011年版，第83页。

❸ 例如，在视听作品侵犯文字作品改编权的场合，由于视听作品在商业上的成功，文字作品的销量反而可能因为试听作品的出现而上升。

❹ *Frank Music Corp. v. Metro-Goldwyn-Mayer, Inc.*, 772 F. 2d 505, 513 (9th Cir.1985).

一、权利人获利的可能性

欲证明知识产权权利人因侵权行为的发生而受到销售利润损失，首先需要证明权利人获利的可能性。如果不存在获利的可能性，则可以排除知识产权权利人销售利润损失的存在。在比较法上，知识产权权利人获利的可能性，可以从权利人是否亲自实施知识产权、知识产权产品的市场需求以及知识产权权利人的生产能力三个方面进行考察。

（一）权利人实施知识产权

销售利润损失存在的前提是知识产权权利人须亲自实施知识产权，即从事相关产品的生产销售。如果权利人本身并未实施知识产权，也就不存在销售产品获利的可能性。即如果知识产权人本身并不实施知识产权，那么权利人就不能主张赔偿销售利润损失。❶

著作权不同于工业产权，权利人获利的方式并非仅仅是制作、销售产品。随着技术的进步，著作权的内容得到扩张，著作权人行使权利的方式更是多样。在未经许可演绎他人作品的场合，著作权人遭受的仅仅是本应收取的许可费损失，而非销售利润损失。即使在侵犯复制权、发行权或者信息网络传播权的场合，如果著作权人本身并不销售产品，侵权行为的出现也不会给著作权人带来销售利润损失。

同理，对于已经注册但是并未实际使用的商标而言，由于尚未产生消费者认知，侵权行为的出现也不会导致销售利润损失。我国《商标法》即要求，被控侵权人以注册商标未实际使用对损害赔偿请求提出抗辩的，权利人须提供此前三年内实际使用该商标的证据，否则被控侵权人不需承担赔偿责任。❷ 我国法院亦明确，"请求保护的注册商标未实际投入商业使用的……除为维权而支出的合理费用外，如果确无实际损失

---

❶ 当然，如果知识产权权利人以收取许可费为主要获利模式的，还可以主张许可费损失。

❷ 《商标法》第 64 条第 1 款。

和其他损害，一般不根据被控侵权人的获利确定赔偿"。❶

在专利侵权领域，典型的情形是非专利实施主体（NPE）——本身拥有专利但是并不从事专利产品的生产和销售的主体——提起的损害赔偿之诉。特别是对于那些本身不从事研发，仅从其他专利权人处购买专利，亦不生产和销售专利产品，而是专门从事专利转让、许可，或者通过诉讼等方式收取许可费或者赔偿金的主体而言，是无法主张销售利润损失的。❷ 然而非专利实施主体通常会通过主张侵权产品的出现导致了其被许可人遭受销售利润损失来支持其自身的损害赔偿主张。在 Mars, Inc.v.Coin Acceptors, Inc. 案中，美国联邦上诉巡回法院在明确否定了专利权人对作为其子公司的非独占被许可人的销售利润损失的损害赔偿主张后，明确指出只有在能够证明他人专利产品的销量损失不可避免地转向专利权人时，方能认可其损害赔偿请求。❸

在专利侵权中，专利权人不实施专利的另一特殊的情形涉及防御性专利。在该类案件中，专利权人实际生产的并非专利产品，其持有防御性专利的目的仅仅是为保持其实际生产的非专利产品的市场优势地位。但是，由于侵权产品与专利权人实际生产的非专利产品之间存在竞争关系，专利侵权行为的出现导致这些非专利产品的销量减少。对于该类案件，尽管专利权人并未实施防御性专利，仍有必要认可其利润损失。在 Presidio Components, Inc.v.American Technical Ceramics Corp. 案中，美国联邦上诉巡回法院肯定了专利权人非专利产品售量下降与专利侵权之间

---

❶ 《最高人民法院关于当前经济形势下知识产权审判服务大局若干问题的意见》；"三洋电机株式会社诉三洋电梯（无锡）有限公司等侵犯注册商标专用权及不正当竞争纠纷案"，江苏省高级人民法院（2009）苏民三终字第0129号民事判决书。法院认为，鉴于三洋电机并未生产电梯产品，涉案注册商标对电梯产品的识别功能并未实现，无锡三洋的侵权行为并不会实际造成三洋电机在本不存在的电梯产品市场份额方面的丧失或者减少，不会实际造成三洋电机在本不生产的电梯产品的利润损失。

❷ *Rite-Hite Corp.v.Kelley Co.*, 56 F. 3d 1538, 1548（Fed.Cir.1995）.

❸ *Mars, Inc.v.Coin Acceptors, Inc.*, 527 F. 3d 1359, 1366-1367（Fed.Cir.2008）.

存在因果关系，进而认可了专利权人对非专利产品利润损失进行赔偿的主张。❶ 类似的，日本法院亦认可在防御性专利案件将非专利产品的利润损失纳入损害赔偿的范围。❷

（二）产品的市场需求

知识产权权利人能否获利是由市场决定的，虽然知识产权权利人在市场上销售其产品，但是产品投放市场并不意味着一定能够获利，如果市场上并不产生对该产品的需求，知识产权就无法产生利润，即使存在侵权行为亦不会导致利润损失。

在专利侵权利润损失的赔偿中，美国法院即明确要求权利人证明市场上存在对专利产品的需求，❸ 由此来推定专利权人通过销售专利产品具有获利的可能性。确立该因素的前提是假定对专利产品的需求与对侵权产品的需求之间可以相互转换，侵权产品的出现导致消费者不再购买专利产品，因此给专利权人带来销售利润损失。❹ 当然，关于侵权产品的销售与专利产品的利润减少之间是否具有严格的对应关系，则主要是通过对是否存在可接受的非侵权替代品等标准来判断的。在实践中，专利产品在商业上的成功、专利产品的市场占有份额以及专利产品的销售额等均可以作为证明在市场上存在对专利产品的需求的证据。❺ 在证明损失存在的环节，美国法院并不要求对专利产品的市场需求是由专利特征产生的，即使专利特征并非产生对专利产品需求的主导因素，只要市

---

❶ *Presidio Components*，*Inc. v. American Technical Ceramics Corp.*，702 F. 3d 1351（Fed. Cir. 2012）.

❷ "蓄热材料的制造方法案"，东京高等法院平成 11 年 6 月 15 日判决・判时 1697 号第 96 页。转引自［日］曾井和夫、田村善之：《日本专利案例指南》，李扬等译，知识产权出版社 2016 年版，第 401~403 页。

❸ *Panduit Corp. v. Stahlin Bros. Fibre Works*，*Inc.*，575 F. 2d 1152，1156（6th Cir. 1978）. 该案中确立了确定利润损失四个考量因素，即专利产品的市场需求、不存在可接受的非侵权替代产品、专利权人具有满足需求的制造能力和销售能力已经专利权人应当获得的利润。该四要素被称为 "Panduit 测试" 或者 "DAMP 测试"。

❹ 需要注意的是，"Panduit 测试" 仅能用于确定专利产品的利润损失，对于专利侵权而导致的非专利产品的利润损失，则不适用该测试。

❺ John Skenyon et al.，*Patent Damages Law and Practice* § 2：30（2015）.

场上存在对专利产品的需求即可。❶ 此外，对专利产品的市场需求还需要达到一定的量。如果市场上仅有对专利产品的微量需求，则不能认定其具有获利能力。❷ 被控侵权人可以提出如下抗辩来否定专利权人获利可能性的存在：即对专利产品的需求主要是由侵权产品带来的，例如，侵权产品的出现扩大了对专利产品的市场需求；侵权产品的出现形成了新的市场；或者对专利产品的市场需求是由侵权产品中的非专利因素或者侵权人自身的声誉所带来的。❸ 然而，在实践中能够证明上述情形的存在并排除被控侵权人的损害赔偿责任是十分困难的。

类似的，在著作权侵权、商标侵权和商业秘密侵权案件中，亦需要考察权利人产品存在市场需求这一要素。但是，从各个国家和地区的司法实践来看，产品市场需求这一因素在上述类型的案件中并未被作为确定利润损失的重点来进行考察。

（三）权利人的生产能力

即使知识产权权利人从事产品的生产和销售、产品的市场需求十分旺盛，但是如果知识产权权利人满足市场需求的生产和销售能力有限，其销售利润损失亦应当限定在上述范围内。❹ 从比较法的角度来看，关于权利人生产能力限制的讨论，主要见诸专利领域，当然该标准同样适用于著作权、商标和商业秘密领域。

在专利侵权利润损失的赔偿中，美国法院明确要求专利权人具有满足专利产品市场需求的生产和销售能力。❺ 如果专利权人不具有任何生

---

❶ *DePuy Spine*, *Inc. v. Medtronic Sofamor Danek*, *Inc.*, 2009 WL 1529603 at * 9（Fed. Cir. 2009）.

❷ *Grain Processing Corp. v. American Maize－Products Co.*, 185 F. 3d 1341, 1351（Fed. Cir. 1999）.

❸ John Skenyon et al., *Patent Damages Law and Practice* §2：30（2015）.

❹ 当然，在允许知识产权权利人主张侵权获利的场合，如果侵权人的获利多于知识产权权利人的销售利润损失，则会出现权利人选择主张支付较高的侵权获利或者侵权人以权利人的所受损失少于侵权获利而要求降低损害赔偿金额的情形。上述问题如何处理，涉及支付侵权获利与赔偿实际损失制度之间的关系。关于该问题本书第四章将进行专门讨论。

❺ *Panduit Corp. v. Stahlin Bros. Fibre Works*, *Inc.*, 575 F. 2d 1152, 1156（6th Cir. 1978）.

产设备，则表明其完全不具有满足专利产品市场需求的生产能力。❶ 如果专利权人的生产经营规模有限，反而是侵权行为的出现扩大了专利产品的市场，那么专利权人显然无权对于因侵权行为带来的额外需求主张销售利润损失，因为这部分利润与专利权人无关。在司法实践中，美国法院对该因素采取了较为宽松的态度。❷ 即使专利权人不自行生产专利产品，而是委托他人生产专利产品，亦可以表明其具有满足专利产品市场需求的生产和销售能力。❸

《日本专利法》亦要求在确定销售利润损失时考虑权利人的实施能力因素，规定在以侵权产品的销量推定利润损失时，如果侵权产品的销量超出了专利权人的实施能力，应当将超出的部分予以扣除。❹ 日本法院在司法实践中对于实施能力这一因素的考察亦采取了较为宽松的态度。例如，除了考察专利权人以往制造和销售业绩之外，还将权利人委托他人从事生产而具有的生产能力考虑在内，❺ 甚至将能够通过金融机构融资购置设备作为认定权利人具有实施能力的考量因素。❻

二、侵权人造成利润损失的可能性

如前文所述，销售利润损失发生的机理是，侵权产品的出现使得消费者纷纷转向被控侵权人，从而使得知识产权权利人的产品销量减少。因此，侵权人造成利润损失的可能性主要受以下两个因素影响：其一，侵权行为必须表现为销售知识产权产品；其二，侵权产品与知识产权权

---

❶ *Water Techs. Corp. v. Calco，Ltd.*，850 F.2d（Fed. Cir. 1988）.
❷ John Skenyon et al.，*Patent Damages Law and Practice* §2：45（database updated，2015）.
❸ *Gyromat Corp. v. Champion Spark Plug Co.*，735 F.2d 549（Fed. Cir. 1984）.
❹ 《日本专利法》第 102 条第 1 款。
❺ "坏道脱离工具案"，东京地方法院平成 11 年 7 月 16 日判决·判时 1698 号第 132 页。转引自［日］曾井和夫、田村善之：《日本专利案例指南》，李扬等译，知识产权出版社 2016 年版，第 397 页。
❻ "记录纸案"，东京地方法院平成 14 年 3 月 14 日判决·判时 1803 号第 99 页。转引自［日］曾井和夫、田村善之：《日本专利案例指南》，李扬等译，知识产权出版社 2016 年版，第 397 页。

利人的产品之间具有竞争关系。

（一）侵权行为的类型

知识产权侵权的类型多样，并非所有类型的知识产权侵权均表现为销售侵权产品。对于那些不以销售侵权产品为表现形式的侵权行为，当然不会导致知识产权权利人的销售利润损失。

在著作权侵权中，涉及作品复制件所有权转移的是侵犯发行权的情形。在实践中，销售盗版图书、盗版光盘的行为无疑会对正版出版物的销量产生影响。此外，在互联网环境下，未经许可通过信息网络传播作品的行为虽然并不涉及作品复制件的转移，但是亦可能因影响合法作品的点击率而给著作权人带来利润损失。[1] 但是，如果侵权行为仅仅是未经权利人许可复制部分作品或者未经权利人许可对作品进行改编，则很难说这些行为会给著作权人带来利润损失。

在专利侵权中，除销售侵权以外，还包括未经权利人许可的制造、使用、许诺销售等行为。如果被控侵权人仅仅是未经许可制造了侵权产品，但是这些侵权产品尚未进入流通领域，专利权人就无法就库存的部分产品主张销售利润损失。[2] 类似的，在商标侵权中，对于未经许可使用商标，但是侵权产品尚未进入流通领域的，尚未造成消费者混淆，因此也不可能给商标权人带来销售利润损失。[3] 当然，对于侵权产品尚未销售的这部分知识产权侵权行为而言，知识产权权利人可以主张许可费损失。

---

[1] 由于互联网经济具有双边市场的特性，合法作品点击量的下降并不一定直接导致著作权人直接受益的降低，而是可能带来著作权人广告收益的减少，加之互联网上侵权行为的数量难以确定，计算因此带来的利润损失十分困难。参见孙阳："论美国著作权损害赔偿制度的网络适用：困境与误区"，载《海峡法学》2016 年第 2 期。

[2] John Skenyon et al., *Patent Damages Law and Practice* § 1：3（database updated, 2015）.

[3] "鲁道夫·达斯勒体育用品波马股份有限公司与福建福日科技有限公司侵犯注册商标专用权纠纷案"（2008）闽民终字第 223 号民事判决书。福建省高级人民院认为，侵权人所代理出口的运动鞋因被厦门海关扣留而未能实现出口侵权行为对原告的声誉、市场份额或者销售收入等利益并未造成实际损害，原告也未能证明被告代理的商品在国内市场曾有销售，因为没有支持原告赔偿实际损失的诉讼请求。

另外需要讨论的是知识产权间接侵权中的销售利润损失问题。尽管关于知识产权间接侵权的成立是否以直接侵权为前提的问题尚有争论，❶但是在损害赔偿数额的计算方面应当承认，如果直接侵权行为尚不存在，那么很难说知识产权权利人就不会受到销售利润损失。例如，在专利间接侵权案件中，美国联邦上诉法院即明确地强调，由于涉案产品一般仅仅为涉案专利产品的部件，被诉侵权产品的单纯销售并不足以给专利权人造成损失，原告须以能够证明的、已经发生的直接侵权为基础计算其所受的损失。❷当然，如果间接侵权人销售的专利产品的必要部件或者中间产品与专利产品之具有竞争关系的，应当肯定这些产品的销售会导致专利产品销量减少并给专利权人带来利润损失。❸

（二）产品之间存在竞争关系

在实践中，即使被控侵权行为表现为销售产品，侵权产品与知识产权权利人的产品之间完全相同的情形也是十分少见的，亦不能肯定侵权产品一定会导致知识产权权利人的利润损失。常见的情形是侵权产品与知识产权权利人的产品之间存在差别，甚至可能是完全不同的产品。从理论上讲，只有侵权人与知识产权权利人处于同一市场并且存在竞争关系时，侵权行为才能给知识产权权利人造成销量利润的减少。❹侵权产品与知识产权权利人的产品差异过大，致使二者之间并不存在竞争关系时，知识产权权利人的客户不会选择侵权产品，因此纵使市场上出现了侵权产品，也不会导致知识产权权利人产品销量减少进而给其造成利润损失。也就是说，如果侵权行为发生在知识产权人占据的市场之外，知识产权人对该部分产品的销售并不享有利润，发生利润损失的前提并不

---

❶ 王迁、王凌红：《知识产权间接侵权研究》，中国人民大学出版社 2008 年版，第 15 页。

❷ *Standard Havens Products*，*Inc. v. Gencor Industries*，*Inc.*，953 F. 2d 1360（Fed. Cir. 1991）；*Cardiac Pacemakers*，*Inc. v. St. Jude Medical*，*Inc.*，576 F. 3d 1348（Fed. Cir. 2009）.

❸ "热封层压包装材料的装置案"，东京地方法院平成 10 年 12 月 18 日判决·判时 1676 号第 116 页。转引自〔日〕曾井和夫、田村善之：《日本专利案例指南》，李扬等译，知识产权出版社 2016 年版，第 451 页。

❹ Thomas F. Cotter，*Four Principles for Calculating Reasonable Royalties in Patent Infringement Litigation*，27 Santa Clara Computer & High Tech. L. J. 725，728（2011）.

存在。

对于著作权侵权中利润损失存在的证明,学者指出,需要考虑包括双方当事人的现有市场份额、销售渠道和消费者关系等在内的全部市场因素。❶ 典型的情形是侵犯演绎权的案件。例如,在未经原作者同意将小说等文字作品改编为视听作品的情形下,原作和改编作品处于不同的市场、面对不同的消费群体,因此不存在改编作品的出现导致原作销量减少的情形;在未经原作者同意翻译外国作品的情形下,由于原作和翻译作品并不在同一地域销售,也就不存在所谓的抢夺消费者导致权利人销售利润下降的问题。在 Applied Innovations, Inc. v. Regents of the Univ. of Minn. 案中,美国第八巡回上诉法院明确指出,作为计算机软件版权人的原告仅能对用于出售的软件销量主张利润损失,而不包括复制软件、海外购买者以及与软件不兼容的硬件的销量损失。❷ 此外,如果被控侵权的作品复制件与作品的合法复制件之间存在较大的价格差异,导致二者之间不具有替代关系时,亦不能认定侵权行为的出现给版权人造成销售利润损失。❸

在 BIC Leisure Prods. v. Windsurfing Int'l 案中,美国联邦上诉巡回法院明确要求存在利润损失的证明需要专利产品与侵权产品之间存在竞争关系,如果两种产品在性能或者价格上存在较大差异导致并不存在竞争关系时,专利权人无法主张销售利润损失。❹ 日本法院亦通常要求专利权人证明被诉侵权产品与专利产品之间存在竞争关系或者替代关系,至少有部分需求会转向侵权产品时,才认可销售利润损失的存在。❺ 只要满足上述条件,即可将侵权产品销售的数量推定为专利产品丧失的销量,

---

❶ William F. Patry, *Patry on Copyright* § 22: 104 (database updated, 2015).

❷ *Applied Innovations, Inc. v. Regents of the Univ. of Minn.*, 876 F. 2d 626, 637 (8th Cir. 1989).

❸ *Peter Pan Fabrics, Inc. v. Jobela Fabrics, Inc.*, 329 F. 2d 194, 196 (2d Cir. 1964).

❹ *Bic Leisure Products v. Windsurfing Int'l*, 1 F. 3d 1214, 1218−1219 (Fed. Cir. 1993).

❺ 张鹏:"日本专利侵权损害赔偿数额计算的理念与制度",载《日本问题研究》2017年第5期。

转而要求被控侵权人承担扣除并非因侵权产品带来的部分销量损失的证明责任。❶ 关于竞争关系的认定,日本法院采取了较为宽松的标准。例如,认定整体出售的产品与单独出售的产品之间具有竞争关系,❷ 原料与制成品之间亦被认定为具有竞争关系。❸

在商标侵权中,传统的以混淆为标准的商标侵权规则,在责任成立方面即已经限定了其适用于侵权产品与商标所有人提供产品之间具有竞争关系的场合。这决定了商标侵权的成立即通常会带来商标所有人的销售利润损失。然而,随着现代商标功能的扩展,商标保护亦不断地向非竞争产品领域扩展。正如学者指出,"在有些时候,侵权行为对商标功能的侵害可能更多表现为对消费者的商标心理认知产生潜移默化的、累积性影响",❹ 其导致的后果并不直接体现为使消费者发生来源混淆进而给商标所有人造成销售利润损失。尤其是在商标淡化案件中,由于被控侵权人在不相同或者类似的商品上使用涉案商标,两种商品之间并不具有竞争关系,侵权产品的出现不会导致商标所有人商品销售量的下降,其造成的损害被归结为淡化了商标与其所指代商品类型之间的联系。❺

当然,侵权产品与知识产权权利人的产品之间存在竞争关系,通常只能初步证明权利人销售利润损失的存在。由于二者市场需求之间可能存在差异,侵权产品的出现与知识产权产品销量的减少之间很可能并不存在严格的对应关系。在市场环境下,知识产权权利人产品的销量变化还可能受到其他因素的影响。在销售利润损失的确定中如何考虑这些

---

❶ 《日本专利法》第 102 条第 1 款。

❷ "血液采集器案",东京地方法院平成 12 年 6 月 23 日判决·平成 8(ワ)17460。转引自[日]曾井和夫、田村善之:《日本专利案例指南》,李扬等译,知识产权出版社 2016 年版,第 393 页。

❸ "记录纸案",东京地方法院平成 13 年 7 月 17 日判决·判例工业所有权法[2 期版]2233 之第 111 页。转引自[日]曾井和夫、田村善之:《日本专利案例指南》,李扬等译,知识产权出版社 2016 年版,第 393 页。

❹ 徐聪颖:"我国商标权法定赔偿的现状及反思",载《甘肃政法学院学报》2015 年第 3 期。

❺ Frank I. Schechter, *The Rational Basis of Trademark Protection*, 40 Har. L. Rev. 813, 831 (1927).

因素，是认定侵权行为与销售利润损失之间是否存在因果关系过程中的重点和难点问题。

三、未来利润损失问题

作为民事救济的损害赔偿通常仅仅适用于已经发生的损失，未来损失的赔偿仅仅是个别例外情形。但是在知识产权侵权中，未来利润损失的问题表现得比较突出。知识产权的价值体现为一种获利能力，而这种获利能力并非静态的，而是动态变化的，受到时间因素的影响。正如学者指出的，"关于知识产权损害范围的认定，实质上是对长期资产价值的认定，必须在一个合理的期间范围内进行考量"。[1] 侵权行为的出现对于知识产权权利人产品销售状况的影响往往不是一时的，相反可能会持续很长一段时间，甚至可能导致整个市场需求减少。对于知识产权侵权行为的影响不断持续的案件，仅仅要求被控侵权人赔偿知识产权权利人在判决做出之前已经受到利润损失显然无法达成全面补偿损失的目的。在该类案件中，需要考虑未来损失的赔偿问题，即在案件判决后的一段期间内由于侵权行为的影响持续存在，而给知识产权权利人带来的持续发生的损失。此外，在法院判决被控侵权人不停止侵权的场合，赔偿未来销售利润损失就是对知识产权权利人进行救济的唯一手段，其重要性不言而喻。[2]

在两大法系的传统损害赔偿法中，可赔偿的损失均应当是确定的或者可以确定的。但是总体来讲，普通法系国家对于损害存在和损失程度的证明标准相对较低。[3] 以专利侵权为例，专利权人证明损失数额并非要求准确无误，而是仅仅需要达到"非推测性"（non-speculative），即具有合理可能性（reasonable probability）的标准。[4] 尽管如此，赔偿未来

---

[1] 吴汉东："知识产权损害赔偿的市场价值分析：理论、规则与方法"，载《法学评论》2018 年第 1 期。

[2] *eBay Inc.v.MercExchange*，*L. L. C.*，547 U. S.388（2006）.

[3] 王军：《侵权损害赔偿制度比较研究》，法律出版社 2011 年版，第 85 页。

[4] *Engineered Products Co.v.Donaldson Co.*，*Inc.*，147 *Fed.Appx.* 979，990（Fed.Cir.2005）.

损失的主张亦难以满足上述要求，因为与已有销售利润损失相比，知识产权产品的未来价格、竞争状况和市场状况均更加难以确定。❶ 在 Shockley v.Arcan, Inc. 案中，美国联邦上诉巡回法院在认识到未来损失的计算不可避免地包含推测因素的同时，认为如果权利人能够提供充分的证据仍然可以认可权利人赔偿未来损失的主张。❷ 只不过要求知识产权权利人在未来损失的存在及程度等方面承担更为严格的证明责任。❸ 在 Lam, Inc.v.Johons-Manville Corp. 案中，美国联邦上诉巡回法院以判决后 4 年内一定比例的计划销量来计算专利权人的未来销售利润损失。❹ 在 Taco Cabana Int'l, Inc.v.Two Pesos, Inc. 案中，美国第五上诉巡回法院承认了侵权行为导致商业外观所有人无法进行市场扩张的利润损失的可赔偿性。❺ 在 Cream Records, Inc.v.Joseph Schlitz Brewing Co. 案中，美国第九上诉巡回法院认可未经许可在广告中使用涉案歌曲减损了该歌曲对于其他广告者的价值构成版权人的利润损失。❻ 在 Roton Barrier, Inc.v.Stanley Works 案中，美国联邦上诉巡回法院肯定了商业秘密侵权行为给原告产品造成的已有的或者未来的价格侵蚀损失的可赔偿性。❼

第四节　销售利润损失程度的确定

证明了销售利润损失的存在之后，知识产权权利人还需要对损失的程度进行证明。销售利润损失的计算，通常知识产权权利人首先需要证

---

❶ *Brooktree Corp.v.Advanced Micro Devices, Inc.*, 977 F.2d 1555, 1581 (Fed.Cir.1992).

❷ *Shockley v.Arcan, Inc.*, 248 F.3d 1349 (Fed.Cir.2001).

❸ *Oiness v.Walgreen Co.*, 88 F.3d 1025 (Fed.Cir.1996).

❹ *Lam, Inc.v.Johons-Manville Corp.*, 718 F.2d 1056, 1063 (Fed.Cir.1983).

❺ *Taco Cabana Int'l, Inc.v.Two Pesos, Inc.*, 932 F. 2d 1113 (5th Cir.1991), aff'd, 505 U.S.763 (1992).

❻ *Cream Records, Inc.v.Joseph Schlitz Brewing Co.*, 754 F. 2d 826 (9th Cir.1985).

❼ *Roton Barrier, Inc.v.Stanley Works*, 79 F. 3d 1112, 1120 (Fed.Cir.1996). 美国联邦上诉巡回法院认为，由于侵权产品的出现，使得商业秘密所有人需要一段时间才能使其产品恢复原本的较高价格，这部分未来利润侵蚀损失应当由侵权人赔偿。

明因侵权行为的出现而减少的产品销量是多少，在此基础上乘以知识产权权利人就每件产品应当获得的利润。在大陆法系，侵权法上存在责任成立因果关系和责任范围因果关系的划分；❶ 在英美法系，损失的存在和损失的程度亦被作为两个不同的问题看待。❷ 确定利润损失程度的关键，亦是要确定其与知识产权侵权行为之间存在因果关系，但是在证明责任和证明标准方面均区别于对利润损失存在的证明。

一、产品销量减少认定的复杂性

关于利润损失程度的证明，知识产权权利人需要证明若非（but-for）侵权产品的出现，则不会挤占其市场份额、导致产品销量的减少进而使其遭受相应数额的利润损失。对责任范围因果关系的考察，重点就是要重塑市场，确定在不存在侵权产品的情况下，知识产权权利人应当获得的利润，❸ 以此来与侵权发生之后知识产权权利人的获利情况进行对比从而确定损失程度。然而，在现实的市场环境下，知识产权权利人产品销售利润的变动受到多种因素的影响，知识产权侵权行为因素往往被其他市场因素裹挟着，很难将该因素对知识产权权利人利润的影响进行单独评价。因此，对责任范围因果关系的证明，需要借助复杂的经济和财务分析方能完成。为此，知识产权权利人可以聘请财务专家对其利润的变化状况出具分析意见；法院则需要针对财务专家采用的方法和得出的结论等问题进行审查，以对是否支持知识产权权利人的损害赔偿主张作出判断。

就不同类型的知识产权而言，责任范围因果关系的证明涉及的经济

---

❶ 在侵权行为法上，责任成立因果关系和责任范围因果关系的划分为德国法的通说。王泽鉴：《侵权行为》（第3版），北京大学出版社2016年版，第183页。

❷ J. Thomas McCarthy, *McCarthy on Trademarks and Unfair Competition* § 30：76（4th ed.）. *Broan Mfg. Co. v. Associated Distributors*, *Inc.*, 923 F. 2d 1232（6th Cir. 1991）, recons. denied, appeal dismissed, 932 F. 2d 1146（6th Cir.1991）; *Otis Clapp & Son v. Filmore Vitamin Co.*, 754 F. 2d 738（7th Cir.1985）. 受反垄断法中损害赔偿制度的影响，相对于责任成立的因果关系而言，对责任范围因果关系证明标准比较低。

❸ *Grain Processing Corp. v. American-Maize Prods. Co.*, 185 F.3d 1341, 1350（Fed.Cir.1999）.

和财务因素并不相同。对于发明、实用新型、技术秘密和软件著作权等涉及技术的知识产权而言，销售利润的损失的证明相对容易。❶ 在该类案件中，由于产品之间的竞争关系更为直接，关注的重点可以被放在产品因素之上，即侵权产品的出现对于权利人产品销量的影响。在市场上仅存在权利人的产品和侵权产品的情形下，权利人产品的销量损失与侵权产品销量之间的对应关系是易于证明的。但是在存在非侵权替代品的市场中，知识产权权利人产品销量的损失还可能是由于其他非侵权替代品导致的。此时，在确定责任范围因果关系时需要进一步剥离非侵权替代品的影响。

对于著作权、商标和经营秘密等非涉及技术的知识产权而言，责任范围因果关系的认定则可能涉及不同的经济和财务因素。以商标侵权为例，在由于被诉侵权产品质量低劣而对商标所有人的商誉造成损害的场合，商标所有人所受的不但包括由于消费者混淆而购买侵权产品带来的销量损失，亦表现为由于消费者对侵权产品的不良体验而丧失潜在客户的损失。❷ 在这种情况下，所谓的利润损失实际上是建立在更为一般的商誉损害的基础之上的，而不是具体的抢占权利人客户而带来的损失。在商标侵权领域确定销量损失时所关注的，可能不再是产品是否相同，而是如果侵权产品上使用了不同的商标，还会有多少消费者去购买这些产品。❸因此，与专利侵权相比，在著作权和商标侵权案件中，主张赔偿销售利润损失的难度更大。

由于知识产权其侵权损害赔偿案件中产品销量减少的认定具有复杂性和不确定性，为了实现充分保护知识产权权利人的目的，在知识产权侵权损害赔偿案件中需要相应地减轻知识产权权利人的证明责任，同时适当降低因果关系的证明标准。在 Paper Converting Machine Co. v. Magna-

---

❶❸　Richard Troxel & William Kerr, *Calculating Intellectual Property Damages*, §6：3（database updated, 2016）.

❷　Richard Troxel & William Kerr, *Calculating Intellectual Property Damages*, §6：4（database updated, 2016）.

Graphics Corp. 案中，美国联邦上诉巡回法院即要求专利权人在证明因果关系时达到一种合理的可能性即可。❶ 类似的，在 Brunswick Corp. v. Spinit Reel Co. 案中，美国第十上诉巡回法院认为，尽管经济衰退以及其他鱼线轮产品进入市场亦是导致原告销量下降的原因，但是仍然不能排除商标所有人产品销量的减少与侵权行为无关时，对于商标所有人的赔偿主张应当予以支持。❷

二、产品销量减少的推定

为了简化侵权行为与知识产权权利人产品销量减少之间因果关系认定的难度，我国司法解释采用了将侵权产品的销售量推定为知识产权权利人产品因侵权行为发生而减少的销量的做法。❸ 在实践中，由于侵权产品的销量相对易于查明，知识产权权利人通常也会提出以侵权产品销量计算销售利润损失的主张。然而，应当看到这种推定并不准确，这就需要法律在降低销售利润损失难度与合理补偿知识产权权利人实际损失之间做出平衡。

（一）理论分析：推定可能导致过度赔偿

以侵权产品的销量推定知识产权权利人销量减少的做法，假定侵权产品与知识产权权利人产品存在一对一的关系，即每一个侵权产品的销售均在市场上抢占了知识产权权利人的市场份额，从而导致知识产权权利人产品销量相应地下降。❹ 如果仅考虑涉案知识产权这一因素，上述

---

❶ *Paper Converting Machine Co. v. Magna-Graphics Corp.*，745 F. 2d 11，21（Fed. Cir. 1984）.

❷ *Brunswick Corp. v. Spinit Reel Co.*，832 F. 2d 513，525（10th Cir. 1987）.

❸ 《最高人民法院关于专利纠纷案件适用法律问题的若干规定》第 20 条第 1 款规定，"权利人销售量减少的总数难以确定的，侵权产品在市场上销售的总数乘以每件专利产品的合理利润所得之积可以视为权利人因被侵权所受到的损失"；《最高人民法院关于审理著作权民事纠纷案件适用法律若干问题的解释》第 24 条规定，在计算权利人实际损失时，"发行减少量难以确定的，按照侵权复制品市场销售量确定"；《最高人民法院关于审理商标民事纠纷案件适用法律若干问题的解释》第 15 条规定，"因被侵权所受到的损失，可以根据……侵权商品销售量与该注册商标商品的单位利润乘积计算"。

❹ Roger D. Blair & Thomas F. Cotter，*Intellectual Property：Economic and Legal Dimensions of Rights and Remedies* 213（2005）.

推定是成立的。但是如前文所述，在实践中除了涉案知识产权这一因素之外，产品销量的变化往往还受其他因素影响。[1] 以侵权产品的销量推定知识产权权利人销量减少的做法仅仅是一种大致估算知识产权权利人销售利润损失的方法。然而从实际效果的角度来看，如果忽略其他市场因素，在侵权成立、损害存在的前提下径直推定知识产权权利人的销量损失等于侵权产品的销量，很可能将其他不属于侵权产品导致的销量减少涵盖进来，导致对权利人的过度赔偿。

一方面，侵权产品可能由于价格或者性能方面的优越性，吸引了本不属于知识产权权利人产品的消费者。从因果关系的角度来看，对于这部分本不属于知识产权权利人的消费者而言，侵权产品的销售显然并不会带来其原有销量的减少。如果将该部分的销量纳入知识产权权利人的销量利润损失，无疑会带来过度赔偿的后果。在 Anchor Stove & Range Co.v.Rymer 案中，美国第六上诉巡回法院指出，侵权产品较低的价格可以使其获得一些无法接受商标所有人高价格产品的消费者，因此不能简单地推定侵权产品的销量等于商标所有人销量的减少数量。[2] 在 Peter Pan Fabrics, Inc.v.Jobela Fabrics, Inc. 案中，美国第二上诉巡回法院在版权侵权中亦表达类似观点。[3] 类似的，德国法院在实践中亦否定专利权人对被控侵权人开拓的市场份额主张销售利润损失。[4] 因此，为了防止过度赔偿，以侵权产品销量推定知识产权产品销量减少时，应当扣除侵权产品创造的额外的市场需求所带来的销量。对于此种情形，学者建议结合经济学上的需求弹性理论进行具体的分析。[5]

另一方面，如果在市场上除了知识产权权利人的产品之外，还同时

---

[1] Thomas F.Cotter, *Comparative Patent Remedies：A Legal and Economic Analysis* 109（2013）.

[2] *Anchor Stove & Range Co.v.Rymer*，97 F.2d 689（6th Cir.1938）.

[3] *Peter Pan Fabrics，Inc.v.Jobela Fabrics，Inc.*，329 F. 2d 194，196（2d Cir.1964）.

[4] ［德］鲁道夫·克拉瑟：《专利法——德国专利和实用新型法、欧洲和国际专利法》，单晓光等译，知识产权出版社 2016 年版，第 1059 页。

[5] Richard Troxel & William Kerr, *Calculating Intellectual Property Damages*，§3：36（database updated，2016）.

存在其他的非侵权替代品。以侵权产品销量推定知识产权权利人销量减少的理论假设是，知识产权权利人是市场上唯一提供涉案产品的人，或者说知识产权权利人具有实际的市场垄断地位，侵权产品的出现打破了这种市场状态，抢夺了知识产权权利人的市场份额。[1] 但是在实践中，知识产权权利人未必能够垄断整个市场，同类产品的市场上往往存在多个竞争者。例如，在专利领域，就同一技术主题而言，可能存在不同的技术方案；在商标领域，不同品牌的同类商品在市场上比比皆是。在存在非侵权替代品时，侵权产品的出现与知识产权权利人产品销量的减少之间是否存在确定的因果关系问题就变得复杂起来：首先，不能排除知识产权权利人产品销量的减少是由非侵权替代品引起的；其次，侵权产品可能不仅抢占了知识产权权利人的市场份额，对于非侵权替代品的销量亦会产生一定的影响。[2] 对于后一种情形而言，如果仍然以侵权产品的全部销量推定为知识产权权利人产品减少的销量，知识产权权利人即可能获得多于其实际损失的损害赔偿金。

以侵权产品的销量推定知识产权权利人销量减少的做法虽然简化了损害程度方面因果关系认定的难度，但是如果完全不顾其适用的前提条件而进行推定，则可能导致过度赔偿的危险。这种推定需要法律政策上的考量来支持其正当性。过度赔偿意味着知识产权权利人通过损害赔偿救济在其市场价值之外获得了额外的收益，使得损害赔偿带有了对侵权人进行惩罚的性质，可能导致过度遏制侵权、阻碍后续创新的不良后果。有鉴于此，在以侵权产品销量为基础计算知识产权权利人产品销量减少时，需要考虑其他市场因素对销量减少的数量进行相应的调整。当然，尽管不能在利润损失的场合主张这些额外销量，但是知识产权权利人仍然可以主张侵权人支付该部分利润，而这种主张的依据已经转换为

---

[1] *State Industries*, *Inc. v. Mor-Flo Industries*, *Inc.*, 883 F.2d 1573, 1578 (Fed. Cir. 1989).

[2] Richard Troxel & William Kerr, *Calculating Intellectual Property Damages*, §3：13 (database updated, 2016).

支付侵权获利。❶

（二）比较研究：对推定的不同态度

从比较法的角度来看，对于以侵权销量推定利润损失的做法，各个国家和地区存在不同的态度。

在德国法上，知识产权侵权损害赔偿中的实际损失主要适用民法的一般规定，在各知识产权单行法上并没有详细规定销售利润损失的计算方法。❷ 因此也就没有明确的关于以侵权产品的销量推定权利人销量减少的具体规定。在实践中，德国法仍坚持传统损害赔偿法的证明标准，要求知识产权权利人对于损害的程度进行举证，权利人提出以侵权产品的数量为侵权行为导致其减少销量的，则需要证明其主张的合理性。因此，在德国知识产权权利人对于损害程度的证明是十分困难的，大多数情况下权利人只能选择其他损失计算方式。❸

在美国专利侵权损害赔偿的司法实践中，以侵权产品的销量推定专利权产品销量的减少被限定在市场上仅存在专利权人和侵权人的场合，❹ 或者在市场上不存在可接受的非侵权替代品时，方能认可侵权产品的销量与专利权人的销量减少之间存在因果关系。❺ 为了减轻专利权人的证明责任，美国法院明确要求由侵权人证明非侵权替代品的现实性和可接受性。❻ 在版权侵权和商标侵权损害赔偿中，美国法院虽然并未明确以

---

❶　各个国家和地区关于知识产权权利人能否就侵权人创造超出其原有市场份额的部分主张支付侵权获利的做法并不相同。关于该问题的讨论，参见本书第四章。

❷　《德国著作权法》第 97 条、《德国专利法》第 139 条以及《德国商标和其他标识保护法》第 14 条。

❸　Joachim Bornkamm, *Intellectual Property Enforcement under the Civil Legal System*, WIPO Advisory Committee on Enforcement（Second Session）（WIPO/ACE/2/3）, available at < http: //www. wipo. int/edocs/mdocs/enforcement/en/wipo_ ace_ 2/wipo_ ace_ 2_ 3. pdf >, last visited on 19 March 2018.

❹　Richard Troxel & William Kerr, *Calculating Intellectual Property Damages*, §3：5（database updated, 2016）. 在美国专利损害赔偿的司法实践中，还存在一种通过缩小市场范围将侵权产品与专利产品拟制为一个独立的"双供应商市场"（two-supplier market）, 来推定专利产品和侵权产品销量相互影响关系的做法。

❺　*Panduit Corp. v. Stahlin Bros. Fibre Works，Inc.*, 575 F. 2d 1152, 1156（6th Cir.1978）.

❻　*DePuy Spine, Inc. v. Medronic Sofamor Danek, Inc.*, 567 F.3d 1314（Fed.Cir.2009）.

侵权产品的销量推定专利权产品销量减少的适用条件，但是仍然有人建议在上述案件中借鉴专利侵权损害赔偿的做法，在不存在侵权替代品的场合以侵权产品的销量推定专利权产品销量的减少。❶

　　日本在知识产权各领域全面地引入美国推定销售利润损失的模式。根据日本相关知识产权单行法的规定，只要知识产权权利人证明侵权行为成立、销售利益损失时存在，即可以在知识产权权利人的实施能力范围内以侵权产品的销量推定销量减少的数量，侵权人则负责证明侵权产品的销量中有知识产权权利人不能销售的部分，应当予以扣除。❷ 也就是说，侵权人需要证明即使不存在侵权行为，相应的市场需求也不会转移到知识产权权利人的产品，才能减轻或者免除损害赔偿责任。但是，由于相关的立法中并未对影响上述推定的因素进行具体规定，导致日本法院在司法实践中存在不同的做法。❸

　　如前文所述，在我国知识产权侵权损害赔偿的司法实践中，存在以侵权产品的销量推定知识产权权利人产品销量减少的普遍做法。无疑这种做法简化了销售利润损失中责任范围因果关系的证明难度。但是由于并没有对侵权人是否可以通过举证推翻上述推定进行明确规定，无法有效防止过度赔偿的出现。为此，可以考虑借鉴美国和日本的做法，规定由侵权人承担扣除知识产权权利人销量减少之外的部分证明责任。

三、非侵权替代品问题

　　是否存在非侵权替代品，是能否以侵权产品销量推定知识产权权利人产品销量减少时需要考量的重要因素。美国司法实践对于专利侵权损害赔偿救济中关于可接受的非侵权替代品的认定以及存在非侵权替代品

---

❶　Rodney P.Burkert, *Strategies for Securing and Obtaining Monetary Relief*, SM017 ALI-ABA, part 1.

❷　《日本著作权法》第 140 条第 1 款、《日本专利法》第 102 条第 1 款、《日本商标法》第 38 条第 1 款。

❸　[日] 曾井和夫、田村善之：《日本专利案例指南》，李扬等译，知识产权出版社 2016 年版，第 406 页。

时损害程度认定的方法多有讨论。本部分即主要介绍美国做法，以期给我国知识产权侵权损害赔偿的司法实践提供镜鉴。

（一）非侵权替代品的认定

从严格意义上讲，只有在市场上不存在可接受的非侵权替代品时，将侵权产品的销量推定为专利权人销量的减少才是合理的。❶ 但是如果市场中存在其他非侵权的替代品，则即使不存在侵权产品，消费者亦可能不去购买专利产品。不存在可以接受的非侵权替代品实际上是通过排除其他可能导致专利产品利润下降的因素进而推定侵权行为与权利人理论损失之间存在因果关系。❷

根据美国专利侵权损害赔偿的司法实践，可接受的非侵权替代品是指具有专利技术优点的非专利产品，❸ 仅仅与专利产品存在竞争关系并不足以构成可接受的非侵权替代品。❹ 也就是说，只有市场上的购买者须出于该非专利产品具有专利产品的优势而愿意购买该产品时方能认定其构成可接受的非侵权替代品。❺ 该标准强调专利特征对产品需求的决定作用，实际上是关注可接受的非侵权替代品所具有的技术优势。近年来，美国联邦上诉巡回法院认可了在经济上具有替代性产品的存在，强调在判断某一非专利产品是否构成可接受的非侵权替代品时，不能仅仅关注产品本身的技术特征，而是需要从消费者的角度进行认定。❻ 这样一来，即使非专利产品并不具有专利产品的技术特性，但是消费者仍然

---

❶ Laura B.Pincus, *The Computation of Damages in Patent Infringement Actions*, 5 Have.J.L.& Tec.95, 107-108 (1991).

❷ 该要素是"Panduit 测试"中认定侵权行为与销售利润损失之间存在因果关系的关键，也是实践中产生争议最多的一个要素。

❸ *Panduit Corp.v.Stahlin Bros.Fibre Works, Inc.*, 575 F. 2d 1152, 1162 (6th Cir.1978).

❹ *Radio Steel & Mfg.Co.v.MTD Products, Inc.*, 788 F.2d 1554, 1556 (Fed.Cir.1986). 在该案中，尽管侵权人提出在市场上除了专利权人以外，还有人生产独轮手推车，但是由于该种非专利手推车缺少涉案专利具有的技术优势，美国联邦上诉巡回法院否定其构成可接受的非侵权替代品。

❺ *Standard Havens Prods., Inc., v.Gencor Indus., Inc.*, 953 F. 2d 1360, 1373 (Fed.Cir. 1991).

❻ *Grain Processing Corp.v.American Maize-Products Co.*, 185 F.3d 1341, 1355 (Fed.Cir. 1999).

将其视为该专利产品的替代产品，仍然可以将其认定为可接受的非侵权替代品。❶ 当然，从消费者的角度来看，可接受的非侵权替代品须在价格上与专利产品差别不大。如果非侵权替代品的价格远远高于专利产品，即使具有与专利产品相同的特点，亦不能被认定为是可接受的。❷

此外，可接受的非侵权替代产品原则上是在侵权行为发生时可以在市场上获得的。如果在侵权发生时可接受的非侵权替代产品并不存在，显然就无法给专利产品的销售带来影响。但是近年来美国联邦上述巡回法院逐渐放松了对可获得性的要求，认为"可以在市场上获得"并不要求该产品已经在市场上销售，即使可接受的非侵权替代产品尚未完成或者从未在市场上出售，亦可以满足可获得性的要求。❸

从证明责任分配的角度来看，专利权人仅需证明市场上的购买者是出于专利产品的优势而购买专利产品，法院即可以推定市场上不存在可接受的非侵权替代品；❹ 而侵权人则须承担推翻上述推定的证明责任，即需要证明市场上存在可接受的非侵权替代品的责任，其不但需要证明存在与专利产品相竞争的非侵权产品，还需要证明该产品具有与专利产品相同的优势或者特点，正是该优势或者特点构成了消费者购买该产品的主要动因。❺ 由于美国联邦上诉巡回法院对于可接受的非侵权替代品的认定采取了较为严格的认定标准，更加强了专利权人证明销售利润损失程度的可能性。

（二）存在非侵权替代品时损害程度的认定

通过对可接受的非侵权替代品的考察虽然在一定程度上降低了因果关系认定的难度，但是竞争产品的存在是市场常态，上述规则的适用范

---

❶ *IGT v. Alliance Gaming Corp.*, 702 F. 3d 1338（Fed. Cir. 2012）.

❷ *Kaufman Co. v. Lantech, Inc.*, 926 F. 2d 1136, 1142（Fed. Cir. 1991）.

❸ *Grain Processing Corp. v. American Maize - Products Co.*, 185 F. 3d 1341, 1353（Fed. Cir. 1999）.

❹ *Standard Havens Prods., Inc., v. Gencor Indus., Inc.*, 953 F. 2d 1360, 1373（Fed. Cir. 1991）.

❺ John Skenyon et al., *Patent Damages Law and Practice* §2：36（database updated 2015）.

围毕竟有限。碍于因果关系的确定性原则，美国司法实践起初认为，存在可接受的非侵权替代品的情形下，由于不能确定侵权产品的出现与专利权人产品销量减少之间的具体因果关系，从而拒绝支持专利权人的利润损失主张。❶ 这种全有或者全无的态度显然不利于专利权主张销售利润损失。❷

为此，美国专利损害赔偿的司法实践开始承认即使在市场上存在可接受的非侵权替代品，亦可以通过考虑专利产品的市场占有率的方法来确定侵权产品的存在给专利权人带来的利润损失。例如，在 State Industries v. Mor-Flo Industries 案中，美国联邦上诉巡回法院即以涉案的方法专利使得专利权人产品市场上占有 40% 的市场份额为基础，认定侵权产品销量的 40% 与专利权人的销量损失存在因果关系。❸ 当然，如果该非侵权产品所占的市场份额很小，以至于可以忽略不计时，仍然可以认定侵权产品销量与专利产品销量减少之间存在直接的因果关系。❹ 在市场上存在多种与专利产品相竞争的产品时，通过对市场份额的考察来确定损害程度，在一定程度上放松了因果关系的认定标准，也能够有效防止在市场上存在竞争产品时对于利润损失全有或者全无的机械态度。与美国类似，1998 年《日本专利法》修改后，日本专利损害赔偿的司法实践亦开始关注专利产品市场占有率，以此为基础认定侵权产品的销量与专利权人销量减少之间的因果关系。❺ 据德国学者的介绍，德国法院在专利权侵权案件中对于市场份额理论亦采取开放的态度。❻

---

❶ *Panduit Corp. v. Stahlin Bros. Fibre Works, Inc.*, 575 F. 2d 1152, 1157 (6th Cir. 1978).

❷ 1998 年以前日本专利损害赔偿的司法实践也采取这种全有或者全无的态度。参见张鹏："日本专利侵权损害赔偿数额计算的理念与制度"，载《日本问题研究》2017 年第 5 期。

❸ *State Industries v. Mor-Flo Industries*, 883 F.2d 1573 (Fed. Cir. 1989).

❹ Laura B. Pincus, *The Computation of Damages in Patent Infringement Actions*, 5 Have. J. L. & Tec. 95, 107–108 (1991).

❺ "血液采取器案"，东京地方法院平成 12 年 6 月 23 日判决·平成 8 (ワ) 17460。转引自 [日] 曾井和夫、田村善之：《日本专利案例指南》，李扬等译，知识产权出版社 2016 年版，第 398 页。

❻ Peter Meier-Beck, *Damages for Patent Infringement according to German Law – Basic Principles, Assessment and Enforcement*, 35 IIC 113, 116–117 (2004).

第五节　销售利润损失的计算

通常来讲，销售利润损失的计算方法为，侵权出现导致知识产权权利人产品销量的减少数量乘以知识产权权利人的单位可得利润。关于销量的减少涉及损害程度的问题，上节已经讨论，本节讨论知识产权权利人单位可得利润的计算，涉及获利基础的选定以及利润的算定等问题。

一、获利基础的选定

知识产权的客体具有非物质性，知识产权侵权损害赔偿中的销售利润损失却需要以市场上销售的产品为基础进行计算。然而，对于一个在市场上销售的产品整体而言，涉案知识产权既可能以该产品整体为载体，亦可能仅仅存在于该产品的部件之上或者仅仅覆盖了产品的部分特征。一般而言，对于涉及技术的知识产权而言，市场上的单个产品可能涵盖多项专利、技术秘密或者计算机软件著作权；而对于非涉及技术的知识产权领域则大为不同：商标作为一种指示商品来源的工具，其价值可以覆盖整个产品；在著作权领域，除汇编作品可能导致一个载体上同时涉及多个作品的，电影作品亦可能存在上述情况，而在传统的文学艺术领域则很少出现多个著作权并存于同一载体的情形。从价值构成的角度来看，产品的价值既可能主要取决于涉案知识产权，亦不排除非涉案知识产权因素对于产品价值存在贡献的情况。以专利权为例，在涉案专利仅为产品部件或者仅仅覆盖了产品的部分特征的场合，销售利润损失的计算面临以下问题，即专利权人有权就专利产品的整体利润主张损害赔偿，还是仅仅有权对整个产品获利中专利权所贡献的部分主张损害赔偿。❶ 对该问题进行回答仍然需要进行因果关系分析。

---

❶　John W.Schlicher, *Patent Law, Legal and Economic Principles* § 9：30（database updated 2015）.

（一）利润分摊原则

在专利法上，所谓利润分摊原则（apportionment），是指在实际损失的计算过程中，需要对专利特征对涉案产品整体的贡献度进行考量，将涉案专利的价值与其他非专利因素区分开来，并以此作为损害赔偿额计算基准。[1] 通过将损害赔偿救济限定在涉案专利贡献度之上，防止过度赔偿的出现，该原则较好地贯彻了专利法激励创新的政策目标。

美国专利侵权损害赔偿中的利润分摊原则有着悠久的历史。在 1884 年的 Garretson v. Clark 案中，美国最高法院即明确地要求专利权人在被告的获利和专利权人的利润中区分专利特征和非专利特征。[2] 对于在市场上销售的整体产品而言，唯有在排除那些非专利因素对产品价值的贡献之后，方能作为利润损失计算的基础。如果专利权人能够证明"该机器作为可在市场上销售的产品，其在全部价值系合理、合法地由该专利特征所决定"，[3] 那么才可以以整体产品的利润为基础计算权利人的损失和侵权人的利润。这就是所谓的整体市场价值规则。[4]

20 世纪 30 年代以来，利润分摊原则由于在操作中的困难而遭到美国司法实务界的批评。[5] 加之美国司法实践开始强调通过因果关系确定所失利润数额，在一定程度上排斥了利润分摊原则适用。有的法院甚至认为"一旦销量损失的事实被证明，就没有分摊适用的任何余地"。[6] 在因果关系理论的引导下，美国专利损害赔偿计算的基础逐渐被扩展至不同元件构成的产品整体；甚至由不同产品构成的产品群，只要所有的部件一起可以被类比为一个产品的部件或者构成一个功能单元时就可以将

---

[1] Amy L. Landers, *Patent Claim Apportionment, Patentee Injury, and Sequential Intervention*, 19 Geo. Mason L. Rev. 471, 476 (2011).

[2][3] *Garretson v. Clark*, 111 U. S. 120, 121 (1884).

[4] 现代的整体市场价值规则强调由于专利构成了被侵权产品的市场需求的主导因素，因此专利权人有权就该产品的全部职场价值获得赔偿。

[5] *Cincinnati Car Co. v. New York Rapid Transit Corp.*, 66 F. 2d 592 (2d Cir. 1933).

[6] *W. L. Gore & Assocs., Inc. v. Carlisle Corp.* 198 U. S. P. Q. （BNA）353, 364 (D. Del. 1978).

非专利部件包括进利润损失的计算之中。❶ 如此一来，利润分摊原则反而成为一种例外逐渐被束之高阁。

进入 21 世纪以来，随着 IT 产业的发展，多元件产品专利损害赔偿中存在的过度赔偿和重复赔偿问题引起人们的注意。从知识产权法促进创新的政策目标来看，整体市场价值规则的适用没能使知识产权权利人获得与其贡献相适应的赔偿额，可能导致遏制后续创新。❷ 美国专利损害赔偿的司法实践开始出现转向，通过证明责任的转换恢复了整体市场价值规则作为例外规则的地位，从而逐渐地恢复利润分摊原则的主导地位，并将其引入合理许可费的计算过程中。❸ 在 VirnetX，Inc. v. Cisco Sys.，Inc. 案中，美国联邦上诉巡回法院强调，即使被诉侵权产品是最小可销售单元，但是如果侵权产品是一个同时包含与专利特征不存在联系的多个非侵权特征的多元件产品时，专利权人仍然需要承担评估专利技术对该产品价值的贡献度有多大的证明责任。❹

（二）整体市场价值规则

在美国，专利权人主张以整体产品的利润为基础计算销售利润损失时，需要符合所谓的整体市场价值规则。作为利润分摊原则的例外，整体市场价值规则实际上是从因果关系的角度来对是否应将非专利特征带来的那部分利润纳入损害赔偿范围进行判断。利润分摊原则的极端就是整体市场价值规则，即专利特征的贡献可以及于整个专利产品的利润。该规则是在利润损失计算环节贯彻全面赔偿原则的重要体现。

美国专利法上整体市场价值规则的适用标准经历了一个发展过程。早期适用整体市场价值规则的案件要求专利权人证明作为一个可销售单

---

❶ *Rite-Hite Corp. v. Kelley Co.*，56 F. 3d 1538，1550（Fed. Cir. 1995）.

❷ 美国 IT 产业限制整体市场价值规则适用的主张受到了生物医药行业的抵制，他们认为分摊原则的适用可能导致赔偿不足的问题。在 2007 年和 2009 年美国专利法改革过程中，上述争论的存在直接导致关于损害赔偿规则的改革建议被搁置。

❸ *Lucent Technologies*，*Inc. v. Gateway*，*Inc.*，580 F. 3d 1301，1337（Fed. Cir. 2009）. 关于合理许可费计算中分摊原则的适用问题，参见本书第三章。

❹ *VirnetX*，*Inc. v. Cisco Sys.*，*Inc.*，767 F. 3d 1308，1327（Fed. Cir. 2014）.

元的专利产品的整体价值"适当地、合法地归因于"该专利特征。❶ 后来，整体市场价值原则的适用标准被严格地被表述为该专利部件须"十分重要，以至于其在实质上决定了其他部件的价值"。❷ 上述标准基本上是在强调专利特征在技术方面的重要性。近年来，美国最高法院将整体市场价值规则的重点逐渐转向所谓的消费者标准，要求专利权人证明涉案专利特征构成消费者需求的基础，才可以产品的整体利润为基础计算销售利润损失。❸ 由此可见，现代的整体市场价值规则并不强调专利部件在技术上对于整体产品的重要性，而是关注专利特征对于整体产品市场价值的重要性。❹

事实上，不管是利润分摊原则还是整体市场价值规则，均是司法实践中发展出来的确定专利权与产品获利之间因果关系的标准。在专利侵权损害赔偿中，涉案产品如果仅仅是另一产品的零部件或者产品的包装物的，原则上需要适用利润分摊原则，在利润损失计算基础的确定过程中考虑该零部件或者包装物本身的价值及其在实现成品利润中的作用等因素，❺ 排除涉案专利以外的特征对整体产品利润的贡献。即仅仅承认专利特征带来的部分利润为专利权人应当获得，并由于侵权产品的出现而失去的。只有在专利权人能够证明专利特征是整个产品价值的决定性因素，即构成该消费者对产品需求的基础，才能认可侵权行为导致了整个产品收益的丧失，并以其为基础计算销售利润损失。

---

❶ *Garretson v. Clark*，111 U. S. 120，121（1884）；*Westinghouse Elec. & Mfg. Co. v. Wagner Elec. & Mfg. Co.*，225 U. S. 604，615（1912）.

❷ *Marconi Wireless Telegraph Co. v. United States*，53 USPQ 246，250（Ct. Cl. 1942），aff'd in part and vacated in part，320 U. S. 1（1943）.

❸ *TWM Mfg. Co. v. Dura Corp.*，789 F. 2d 895，900-901（Fed. Cir. 1986），cert. denied，479 U. S. 852（1986）.

❹ *Apple Inc. v. Samsung Electronics Co. Ltd.*，816 F. 3d 788（Fed. Cir. 2016）.

❺ 《最高人民法院关于审理侵犯专利权纠纷案件应用法律若干问题的解释》第16条第2~3款。

二、连同销售的产品

从因果关系的角度来看，如果知识产权产品同时带动了其他产品的销售（尤其是成套销售的产品），知识产权侵权行为的出现造成知识产权产品销量减少的同时亦造成这些产品销量相应地减少，也应该将其包括在损害赔偿范围之内，方能符合全面赔偿原则的精神。

在美国，整体市场价值规则起初仅仅适用于涉及多元件产品的专利侵权损害赔偿案件。后来，该规则的适用范围又被扩展至与专利产品相关的其他产品。在 King Instrument Corp. v. Otari Corp. 案中，美国联邦上诉巡回法院明确了整体市场价值规则可以适用于非专利的备用部件；❶在 Rite-Hite Corp. v. Kelley Co., Inc. 案中，美国上诉巡回法院将整体市场价值规则的适用扩展至物理上与专利产品相分离的非专利产品。❷

在涉及连同销售的案件中，美国专利损害赔偿的司法实践起初坚持多元件产品类案件中整体市场价值规则适用的基本思路，坚持认为只有在非专利产品与专利产品之间存在经济上的联系，即专利产品构成了对非专利产品需求的基础时，方能认可对非专利产品利润损失的赔偿。❸后续的判例则发展出了专门的规则，专利产品是否构成非专利产品需求的主导因素并涉及非连同销售产品案件的重点，而是转而要求考察专利产品与非专利产品是否一同构成一个功能单元以及损失是否为可以合理预见两个因素。❹

所谓一个功能单元，是指非专利产品与专利产品须以某种方式结合在一起共同达到一定的技术效果。要求专利产品与非专利产品构成一个

---

❶ *King Instrument Corp. v. Otari Corp.*, 767 F. 2d 853, 865–866 (Fed. Cir. 1985).
❷ *Rite-Hite Corp. v. Kelley Co., Inc.*, 56 F. 3d 1538, 1549 (Fed. Cir. 1995).
❸ John Skenyon et al., *Patent Damages Law and Practice* § 2：64 (database updated 2015).
❹ John Skenyon et al., *Patent Damages Law and Practice* § 2：62 (database updated 2015).

功能单元，实际上是将这些独立的产品类比为一个产品的若干部件。❶功能单元标准，实际上是从技术角度出发的，其基本逻辑已经不同于整体市场价值规则强调的从消费者角度出发的市场需求基础标准：不再要求专利部件构成连同销售产品市场需求的基础，只要这些产品具有功能上的关联性，即承认非专利产品的利润损失。尽管上做法因为背离了整体市场价值规则所确立的消费者标准而受到批评，❷但是，美国联邦上诉巡回法院依然坚持上述立场。在 American Seating Co. v. USSC Group, Inc. 案中，美国联邦上诉法院明确指出，如果非专利产品与专利产品仅仅是出于消费者需求的考虑而连同出售，但是在功能上没有足够的关联而形成一个功能单元，专利权人无权就该非专利产品的利润损失请求赔偿。❸专利产品的备用部件虽然可能与专利产品一并出售，但是却因为无法符合功能单元标准而无法被纳入损害赔偿数额计算的基础。❹

三、单位可得利润的计算

知识产权权利人需要承担证明利润损失数额的证明责任。在美国司法实践中，法院通常要求知识产权权利人提供会计和财务方面的证据，以及一个假定的计算模型，用以计算侵权行为未发生时应获得的利润。❺因此，知识产权权利人利润损失的计算通常需要借助微观经济学的理论

---

❶ *Rite-Hite Corp. v. Kelley Co.*, *Inc.*, 56 F. 3d 1538, 1550（Fed. Cir. 1995）。在 Rite-Hite Corp. v. Kelley Co., Inc. 案中，码头矫直机被用来填充卸货码头和卡车之间的空隙，专利车辆控制器则是用来将卡车后部固定在卸货码头上。尽管两个装置可能同时被使用，但是它们并未共同发挥作用而产生一个结果，每个装置均可以独立地使用。双方当事人在车辆控制器发明以前就已经在矫直机的市场中占据一席之地。Rite-Hite 和 Kelley 在该行业中处于领先地位，二者多年来一直是主要的竞争对手。在 Rite-Hite 将其车辆控制器投入市场之后，消费者时常会要求同时安装控制器和矫直机，因为这种打包的订单较为高效，而且 Rite-Hite 和 Kelley 均会对这种打包的订单给出一些折扣。Kelley 将控制器和矫直机共同出售仅仅是出于销售的原因，而不是因为二者本质上能够共同实现一定的功能。

❷ John Skenyon et al., *Patent Damages Law and Practice* §2：64（database updated 2015）。

❸ *American Seating Co. v. USSC Group*, *Inc.*, 514 F. 3d 1262, 1268（Fed. Cir. 2008）。

❹ John Skenyon et al., *Patent Damages Law and Practice* §2：65（database updated 2015）。

❺ *Aro Mfg. Co. v. Convertible Top Replacement Co.*, 377 U. S. 476（1964）。

和模型。

一般来讲，单位可得利润通常的计算方法是以收入扣除成本，或者是以收入乘以利润率。❶ 在会计学上，存在毛利润、净利润、边际利润、营业利润、销售利润等不同的概念，采用不同的利润概念对于利润损失最终数额的计算影响重大。在我国知识产权侵权损害赔偿的司法实践中，对利润损失计算中如何确定单位可得利润问题的讨论尚不多见。❷一种观点是，知识产权权利人的单位可得利润一般是指净利润，当然，在以净利润计算不足以弥补权利人的损失时，可以选择适用营业利润或销售利润。❸

从比较法的角度来看，权利人销售利润计算的常用标准是边际利润。由于知识产权侵权中的销量利润损失是由知识产权产品销量下降引起的，运用边际利润这一能够反映增加产品销售量为企业增加的收益的概念来计算销售利益损失即具有合理性。在美国和日本专利损害赔偿的司法实践中，通常采用计算利润损失的方法是增量收入法，❹ 该方法实际上是采用了边际利润的概念。通常来讲，边际利润是指产品的销售收入与相应的变动成本之间的差额。所谓变动成本，是指在一定条件下其总额随业务量的变动而变动的成本，例如原材料费、运送费等。在边际利润的概念下，其总额在一定时期内不受产品销量变动影响的固定成本是不必扣除的。通常认为，设备折旧费、人事费等即属于固定成本。当

---

❶ 在我国知识产权侵权损害赔偿的司法实践中，有的法院建议可以参考行业一般利润率来计算单位可得利润。参见《广东法院探索完善司法证据制度破解"知识产权侵权损害赔偿难"试点工作座谈会纪要》。

❷ 关于不同利润概念的讨论，详见本书第四章。

❸ 《重庆市高级人民法院关于确定知识产权侵权损害赔偿数额若干问题的指导意见》第6条。

❹ *Paper Converting Mach. Co. v. Magna-Graphics Corp.*, 745 F. 2d 11, 22（Fed. Cir. 1984）.［日］曾井和夫、田村善之：《日本专利案例指南》，李扬等译，知识产权出版社 2016 年版，第 395 页。

然，在实践中，哪些成本属于可变成本并非毫无争议。[1] 从实际效果来看，与净利润的概念相比，在边际利润的概念下知识产权权利人所获得赔偿的所失利润通常会高于其实际利润。[2] 因此，边际利润标准对于知识产权权利人而言是有利的。

---

[1] 在美国，确定变动成本的方法有两种，一种为统计学方法，即通过线性回归来确定变动成本；另一种为单个项目法，即一个项目一个项目地判断其是否为变动成本。后者是实践中常用的方法。参见 John Skenyon et al., *Patent Damages Law and Practice* § 2：47（database updated 2015）。

[2] John Skenyon et al., *Patent Damages Law and Practice* § 2：47（database updated 2015）.

第三章　许可费标准

　　许可费标准由于其在因果关系的考察方面免除了知识产权权利人的证明责任，在知识产权侵权损害赔偿救济领域得到了较为广泛的应用。尤其是在专利侵权损害赔偿救济案件中，许可费标准已经成为最常见的损害赔偿计算方式。在损害赔偿救济的框架下，关于支付许可费的法律属性、适用条件以及许可费的计算方式等问题，均需要进行深入研究。

第一节　许可费标准的理论基础

　　尽管许可费标准作为知识产权损害赔偿数额的计算方法已为各个国家和地区的立法和司法实践普遍接受，但是对于许可费标准的适用条件，即到底在构成实际损失的情形下方能适用，还是仅仅作为一种实际损失的替代计算方法这一问题，各个国家和地区的理论认识和实践做法亦不统一。这种差异的出现与对许可费标准制度本质的认识息息相关，同时也会对许可费标准适用的具体问题产生深刻的影响。

一、支付许可费的制度本质

　　在大陆法系的传统法律框架下，被控侵权人向知识产权权利人支付许可费的请求权基础是民法上的不当得利。❶ 在知识产权侵权的场合，侵权人未经许可使用他人的知识产权从而获得利益，但是此种获利本身

---

　　❶ 曾世雄：《损害赔偿法原理》，新学林出版股份有限公司 2005 年版，第 222 页；王泽鉴：《人格权法：法释义学、比较法、案例研究》，北京大学出版社 2013 年版，第281 页。

是无法进行返还的，只能以支付许可费的方式补偿其价值。❶ 当然，知识产权权利人依照不当得利的规定要求侵权人支付许可费时，并不要求侵权人在主观上存在过错。这是因为，不当得利作为债的发生原因，在本质上属于事实，这一点与知识产权侵权损害赔偿原则上应以侵权人在主观上有过错的要求大不相同。从这个角度来看，知识产权侵权损害赔偿救济中的许可费标准与基于侵权行为发生的返还许可费的不当得利请求权是存在本质区别的。从制度目标的角度来看，知识产权侵权损害赔偿救济中许可费标准的设定，是为了补偿权利人因侵权行为而遭到的损失，而不是单纯地支付许可费。❷ 在知识产权侵权损害赔偿救济的框架下探讨许可费标准的制度本质，需要从关于损失本质的基本理论入手进行分析。

（一）自然损害论：许可费损失

在自然损害论下，许可费损失被看作是知识产权权利人利润损失的表现形式。作为关于损失本质的传统学说，差额说关注侵权行为导致受害人总体财产状况的变化，属于典型的自然损害论。❸ 早期德国的司法实践即从差额说出发，认为知识产权侵权损害赔偿救济中支付许可费本质上为知识产权权利人损失的利益。❹ 但是，差额说下的许可费损失的适用情形是十分有限的。承认许可费损失为知识产权权利人因侵权受到的实际损失，其前提是知识产权权利人的利润通常可以体现为许可费收

---

❶ ［德］鲁道夫·克拉瑟：《专利法——德国专利和实用新型法、欧洲和国际专利法》，单晓光等译，知识产权出版社 2016 年版，第 1063 页。我国学者认为，侵权人的获利表现为应当支出而未支出许可费，这是一种财产的消极增加；相应地，知识产权权利人的损失则表现为应当获得而未获得许可费，这是一种财产的消极减少。李琛、王泽："论侵害他人商标权的不当得利"，载《河南社会科学》2005 年第 3 期。

❷ *Information Resources，Inc. v. Test Mktg. Group，Inc.*，1993 WL 533133（Fed. Cir. 1993）（unpublished decision）.

❸ 姚辉、邱鹏："侵权行为法上损害概念的梳理与抉择"，载《私法研究》2009 年第 1 期；叶金强："论侵权损害赔偿范围的确定"，载《中外法学》2012 年第 1 期。

❹ So z. B. BGH 13. 3. 1962（FN 55）；27. 11. 1969（FN 30）；8. 10. 1971（FN 57）. 转引自王怡萍："商标侵权损害赔偿计算：以民国 100 年修法为核心"，载《辅仁法学》2014 年第 12 期。

益，而非销售产品或者提供服务所获得的利润，或者至少是上述两种利润并存。❶ 在该类案件中，许可费可以被作为由于知识产权侵权行为而导致丧失许可机会的赔偿来看待。这就要求在具体案件中，知识产权权利人应当证明其主要通过许可的方式行使其知识产权，只有这样才可以认为正是知识产权侵权的发生剥夺了权利人本应获得许可费的机会，导致了权利人的财产本应增加而没能增加的客观状态，因侵权行为而未能获得的许可费才能构成知识产权人所受到的实际损失。尤其是在被控侵权人曾经试图与权利人接洽获得许可但是由于某种原因未能获得许可的案件中，将许可费损失作为知识产权权利人的实际损失才符合差额说的基本理论。例如，涉及非专利实施主体的专利侵权损害赔偿案件中，所受实际损害即表现为许可费的丧失。❷

但是，对于权利人自行实施知识产权而并不以许可他人行使知识产权的情形；或者当被控侵权人与权利人处于同一个市场，二者之间存在直接的竞争关系，双方当事人达成许可协议的可能性微乎其微时，差额说难以说明适用许可费标准计算知识产权侵权损害赔偿数额的正当性。❸如果在此种情形下仍然认可知识产权侵权行为的存在导致可许可机会的丧失，由于无法证明在没有侵权行为发生时存在授权许可的可能性，很难认定因果关系的成立。在该类案件中认可许可费损失的存在无疑带有很强的拟制色彩。❹ 受传统差额说的影响，在比较法上存在一种知识产权权利人不能证明侵权行为与许可费利润损失之间存在因果关系时拒绝适用许可费标准的实践。例如，在美国版权侵权损害赔偿的司法实践中，许可费标准的适用就被限制在侵权行为与许可费损失之间存在因果

---

❶　冯博生、王仲："论侵害智慧财产权之损害赔偿方法"，载《法律评论》1993 年第 7、8 期合刊；Richard Troxel & William Kerr, *Calculating Intellectual Property Damages*，§6：8（database updated 2016）。

❷　Amy L.Landers, *Liquid Patents*，84 Denv.U.L.Rev.199，253（2006）.

❸　Mark A.Lemley, *Distinguishing Lost Profits from Reasonable Royalties*，51 Wm.& Mary L.Rev. 655，661（2009）.

❹　[德] 鲁道夫·克拉瑟：《专利法——德国专利和实用新型法、欧洲和国际专利法》，单晓光等译，知识产权出版社 2016 年版，第 1063 页。

关系的情形；❶ 在日本专利侵权损害赔偿的司法实践中，亦有在侵权行为与许可费损失不存在因果关系时拒绝适用合理许可费标准的案例出现。❷

由此可见，在传统差额说为主导的自然损害论下，支付许可费的适用范围被仅仅限定在丧失许可机会作为实际损失的表现形式的有限范围内。在知识产权侵权损害赔偿案件中适用许可费标准在自然损害论下是无法得到全面支持的。

（二）规范损害论：侵夺使用价值

在侵权法上关于损害本质的各种理论当中，组织说是对差额说的补充。组织说是对关于损害本质认识的一类学说的概括，该类学说的共同点在于一致认为，"损害一观念，乃由客观损害之成分及其他整体财产上所受损害之成分所组织而成"，❸ 承认规范损害的存在。这样一来，"组织说通过承认各种具体的损害形态，突破了只有财产总额的减少才构成损害的理论桎梏，为接纳现实生活中涌现出来的新的损害类型（包括人身伤害等）打开了通道"。❹

按照规范损害论，在知识产权侵权损害赔偿领域，许可机会的丧失可以被定性为一种法律特殊承认的损害形式。具体来讲，知识产权侵权人作为"剥夺了权利人实施机会的人，都负有责任赔偿用益价值"。❺ 知识产权侵权中的损害可以被定义为一种机会损害，❻ 即知识产权权利人保有市场垄断地位的机会被侵权人所侵夺，支付许可费就是对已丧失的

---

❶ 关于美国版权侵权损害赔偿领域中许可费标准的适用状况，参见本章第四节。

❷ ［美］竹中俊子主编：《专利法律与理论——当代研究指南》，彭哲等译，知识产权出版社 2013 年版，第 578 页。

❸ 曾世雄：《损害赔偿法原理》，新学林出版股份有限公司 2005 年版，第 127 页。

❹ 姚辉、邱鹏："侵权行为法上损害概念的梳理与抉择"，载《私法研究》2009 年第 1 期。

❺ ［德］鲁道夫·克拉瑟：《专利法——德国专利和实用新型法、欧洲和国际专利法》，单晓光等译，知识产权出版社 2016 年版，第 1063 页。

❻ 徐小奔："论专利侵权合理许可费赔偿条款的适用"，载《法商研究》2016 年第 5 期；［日］田村善之：《日本知识产权法》（第 4 版），周超等译，知识产权出版社 2011 年版，第 312 页。

排他利用知识产权机会的一种补偿。这种机会损害的理论基础正是知识产权的使用价值理论。按照该理论，"作为价值尺度，许可费表现为这样一个价格，即对于允许从事保留给专利权人的市场行为，通常所应支付的价格"。❶ 在知识产权侵权中，权利人所遭受的实际损失应当包括侵权人所获得的使用价值，而该价值需要通过许可费数额的方式进行计算。❷ 从这个意义上讲，许可费标准的引入，试图采取拟制市场交易的方式确定系争资产的合理市场价值。

将许可费作为损害的观点并不是从损害的事实层面出发的，而是更加关注知识产权作为一种合法垄断权的法律状态。在使用价值理论下，许可费损失的计算并不考虑侵权人与知识产权权利人之间是否存在潜在的交易可能性。即使侵权行为的出现并未给知识产权权利人带来利润损失，权利人依然可以以侵权行为的出现侵夺了知识产权的使用价值为由，主张适用许可费标准计算的损害赔偿数额。也就是说，"虽然没有实体侵权，但是对权利人而言最终同样不可挽回地失去了属于其法律地位的一部分内容，因为利用物的机会受到了该物的寿命的限制"。❸这样一来，知识产权侵权损害的概念得到扩展：从以利润损失为主要表现形式的对实际占有的市场的损害，扩展至知识产权权利人可能进入的市场。例如，在版权领域，在侵权人与版权人处于同一市场竞争的情形下，可以依权利人的销售利润损失计算损害赔偿金；当侵权人与版权人不在同一市场竞争时，则可以以市场价值或者合理许可费计算损害赔偿金。❹

由于规范损害论和自然损害论是从不同角度对损害本质的认识，知识产权权利人对同一损害主张赔偿时，在二者之间仅能择其一。❺ 此时，

---

❶❸ ［德］鲁道夫·克拉瑟：《专利法——德国专利和实用新型法、欧洲和国际专利法》，单晓光等译，知识产权出版社2016年版，第1064页。

❷ *Deltak*, *Inc.*, *v.Advanced Systems*, *Inc.*, 767 F.2d 357, 361-362 (7th Cir.1985).

❹ Paul Goldstein, *Copyright*, *Patent*, *Trademark*, *and Related State Doctrines* 748 (2002).

❺ 姚辉、邱鹏："侵权行为法上损害概念的梳理与抉择"，载《私法研究》2009年第1期。

支付许可费可以被看作是赔偿利润损失的替代方法。德国的司法实践即不允许许可费标准与其他损害计算方式累积或者混合使用。❶ 当然，对于不同损害主张赔偿时，分别采用不同的损害理论计算损害赔偿数额应当允许。在 State Industries，Ins.v.Mor-Flo Industries，Inc. 案中，美国最高法院确认，在专利权人有充分证据证明自己独占 40% 市场份额前提下，就侵权人销量的 40% 按照实际损失计算赔偿数额，就侵权人销量的剩余 60% 则可以按照合理许可费标准计算损害赔偿数额。❷

二、许可费标准的优点与不足

按照规范损害论，在知识产权侵权损害赔偿救济中引入许可费标准，极大地减轻了知识产权权利人的证明责任，提高了对知识产权权利人的保护水平；但是从许可费标准作为利润损失的替代计算方法的角度来看，贯彻全面赔偿原则方面则存在明显的不足。

（一）许可费标准的优势

与赔偿权利人的实际损失的方式相比，在知识产权侵权损害赔偿救济中引入许可费标准具有以下优势。

第一，作为一种损失的客观计算标准，❸ 许可费标准在适用过程中免除了知识产权权利人对侵权行为与损害数额之间存在因果关系的证明责任。如前文所述，对于知识产权侵权导致的利润损失需要运用复杂的经济分析加以证明。在实践中，知识产权权利人很少会去主张利润损失，即使主张利润损失亦可能由于与侵权人与其并不存在竞争关系、市场十分复杂而不能将侵权行为对权利人利润的影响分离出来等原因无法满足对责任范围因果关系的证明责任而丧失获得赔偿的机会。在美国专利侵权赔偿的司法实践中，由于证明实际损失的难度很大，合理许可费

---

❶ 范长军：《德国专利法研究》，科学出版社 2010 年版，第 129 页。
❷ State Industries，Ins.v.Mor-Flo Industries，Inc.，493 U.S.1022（1990）.
❸ 曾世雄：《损害赔偿法原理》，新学林出版股份有限公司 2005 年版，第 223 页。

标注得到广泛适用。❶ 许可费标准的引入，免除了权利人对利润损失数额的举证责任，体现了对于知识产权这种更易受侵犯的无形财产提供特别保护的法律政策。在德国，合理许可费在专利侵权损害赔偿案件中即被明确地作为实际损失的替代计算方式加以规定。❷

第二，在规范损害论下，许可费标准的适用甚至导致即使在不存在实际的利润损失或者许可费损失的情形下，知识产权权利人亦可以主张适用许可费标准计算损害赔偿数额。从这个意义上讲，许可费标准可以被用来扩展知识产权权利人损害的范围，强化对权利人的保护。例如，按照《美国专利法》的规定，专利权人主张合理许可费损失的，即不必证明侵权行为已经给专利权人造成实际损失，只要侵权行为成立，专利权人即可主张按照合理许可费计算损害赔偿数额。❸ 例如，对于那些超出权利人经营规模范围的侵权行为而言，尽管并未给知识产权权利人带来利润损失，甚至侵权人并未因侵权行为获利，知识产权权利人亦可以利用许可费标准主张损害赔偿。类似的，在日本专利损害赔偿的司法实践中，主流的意见亦认可即使权利人并未实施涉案专利或者利润损失与侵权行为存在因果关系被否定，专利权人亦可以主张支付许可费。❹ 在我国，许可费标准的适用是以实际损失难以计算为前提的，换句话说，不存在实际损失时知识产权权利人就无法主张许可费。这种仅仅将许可费标准作为计算实际损失的替代方式的做法不利于知识产权权利人的保护。

第三，从实际操作的角度来看，许可费标准的适用亦可以避免知识产权权利人披露利润数据带来的风险。为了证明利润损失的数额，知识产权权利人不得不披露其获利情况。而获利情况对于知识产权权利人而

---

❶　William F. Lee & A. Douglas Melamed，*Breaking the Vicious Cycle of Patent Damages*，101 Cornell L. Rev. 385，398（2016）。

❷　《德国专利法》第 139 条第 2 款，《德国实用新型法》第 24 条第 2 款。

❸　*Lindemann Maschinenfabrik GmbH v. American Hoist & Derrick Co.*，*Harris Press & Shear Div.*，895 F. 2d 1403，1407（Fed. Cir. 1990）.

❹　［日］曾井和夫、田村善之：《日本专利案例指南》，李扬等译，知识产权出版社 2016 年版，第 417~418 页。

言，往往属于商业秘密。因此，知识产权权利人可能出于不愿意披露其经营信息而不愿意主张赔偿利润损失。

（二）许可费标准的不足

尽管许可费标准极大地减轻了知识产权权利人对于损害赔偿数额的证明责任，但是其适用可能面临赔偿不足和遏制不足的批评。

从全面赔偿的角度来看，许可费标准的适用可能无法充分补偿权利人因侵权受到的利润损失。在知识产权侵权造成的实际损失并不表现为许可费损失的情形下，以许可费标准计算知识产权权利人的所受销售利润损失，可能造成损害赔偿数额低于权利人实际损失的情况出现。以专利权为例，具有绝对市场优势的专利权人可以以最大化的垄断价格销售其产品。但是，如果存在两个相互竞争的公司时，产品的实际价格就会低于垄断价格并产生消费者剩余。此时回复专利权人原本应当享有的垄断价格，不但要求侵权人赔偿因侵权行为导致的损失，还需要赔偿因消费者剩余带来的损失。❶ 而签订许可协议则是建立在双方当事人共赢基础之上的，除了专利权人获利以外，被许可人亦能通过许可协议仍然能够获得的利益，❷ 因此许可费用一般低于许可费人实施专利所获得利益。❸ 上述经济逻辑表明，作为利润损失计算替代方法的合理许可费标准，通常会带来赔偿不足的问题。因此，《美国专利法》明确将合理许可费作为损害赔偿的最低标准或者最低限度的保障；❹《日本专利法》亦承认许可费是对于专利权人的最低补偿，其适用不得妨碍权利人举证超过该数额的损失。❺

从有效遏制侵权的角度来看，在知识产权侵权损害赔偿救济领域适

---

❶ Mark A.Lemley, *Distinguishing Lost Profits from Reasonable Royalties*, 51 Wm.& Mary L.Rev. 655, 661（2009）.

❷ Mark A.Lemley & Carl Shapiro, *Patent Holdup and Royalty Stacking*, 85 Tex.L.Rev.1991, 2019（2007）.

❸ 尹新天：《中国专利法详解》，知识产权出版社 2012 年版，第 736 页。

❹ *Bandag, Inc.v.Gerrard Tire Co., Inc.*, 704 F. 2d 1578, 1583（Fed.Cir.1983）.

❺《日本专利法》第 102 条第 4 款。

用许可费标准还可能导致对侵权行为遏制不足。对于知识产权侵权人而言，严格地适用许可费标准的实际效果仅仅是使得其处于不该比得到许可支付代价者更优的地位。❶ 这样一来，知识产权侵权人通过实施侵权行为反而节省了寻求知识产权权利人许可的谈判成本。由于许可合同中亦会保障被许可方的收益，即使在按照许可费标准承担了损害赔偿责任之后，侵权人仍然有利可图。❷ 严格地适用许可费标准还可能导致侵权人在原本无法通过正常商业谈判获得知识产权许可的情况下，选择通过实施侵权行为来变相地获取许可。❸ 从这个角度来看，许可费标准的适用并不能使知识产权侵权损害赔偿救济制度达到有效遏制侵权发生的预期效果，不利于知识产权法促进创新政策的实现。

（三）许可费标准的调试

为了解决许可费标准带来的赔偿不足和遏制不足的缺陷，各个国家和地区在司法实践中均出现了一种适当提高许可费数额的做法。

在美国专利侵权损害赔偿的司法实践中，法院确定的合理许可费通常都会高于当事人之间可能达成协议的实际许可费数额，❹ 即通过行使自由裁量权在合理许可费数额之外适当增加损害赔偿数额。❺ 在个别案例中，法院确定的合理许可费数额甚至远远超过了专利权人受到的利润损失或者被告使用专利的可得利润。❻ 在 Powell v. Home Depot U. S. A., Inc. 案中，美国联邦上诉巡回法院明确指出，尽管专利权人和侵权人的

---

❶ 曾世雄：《损害赔偿法原理》，新学林出版股份有限公司 2005 年版，第 223 页。

❷ *Playboy Enterprises, Inc. v. Baccarat Clothing Co.*, 692 F. 2d 1272, 1274–1275 (9th Cir. 1982).

❸ J. Thomas McCarthy, *McCarthy on Trademark and Unfair Competition* § 30：87 (database updated 2014).

❹ *Mars, Inc. v. Coin Acceptors, Inc.*, 527 F. 3d 1359, 1373 (Fed. Cir. 2008), *modified* 557 F. 3d 1377 (Fed. Cir. 2009); *Monsanto Co. v. Ralph*, 382 F. 3d 1374, 1383 (Fed. Cir. 2004).

❺ *King Instruments Corp. v. Perego*, 65 F. 3d 941, 951 n. 6 (Fed. Cir. 1995).

❻ 在 Monsanto Co. v. McFarling 案中，美国联邦上诉巡回法院在确定了 6 倍于专利权人利润损失的合理许可费。*Monsanto Co. v. McFarling*, 488 F. 3d 973, 978–981 (Fed. Cir. 2007). 在 Monsanto Co. v. Ralph 案中，美国联邦上诉巡回法院认可了远远高于被告侵权获利的合理许可费金额。*Monsanto Co. v. Ralph*, 382 F. 3d 1374, 1384 (Fed. Cir. 2004).

预期利润均应被作为确定合理许可费数额计算的重要考虑因素，但是上述两个标准均不应被视为对合理许可费数额的限制。❶ 这种将全面赔偿观念引入合理许可费数额计算的实践遭到学者的批评，因为其改变了合理许可费作为损害赔偿救济最低保障的地位，可能导致损害赔偿数额高于侵权发生时专利权人的预期利润水平，尤其是在涉及非专利实施主体的案件中可能导致过度赔偿问题。❷

另一种提高许可费数额的做法，是对许可费进行加倍来计算损害赔偿的最终数额。为了解决许可费标准带来的赔偿不足问题，我国各知识产权的单行法均采取了以参照许可费合理倍数确定损害赔偿数额的模式。❸ 在司法实践中，法院通常在许可费的 1~3 倍确定损害赔偿数额。❹ 类似的，为了实现遏制功能，在日本专利权侵权损害赔偿中亦有以既有许可费 1.5~2 倍的实践出现。❺ 德国联邦最高法院在若干涉及侵犯由德国音乐作品表演权与机械复制权协会管理的权利的案件中，肯定了以许可费的两倍计算损害赔偿数额的做法，其目的在于补偿监控侵权行为所花费的巨额成本，但是应当仅仅限定于公开播放音乐等小权利，对于复制、发行等大权利而言其侵权监控成本不大因而不能适用。❻ 而在专利侵权损害赔偿领域，德国法院则决绝适用加倍的许可费来计算损害赔偿数额。❼ 为了贯彻《欧盟知识产权执行指令》，德国联邦参议院曾建议在立法中增加以双倍许可费计算损害赔偿数额的规定。❽ 但是最终该提案

---

❶ *Powell v.Home Depot U. S. A., Inc.*, 663 F. 3d 1221, 1238-1239 (Fed.Cir.2011).

❷ Mark A.Lemley, *Distinguishing Lost Profits from Reasonable Royalties*, 51 Wm.& Mary L.Rev. 655, 674 (2009).

❸ 《著作权法》第 48 条第 1 款；《专利法》第 65 条第 1 款；《商标法》第 63 条第 1 款。

❹ 《重庆市高级人民法院关于确定知识产权侵权损害赔偿数额若干问题的指导意见》第 16 条。

❺ 张鹏："日本专利侵权损害赔偿数额计算的理念与制度"，载《日本问题研究》2017 年第 5 期。

❻ ［德］M.雷炳德：《德国著作权法》，张恩民译，法律出版社 2005 年版，第583 页。

❼ BGH 6.3.1980 (FN 157) 26；22.1.1986 und 16.11.1989 aaO.

❽ (FN 8) S.53 r./ 54 l.

并未获得通过，理由在于上述做法可能打破损害赔偿的补偿功能。❶ 可见，采用许可费倍数的方式计算知识产权侵权损害赔偿数额面临的主要非难亦在于可能使得其具有惩罚性功能的异议。

第二节　许可费标准的立法例

一般而言，许可费的计算可以被区分为客观计算和主观计算两种模式。所谓客观计算，就是不考虑侵权案件的具体情况，以行业内普遍接受的标准对许可费进行客观的评估。❷ 而主观计算，则强调结合案件具体情况，例如双方当事人之间的关系、涉案知识产权的特点等，在个案中确定许可费数额。在比较法上，许可费计算方法主要有既有许可费标准和合理许可费标准两种类型。其中，既有许可费标准属于客观计算规则；而合理许可费标准则属于主观计算规则。

一、既有许可费标准

所谓既有许可费标准（established royalty），是指以侵权发生之前业界普遍接受的、通过自由谈判所确定的涉案知识产权许可费标准计算损害赔偿数额的方法。❸

19～20世纪初，美国专利损害赔偿的司法实践即采用既有许可费标准。❹ 在 Rude v.Westcott 案中，美国最高法院指出，既有许可费标准需要满足以下条件，即该标准是侵权发生之间即已经存在、须有足够多的被许可人按照该标准支付许可费以表明该标准的合理性是被欲利用该专利的潜在被许可人广为接受的，而且该标准在许可的地域范围内是一致

---

❶　[德]鲁道夫·克拉瑟：《专利法——德国专利和实用新型法、欧洲和国际专利法》，单晓光等译，知识产权出版社2016年版，第1061页。

❷　徐小奔："论专利侵权合理许可费赔偿条款的适用"，载《法商研究》2016年第5期。

❸　Richard T.Holzmann, *Infringement of the United States Patents Right* 169（1995）.

❹　*Clark v.Wooster*, 119 U.S.322, 326（1886）; *Burdell v.Denig*, 92U.S.716, 720（1876）.

的。❶ 类似的，《日本专利法》在 1998 年修改之前亦要求以相当于专利发明的实施通常所应获得的金额计算损害赔偿数额。❷ 在日本专利损害赔偿的司法实践中，许多法院采取既有的许可费标准、日本特许厅公布的政府所有的专利的许可费率或者政府批准机构公布的行业专利许可费标准来计算损害赔偿金。❸

在许可费构成实际利润损失的场合，由于知识产权权利人以许可他人实施作为主要收益来源，既有许可费标准的适用具有合理性。❹ 而在以许可费作为利润损失的替代方式时，作为客观计算标准的既有许可费标准虽然强调了该标准的普适性，但是这种普适性本身就是难以证明的。即便是存在普遍接受的既有许可费标准，其适用亦可能面临忽视对个案特殊性考量的问题。因为在知识产权许可实践中，每一份许可合同均是个案，当事人之间的地位、交易的内容等方面均可能存在很大的差异，甚至将许可费的计算与其他商业上的安排混杂在一起。❺ 既有许可费标准最大的问题在于其与侵权案件可能不具有可比性。在认识到既有许可费标准存在不足的前提下，各个国家和地区纷纷转向以主观计算为特征的合理许可费标准。当然，采用合理许可费标准并不意味着完全排除既有许可费的作用。在合理许可费标准下，既有许可费通常被作为最终确定许可费数额的考量因素看待。❻

在我国，许可费标准适用的基础亦是就涉案知识产权已经签订的许可合同所确定的许可费。从立法规定上看，所谓参照许可费的合理倍数

---

❶ *Rude v. Westcott*, 130 U. S.152, 165 (1889).

❷ 《日本专利法》第 102 条。

❸ ［美］竹中俊子主编：《专利法律与理论——当代研究指南》，彭哲等译，知识产权出版社 2013 年版，第 571 页。在实践中，很多法院会参考日本发明人协会编写的《许可费率（第 5 版）》进行计算。［日］青山纮一：《日本专利法概论》，聂宁乐译，知识产权出版社 2014 年版，第 65 页。

❹ *Monsanto Co.v.McFarling*, 488 F. 3d 973, 978-979 (Fed.Cir.2007).

❺ Richard Troxel & William Kerr, *Calculating Intellectual Property Damages*, §5：5 (database updated 2016).

❻ 关于既有许可费标准在合理许可费确定中的作用的讨论，参见本章第三节。

并没有明确要求该许可费已经成为一种广为接受的标准。但是在司法实践中，对于权利人提供的一份或者几份许可合同，法院除了关注许可合同的真实性（如许可合同是否备案、被许可费是否实际制造销售产品并支付许可费等因素）以外，❶ 还会对于上述合同的可比性进行考察，❷ 如果许可合同当事人之间具有关联关系，法院则通常会拒绝适用参照该许可合同确定的许可费标准。❸ 因此，尽管没有明确地采用即有许可费标准，法院亦可能由于许可费合同与侵权案件的具体情形不具有可比性而拒绝适用已有的许可费标准。在我国损害赔偿司法实践中许可费标准没有得到广泛适用的原因，同样是由于权利人提供的证据仅仅是个案，无法证明其可比性所导致的。

二、合理许可费标准

（一）合理许可费标准的概念

与直接适用既有许可费标准的做法不同，合理许可费标准（reasonable royalty）承认知识产权许可费的确定需要个案进行，要求充分考虑知识产权侵权案件的特殊情况，通过对双方当事人的经济、市场

---

❶ 在"叶某某与乐清市荣塑电器有限公司侵犯实用新型专利权纠纷案"中，浙江省高级人民法院认为，"虽然叶某某与上海翔州电气设备有限公司签订的专利实施许可合同经国家知识产权局审查准予备案，但叶某某并不能举证证明专利许可使用费已经实际交付，故合同所载的专利许可使用费并不能作为侵权赔偿数额的计算依据"。浙江省高级人民法院（2010）浙知终字第 127 号民事判决书。在"程某某与桂林合鑫实业有限责任公司、龚某某侵害实用新型专利权纠纷案"中，广东省高级人民法院认为，"程某某没有提供证据证明其曾与他人签订专利实施许可合同，更没有提供已报经专利局备案的专利实施许可合同以及被许可人支付许可费的凭证"，因此不予支持。广东省高级人民法院（2010）粤高法审监民再字第 44 号民事判决书。

❷ 《重庆市高级人民法院关于确定知识产权侵权损害赔偿数额若干问题的指导意见》第 16 条。

❸ 在"胡某某与被申请人宁波宝丰工量具有限公司、叶某侵犯发明专利权纠纷案"中，最高人民法院认为"虽然胡某某将其 ZL91104618.6 发明专利许可给长沙电焊钳厂有限公司实施，并约定了一年的专利使用费提成不低于 10 万元，但长沙电焊钳厂有限公司的法定代表人王某系胡某某之妻，且胡某某在该公司占有 65% 以上的股份，因此该公司与胡某某明显存在利益关系。故原审法院认为参照该专利许可费的倍数确定赔偿数额明显不合理"。最高人民法院（2010）民申字第 1682 号民事判决书。

和财务因素等方面进行全面评估，❶ 最终确定一个适用于个案的许可费数额。

采用合理许可费标准的目的在于"当专利所有人既不能证明其所损失的利益，也无法证明一个已实际确定的许可费使用比率时，寻找一个适当的损失计算方法"。❷ 在 United States Frumentum Co. v. Lauhoff 案中，美国第六上诉巡回法院为了克服既有许可费标准的不足，首先承认了合理许可费标准。❸ 在 Dowagiac Mfg. Co. v. Minnesota Moline Plow Co. 案中，美国最高法院将合理许可费标准引入专利侵权损害赔偿，允许在不存在既定许可费标准时，通过考虑专利的性质、实用性和优势以及使用的程度计算出一个合理许可费数额。❹ 其后，合理许可费标准在专利损害赔偿的司法实践中得到广泛应用。1946 年《美国专利法》正式在立法层面引入合理许可费标准。❺ 目前，合理许可费已经成为美国专利侵权损害赔偿案件中主要的损害赔偿数额计算方式。❻ 受专利法的影响，美国在版权、商标和商业秘密侵权损害赔偿的司法实践中亦引入合理许可费标准。❼

在德国，以合理许可费计算知识产权侵权损害赔偿数额一直被作为一种习惯法存在于司法实践当中，❽ 为了贯彻《欧盟知识产权执法指令》，德国知识产权立法肯定了司法实践中的做法，明确引入合理许可

---

❶ Richard Troxel & William Kerr, *Calculating Intellectual Property Damages*, § 6. 9（database updated 2016）.

❷ *Information Resources, Inc. v. Test Mktg. Group, Inc.*, 1993 WL 533133, at ∗ 19（Fed. Cir. 1993）（unpublished decision）.

❸ *United States Frumentum Co. v. Lauhoff*, 216 F.610, 615（6th Cir.1914）.

❹ *Dowagiac Mfg. Co. v. Minnesota Plow Co.*, 235 U. S.647, 648（1915）.

❺ 《美国专利法》第 284 条。

❻ 美国联邦上诉巡回法院对合理许可费标准十分青睐。据统计，1984~2008 年，该法院维持了近 50 件以合理许可费标准计算损害赔偿数额的案件，撤销或者部分撤销了 20 件该类案件。撤销的大部分原因是对许可费基础、拟制谈判基准日等具体问题需要进行调整。John Skenyon et al., *Patent Damages Law & Practice* § 3：40（database updated 2015）.

❼ 关于版权、商标和商业秘密侵权损害赔偿案件中合理许可费标准的适用，参见本章第四节。

❽ 曾世雄：《损害赔偿法原理》，新学林出版股份有限公司 2005 年版，第 261 页。

费标准。❶

《日本专利法》1998 年修改之后，删除了原法中"通常"二字，允许将相当于专利发明的实施所应获得的金额推定为专利权人因侵权受到的损失的数额，❷ 实务界与学术界就许可费的确定亦逐渐放弃了既有许可费标准，转向通过考虑专利发明的价值、当事人业务上的关系、侵权人所得利益等因素认定合理许可费数额的主观标准。❸ 类似的，在著作权和商标领域，日本亦通过立法明确了合理许可费标准作为推定权利人损失数额的替代方法。❹

（二）确定合理许可费的方法

在美国专利侵权损害赔偿的司法实践中，计算合理许可费的方法有两种，即分析法和假想磋商法。

按照分析法，首先需要计算侵权人的侵权产品在侵权发生时的预期利润，然后通过确定一个百分比，将该预期利润在专利权人和侵权人之间进行分配，侵权人就侵权产品的预计利润以百分比的方式乘以实际侵权产品的销售额就是合理许可费。❺ 在 TWM Manufacturing Co. v. Dura Corp. 案中，美国联邦上诉巡回法院即适用了分析法确定合理许可费。❻ 但是，分析法在实践中并未被广泛采用。

在司法实践中广为采用的是假想磋商法。该方法的主要特征是在推定专利权有效的前提下，假定在侵权发生之时侵权人与专利权人之间于侵权发生之时存在一种磋商关系，❼ 即一个谨慎的被许可人——出于商

---

❶ 《德国专利法》第 139 条第 2 款、《德国实用新型法》第 24 条第 2 款、《德国商标与其他标志保护法》第 14 条第 6 项。

❷ 《日本专利法》第 102 条第 3 款。

❸ ［日］杉本进介：《特许法 102 条 3 项の法の意味》，载高林龙编：《知的财产权侵害と损害赔偿》，成文堂 2011 年版，第 76 页。

❹ 《日本著作权法》第 114 条第 2 款、《日本商标法》第 38 条第 2 款。

❺ John Skenyon et al.，*Patent Damages Law & Practice* § 3：8（database updated 2015）.

❻ *TWM Mfg. Co.，Inc. v. Dura Corp.*，789 F. 2d 895，899（Fed. Cir. 1986）.

❼ 在禁令受到限制的侵权案件中，需要计算未来合理许可费的数额，此时假定磋商的日期应当是判决作出的日期，而不再是侵权发生之前。*Fresenius USA，Inc. v. Baxter International，Inc.*，582 F.3d 1288，1302（Fed. Cir. 2009）.

业的考虑，希望通过支付一定金额，以获得生产、销售包含发明专利的产品的许可——愿意支付许可费，因此可以获得合理的利润；以及一位愿意授予许可的谨慎的专利权人能够接受的许可费数额。❶ 具体的方式是，通过对影响双方当事人确定许可费数额的若干因素进行考察，最终确定专利权人与侵权人之间存在一种自愿许可关系时双方可能达成的许可费数额。在其他国家和地区的司法实践中，假定磋商法亦是确定合理许可费的主要方法。❷ 需要注意的是，尽管假想磋商法假定专利权人和侵权人均是愿意签订许可协议的，但是侵权行为的发生已经表明侵权人不愿意就涉案专利获得专利权人的许可，不能将合理许可费的计算完全按照真实的交易处理。❸因此，美国法院在利用假想磋商法确定的合理许可费通常会高于实际许可费。❹

此外，适格专家证人的证词是美国知识产权司法实践中确定合理许可费过程中的重要证据。专家证人的证词通常是围绕影响合理许可费数额的若干要素展开的分析。❺ 对于专家证词整体而言，美国法院主要关注该专家是否具有出具该领域的证词的资格、专家所采取的方法是否合理以及其使用的证据能否支撑其结论。❻ 当然，就合理许可费的计算提供专家证词并非强制性规定，❼ 即使专利权人在诉讼中不提供专家证词，或者所提供的专家证词未能被法院所采纳，法院依然可以根据其他因素来确定合理许可费数额。❽

---

❶❸ *Panduit Corp. v. Stahlin Bros. Fibre Works*, *Inc.*, 575 F. 2d 1152, 1158-1159（6th Cir. 1978）.

❷ ［德］鲁道夫·克拉瑟：《专利法——德国专利和实用新型法、欧洲和国际专利法》，单晓光等译，知识产权出版社 2016 年版，第 1060 页。英国法院亦承认在没有现成许可费标准作为参照时，可以通过假定谈判的方式确定一个合理的许可费数额。*Watson*, *Laidlaw & Co Ltd v Pott*, *Cassels and Williamson*（1914）31 R. P. C.104，120。

❹ John Skenyon et al., *Patent Damages Law & Practice* § 3：10（database updated 2015）.

❺ *Cornel University v. Hewlett-Packard Co.*, 609 F.2d 279（N.D.N.Y.2009）.

❻ *Kumho Tire Co.*, *Ltd. v. Carmichal*, 526 U. S.137（1999）.

❼ 《美国专利法》第 284 条。

❽ *Golight*, *Inc. v. Wal-Mart Stores*, *Inc.*, 355 F. 3d 1327, 1338（Fed. Cir. 2004）.

第三节 专利侵权中合理许可费的计算

在专利侵权损害赔偿案件中，合理许可费标准在各个国家和地区均得到广泛应用。据统计，2006～2015 年美国有 61% 的专利侵权案件单独适用了合理许可费标准计算损害赔偿数额；❶ 在德国，95% 的专利侵权损害赔偿均是通过合理许可费标准计算出来的；❷ 在日本，合理许可费亦是专利侵权损害赔偿额计算的主要依据。❸

一、确定合理许可费的考量因素

司法实践中确定合理许可费的过程，就是通过考察影响专利权人与侵权人许可谈判的若干因素来衡量当事人主张的许可费数额是否适当的过程。因此，首先需要确定哪些因素可能对许可费数额的计算产生影响。❹

（一）美国法上的 Georgia-Pacific 要素

Georgia-Pacific 要素是美国专利损害赔偿中司法实践中确定的以假想磋商法确定合理许可费率的主要考量因素。这些要素因最早由 Georgia-Pacific Corp. v. U. S. Plywood Corp. 案提出而得名。在该案中，纽约南区法院列举了专利侵权损害赔偿中确定合理许可费的 15 项考量因素，这些要素的适用性得到了美国第二上诉巡回法院的肯定。❺ 此后，Georgia-

---

❶ 普华永道：《美国专利诉讼调查（2016）》，<https://www.pwc.com/us/en/forensic-services/publications/assets/2016-pwc-patent-litigation-study.pdf>，访问日期：2017 年 4 月 15 日。

❷ 李素华："专利侵害之损害赔偿及侵害所得利益法之具体适用：以我国专利法为中心"，载《台大法学论丛》2013 年第 4 期。

❸ ［美］竹中俊子主编：《专利法律与理论——当代研究指南》，彭哲等译，知识产权出版社 2013 年版，第 562 页。

❹ 从比较法的角度来看，采用合理许可费的国家在司法实践中均引入了若干因素在个案中具体确定合理许可费数额。美国法上的 Georgia-Pacific 要素具有代表性。与美国类似，德国和日本的司法实践亦会考虑其中的若干因素，但是并非如美国一样形成一套相对稳定的考量因素。Thomas F. Cotter, *Comparative Patent Remedies：A Legal and Economic Analysis* 268 (2013)；［日］曾井和夫、田村善之：《日本专利案例指南》，李扬等译，知识产权出版社 2016 年版，第 420～426 页。

❺ *Georgia Pacific Corp. v. U. S. Plywood Corp.*，318 F. Supp. 1116 (S. D. N. Y. 1970)，*modified*，446 F. 2d 295 (2d Cir. 1971).

Pacific 要素在美国司法实践中产生了广泛的影响，并且已经成为美国司法实践中专利侵权合理许可费计算的主要考量因素。法院通过对这些要素的考察来决定是否应当支持专利权人所主张的合理许可费。当然，在这 15 个要素中，只有前面 13 个要素是对可能影响假想磋商过程中当事人预期和谈判地位的因素的列举，第 14 个要素是对专家证人在合理许可费确定过程中作用的说明，第 15 个要素是对假想磋商原则的概括。❶ 本部分主要对前 13 项要素进行介绍。

1.涉案专利的既有许可费

确定合理许可费的首要考量因素，要求考察涉案专利的既有许可费水平。在确定合理许可费的诸因素中，存在既有许可费显然是最具有说服力的考量因素。❷ 美国联邦上诉巡回法院甚至认为，如果能够找到涉案专利的既有许可费标准，就不必再去考察合理许可费确定的其他因素，可以径行以既有许可费计算损害赔偿数额。❸

如前文所述，所谓既有许可费，是指在相关产业内"其合理性被普遍接受的"涉案专利的许可费标准。❹ 专利权人就涉案专利已经获得的许可费可以用于证明既有许可费标准的存在。当然，仅有一个被许可人接受的涉案专利许可费显然并不符合产业界普遍接受的要件，❺ 专利权人需要提供足够数量的许可合同来证明该标准已经为产业界所普遍接受。这些许可合同应当是当事人在市场条件下自愿达成的，通过侵权诉讼达成的和解协议所确定的许可费金额不能作为证明既有许可费存在的依据，因为其不能准确反映涉案专利的市场价值。❻ 专利权人需要证明既有许可费与当前案件的情境之间具有可比性。专利许可合同是双方当

---

❶ Richard Troxel & William Kerr, *Calculating Intellectual Property Damages*, §5: 32 (database updated 2016).

❷ *Unisplay, S. A.v.American Elec.Sign Co.*, 69 F. 3d 512, 519 (Fed.Cir.1995).

❸ *BIC Leisure Products, Inc. v. Windsurfing Intern., Inc.*, 1 F. 3d 1214, 1219 (Fed. Cir. 1993).

❹ *Hanson v.Alpine Valley Ski Area, Inc.*, 718 F. 2d 1075, 1078 (Fed.Cir.1983).

❺ *Deere & Co.v.International Harvester Co.*, 710 F. 2d 1551, 1557 (Fed.Cir.1983).

❻ *Rude v.Westcott*, 130 U. S.152, 164 (1989).

事人协议的产物，在市场条件下，不同的许可合同涉及的具体问题可能存在较大差异。如果专利权人无法证明可比性，既有许可费标准则无法适用。美国法院对既有许可费的可比性采用了较为严格的审查标准。许可费的支付方式存在差异即可能导致既有许可费标准不能适用。❶ 既有许可费的适用性还需要考虑不同被许可人与专利权人之间关系的差别。❷ 如果有证据表明由于专利侵权行为的广泛存在，致使涉案专利的既有许可费标准降低的，法院还可以适当地提高许可费的标准。❸

2.侵权人使用类似专利的许可费

该因素要求考察侵权人使用类似专利时所支付的许可费。如果在假想磋商时存在侵权人就与涉案专利类似的专利获得许可的情形，则可能在对涉案专利许可费进行磋商时影响侵权人的决策，因此就该类似专利所确定的许可费标准可以作为确定涉案专利合理许可费的参考因素。需要注意的是，该要素并不要求考查案外第三人就类似专利获得的许可费标准。这类许可费可能并不为侵权人所知，不会对涉案专利许可费的磋商产生影响；即使侵权人知晓该类许可费的存在，被许可人地位的差异亦会使得这些许可费不具有参考价值。❹ 当然，这并不意味着美国法院在确定合理许可费时不会考虑第三人就类似专利支付的许可费，相关行业内的许可实践仍然是重要的考量因素。❺ 只不过是不宜将上述因素放在该要素下进行考量。对于类似专利，专利权人需要证明其与涉案专利之间关系十分密切以表明二者之间在技术上具有可比性，以及该类似专

---

❶ *Wordtech System，Inc.，v. Integated Networks Solutions，Inc.*，609 F. 3d 1319（Fed. Cir. 2010）. 美国联邦上诉巡回法院认为原告提供的 11 份许可合同采用的是按产量支付提成的许可费计算方式，而原告的损害赔偿主张所依据的则是一揽子许可费的计算方式，二者之间不具有可比性。

❷ *Finjan，Inc. v. Secure Computing Corp.*，626 F.3d 1197，1121-1122（Fed.Cir.2010）. 美国联邦上诉巡回法院指出，专利权人与微软之间的许可合同确定的许可费标准不能适用于本案，因为与作为专利权人竞争者的被告不同，微软与专利权人之间不但并不存在竞争关系，相反还存在支持与被支持的关系。

❸ *Nickson Industries，Inc. v. Rol Mfg. Co.，Ltd.*，847 F. 2d 795，798（Fed.Cir.1988）.

❹ John Skenyon et al.，*Patent Damages Law and Practice* § 3：20（database updated 2015）.

❺ *Stickle v. Heublein，Inc.*，716 F. 2d 1550，1562（Fed.Cir.1983）.

利许可合同中当事人的地位以及许可费的计算方式等均与当前案件的情形具有可比性。❶ 此外，对于侵权人使用类似专利的许可费，美国法院亦要求该标准应当是在产业内广为接受的。❷ 专利权人需要拿出足够多数量的许可协议来证明该标准的普遍性。

3.许可协议的性质和范围

根据该因素，需要考察合理许可费计算过程中所依据的拟制许可协议为排他许可还是普通许可、对于许可的地域是否有限制以及制造产品的销售对象等。一般而言，排他许可的许可费会比普通许可的许可费高，而那些对许可地域和消费者群体进行限制的许可协议确定的许可费则会相对低些。在美国专利损害赔偿的实践中，专家证人们通常倾向于认为在合理许可费标准下所拟制的许可协议应当为不限地域、不限消费者群体的普通许可。❸ 这样一来，该因素对于合理许可费的计算的影响甚微。

4.许可策略和销售计划

该因素考察专利权人是否制定了为保持其专利垄断地位而不将其专利许可给他人，或者仅在特殊情形下授予他人许可的专利策略和销售计划。专利权作为一项法定的垄断权，在不违反反垄断法的情形下，权利人当然可以制定拒绝许可的策略来维持其垄断地位。从损害赔偿的角度来看，专利权人所获得的合理许可费不应远远低于通过拒绝许可而自己实施专利所获得的垄断利润，❹ 这是符合专利法激励创新的政策目标的。如果专利权人为保持其市场垄断地位就涉案专利制订了拒绝许可的策

---

❶ *Lucent Technologies，Inc.v.Gateway，Inc.*，580 F. 3d 1301（Fed.Cir.2009）. 美国联邦上诉巡回法院认为，专利权人仅仅将其提供的4份类似专利的一揽子许可协议的标的笼统地界定为"与个人电脑有关的专利"，未能充分说明其与本案争议的日期选择专利具有足够的可比性；另外4份提成许可费协议除了与专利权人主张的一揽子许可费计算方式存在差异之外，要么为交叉许可要么为补偿费率式的许可，与本案中须单纯地就涉案专利或者类似专利进行许可的情形亦不具有可比性。

❷ *Railroad Dynamics，Inc.v.A.Stucki Co.*，727 F.2d 1506（Fed.Cir.1984）.

❸ John Skenyon et al.，*Patent Damages Law and Practice* §3：23（database updated 2015）.

❹ *Georgia-Pacific Corp.v.U. S.Plywood Corp.*，318 F.Supp.1116，1127（S. D.N.Y.1970），modified，446 F. 2d 295（2d Cir.1971）.

略，在适用合理许可费标准计算专利侵权损害赔偿数额的过程中，美国法院往往倾向于支持一个较高的许可费标准。❶需要说明的是，是否存在拒绝许可策略这一要素在涉及标准必要专利的侵权损害赔偿案件中并不适用。这是因为，在美国，专利权人在将其专利加入标准时所做的FRAND承诺被定性为利益第三人合同，❷任何潜在被许可人均可以公平、合理、无歧视的许可费标准获得专利权人的许可。FRAND原则要求不应以专利权人制订了拒绝许可策略而提高合理许可费标准。❸

5.专利权人与侵权人之间的商业关系

该要素要求考察专利权人与侵权人之间是否存在竞争关系，即他们是否为同一地区、同一行业的竞争者，或者他们是否为发明人和改进人。一般来讲，许可人与被许可人之间的竞争越激烈，许可人越有能力也会更加倾向于提高许可费率，以补偿因潜在客户选择被许可人的产品而带来的利润减损，美国法院则会倾向于确定一个相对较高的合理许可费标准。❹相反，在双方之间不存在竞争关系的情形下，专利权人的垄断地位不会因侵权行为的出现而受到损害，专利权人也就没有动力去阻止侵权人生产和销售侵权产品，许可费收入则更多地被看作是专利权人的额外收入而非实际损失。此时，美国法院倾向于确定一个较低的许可费标准。❺需要注意的是，该因素在涉及标准必要专利侵权损害赔偿案件中并不适用。因为按照FRAND原则，专利权人在确定许可费率时须履行其作出的公平、合理、无歧视的承诺，无论潜在的被许可人是否与其具有竞争关系。❻

---

❶ *Panduit Corp. v. Stahlin Bros. Fibre Works*，*Inc.*，575 F. 2d 1152，1164（6th Cir.1978）；*Radio Steel & Mfg. Co. v. MTD Products*，*Inc.*，788 F. 2d 1554，1557（Fed.Cir.1986）.

❷ FRAND，即公平（Fair）、合理（Reasonable）、无歧视（Non-discriminatory）。*Microsoft Corp. v. Motorola Inc.*，696 F. 3d 872（9th Cir.2012）.

❸ *Ericsson*，*Inc. v. D-Link Systems*，*Inc.*，773 F. 3d 1201，1230（Fed.Cir.2014）.

❹ *Rite-Hite Corp. v. Kelley Co.*，*Inc.*，56 F. 3d 1538，1554-1555（Fed.Cir.1995）.

❺ *Devex Corp. v. General Motors Corp.*，494 F.Supp.1369，1377（D.Del.1980），*aff'd*，667 F. 2d 347，（3d Cir.1981），aff'd，461 U. S.648（1983）.

❻ *Ericsson*，*Inc. v. D-Link Systems*，*Inc.*，773 F. 3d 1201，1230-1231（Fed.Cir.2014）.

6.对非专利产品销售的影响

该因素关注专利产品对于被许可人非专利产品销售的促进作用，涉案专利对于作为非专利产品销售者的许可人的价值，以及这种附带或者连同销售的程度。通常来讲，如果专利产品促进了非专利产品的销售，则专利权人获得了较大的谈判优势，使得其可以就涉案专利主张更高的许可费率。❶ 需要强调的是，在这里，连带销售情况的存在仅仅是导致提高许可费率的考量因素，但是并不意味着应当将与专利产品进行连带销售的非专利产品纳入许可费基础之中。❷ 事实上，合理许可费标准的适用中能否援引全部市场价值规则，在美国法上也是一个存在争议的问题。本节将在后文对该问题进行专门讨论。

7.专利权有效期与许可期限

考察专利有效期限的目的在于确定涉案专利可以进行许可的实际期限，即假想磋商达成的许可的有效期限。一般来讲，专利权的剩余有效期限越长，专利权人可以设定许可的期限就越长，因此也就可以获得更高的许可费。❸ 当然，上述推论并非不存在例外：如果涉案专利已经获得极大的商业上的成功，从而使得专利权人获得较为强势的谈判地位，即使在保护期所剩不多的情形下也可能出现维持一个较高的许可费标准的情形。❹ 因此，关于许可有效期限对合理许可费率影响的考察还需要结合涉案专利在商业上的生命周期这一因素进行综合考量。在产品生命周期很长的行业，有效许可期限越长可能需要更高的许可费率；而在产品生命周期较短的行业，有效许可期限的长短对于许可费的确定则似乎没有实际意义。❺

---

❶ *Deere & Co.v.International Harvester Co.*, 710 F. 2d 1551, 1559 (Fed.Cir.1983). 在该案中，美国联邦上诉巡回法院即以专利产品——玉米收割机钻头——的销售带动了收割机的销售为由，认可了地区法院确定的15%这一较高的合理许可费率。

❷ *Deere & Co.v.International Harvester Co.*, 710 F. 2d 1551, 1559 (Fed.Cir.1983).

❸ *Radio Steel & Mfg.Co.v.MTD Products, Inc.*, 788 F. 2d 1554, 1556 (Fed.Cir.1986).

❹ *Georgia-Pacific Corp.v.U. S.Plywood Corp.*, 318 F.Supp.1116, 1126-1127 (S. D.N. Y. 1970), *modified*, 446 F. 2d 295 (2d Cir.1971).

❺ John Skenyon et al., *Patent Damages Law and Practice* §3：29 (database updated 2015).

8.专利产品的既有获利能力

该因素要求考察假想磋商前已经确定的专利产品的获利能力、商业上的成功和受顾客欢迎程度。该要素要求考察的对象是专利产品整体而非涉案专利本身，一个专利产品可能不止由涉案专利构成，还可能包含其他专利或者非专利部件。专利产品的既有获利能力在合理许可费的计算过程中处于十分重要的地位。显然，对于一项收益稳定、获得了商业上的成功的专利产品而言，专利权人在交易谈判中通常会获得较为优越的地位，往往会给出较高的许可费标准。❶ 相应地，被许可人也愿意接受更高的许可费标准。在涉及标准必要专利的侵权案件中，美国联邦上诉巡回法院对该要素的适用进行了限制，要求专利产品的既有获利能力是由该涉案专利单独获得的，而非因专利产品符合整个标准而带来的。❷

9.专利相对于现有技术的优势

该因素主要考察涉案专利相对于现有技术的优势，即考察专利特征相对于已有的用于取得类似效果的非专利替代品而言，其具有的实用性和优势何在。一般而言，涉案专利相对于现有技术的创造性程度越高，则说明其越可能获得较高额的许可费。❸ 在司法实践中美国法院通常会考虑市场上的非侵权替代品情况。如果在市场上不存在非侵权替代品，或者即使存在非侵权替代品但是该替代品与涉案专利产品相比并不具有优势，可以确定一个较高的合理许可费标准。❹ 相反，如果在市场上存在可接受的非侵权替代品，表明涉案专利相对于现有技术而言并不具有明显优势，侵权者通常更愿意选择非侵权替代品而非涉案专利产品，此

---

❶ *Smith Kline Diagnostics, Inc.v.Helena Laboratories Corp.*, 926 F. 2d 1161, 1168（Fed. Cir.1991）; *Mitutoyo Corp.v.Central Purchasing, LLC.*, 499 F.3d 1284, 1292（Fed.Cir.2007）.

❷ *Ericsson, Inc.v.D-Link Systems, Inc.*, 773 F. 3d 1201, 1230-1231（Fed.Cir.2014）.

❸ *TWM Mfg.Co., Inc.v.Dura Corp.*, 789 F. 2d 895, 900（Fed.Cir.1986）.

❹ *Deere & Co.v.International Harvester Co.*, 710 F. 2d 1551, 1558（Fed.Cir.1983）.

时合理许可费则会变得相对较低。❶ 当然，在涉及标准必要专利的侵权案件中，该因素并不适用，❷ 因为侵权人使用涉案专利并非出于其技术优势的考虑，而是为了符合特定技术标准的要求而不得不使用。

10.专利的性质

该要素要求考察专利发明的性质，专利权人所制造、销售的含有该专利的产品的特征，以及涉案专利为使用专利者带来的好处。该因素与第 9 个因素之间存在较为密切的关系，因为对专利性质的考量必然无法脱离与现有技术的对比从而发现其优越性。一般来讲，发明的性质对许可费数额的确定影响甚大，因为一项首创发明的许可费显然要比对现有发明的微小改进要高。❸ 此外，该要素还要求从消费者的角度考察专利的性质。如果消费者对侵权产品的需求主要是基于涉案专利而产生的，则专利权人显然可以主张较高的许可费。相反，如果涉案专利并非消费者购买或者使用专利产品时关注的重点，则法院很难支持一个相对较高的许可费率。❹

11.被许可人使用专利的程度

该要素要求考察被许可人使用涉案专利的程度，以及证明涉案专利使用价值的证据。在确定合理许可费时，不仅需要考察涉案专利对于专利权人的价值，亦应考虑涉案专利对于侵权人的价值。❺ 在 Summit 6，LLC v. Samsung Electronics Co.，Ltd. 案中，美国联邦上诉巡回法院确认，被许可人使用专利的程度是确定合理许可费率的关键因素。❻ 与假想磋

---

❶ *Grain Processing Corp. v. American Maize-Products Co.*，185 F. 3d 1341（Fed. Cir. 1999）. 在该案中，美国联邦上诉法院在存在可接受的非侵权替代品的情形下确定了 3% 的许可费率。

❷ *Ericsson，Inc. v. D-Link Systems，Inc.*，773 F. 3d 1201，1231（Fed. Cir. 2014）.

❸ John Skenyon et al.，*Patent Damages Law and Practice* § 3：32（database updated 2015）.

❹ *Lucent Technologies，Inc. v. Gateway，Inc.*，580 F. 3d 1301，1332（Fed. Cir. 2009）. 联邦上诉巡回法院认为，本案所涉专利产品 Outlook 是一个非常复杂的软件，而本案系争的日期选择功能仅仅是其中一个微不足道的特征，不能构成 Outlook 软件整体价值的实质部分，据此否定了地区法院确定的较高的合理许可费率。

❺ *Powell v. Home Depot U. S. A.，Inc.*，663 F. 3d 1221，1241（Fed. Cir. 2011）.

❻ *Summit 6，LLC v. Samsung Electronics Co.，Ltd.*，802 F. 3d 1283，1298（Fed. Cir. 2015）.

商法下大部分要素均须考察侵权发生前的情形不同，该要素要求考察侵权发生后的情形。● 事实上，该要素关注的是侵权人对涉案专利的依赖程度，如果侵权人越是频繁地使用涉案专利，就说明涉案专利对于侵权人的价值越大，那么法院通常会支持一个较高水平的许可费率。在Lucent Technologies，Inc.v.Gateway，Inc.案中，被告构成引诱侵权，美国联邦上诉巡回法院指出，涉案专利的使用者并非被告，而应当是作为直接侵权人的被告的用户。❷ 这表明，该因素中所谓侵权人既包括直接侵权人亦包括间接侵权人。

12.专利所占利润比重的行业惯例

该要素要求考察在特定产业（或者类似产业）中使用涉案发明（或者类似发明）在利润或者销售价格中所占的通常比重。第8个因素关注的是整个专利产品的利润情况，而该因素则关注涉案专利在整个专利产品获利中的具体贡献。该因素是确定许可费率的考量因素，而不是被用来确定许可费基础的，因此不涉及全部市场价值规则的适用问题。涉案专利在整个专利产品利润中的比重对于合理许可费的确定至关重要。但是，该因素在美国司法实践中并不常用，因为能够证明存在涉案专利在产品利润中的百分比的行业惯例的情况十分少见。❸

美国法院在司法实践中，经常适用的是所谓的25%规则，即要求以被许可专利产品的预期利润或者实际利润的25%作为合理许可费计算的起点。该规则是20世纪50年代罗伯特·戈德沙伊德等人在对专利许可实践进行实证研究的基础之上确立的，又被称为经验法则或者拇指法则。❹ 在美国，25%规则的适用出现了僵化的趋势，法院通常不考虑发

● John Skenyon et al., *Patent Damages Law and Practice* § 3：33（database updated 2015）.

❷ *Lucent Technologies*，*Inc.v.Gateway*，*Inc.*，580 F.3d 1301，1333-1334（Fed.Cir.2009）.

❸ John Skenyon et al., *Patent Damages Law and Practice* § 3：34（database updated 2015）.

❹ Robert Goldscheider，*The Classic* 25% Rule and The Art of Intellectual Property Licensing，10 *Duke L.& Tech.Rev.*1，7-9（2011）.

明的性质和产业的特殊性而直接适用该规则。❶ 这种一刀切的做法遭到了批判，鉴于其并不符合专利许可的实际情况，逐渐地被司法实践抛弃。在 Uniloc USA，Inc.v.Microsoft Corp. 案中，美国联邦上诉巡回法院明确指出，25%规则不符合联邦诉讼规则，从而否定了该规则在专利损害赔偿案件中的适用性。❷ 此后，在 Energy Transportation Group Inc.v.William Demant Holding A/S 案中，美国联邦上诉巡回法院进一步否定了以 25%作为合理许可费计算起点的做法。❸

13.因专利而产生的利润

该要素要求考察在整个侵权产品中因专利而产生的利润所占的比重，排除因那些非专利部分、生产过程、商业风险，或者侵权人对产品所附加的其他特征或者改进所带来的利润。该要素体现了分摊原则的基本精神。但是，该要素到底适用于许可费基础的选择，还是适用于许可费率的确定，在美国的司法实践中仍然存在争议。❹

（二） 对 Georgia-Pacific 要素的评价

在具体案件中合理许可费的确定并不需要对 Georgia-Pacific 要素进行全面考察，法院亦可以结合案件具体情形引入其他考量因素。❺ 例如，在合理许可费的计算过程中，还需要注意许可费支付方式的选择。知识产权许可是一种非常复杂的商业实践，许可费的支付方式亦十分多样。最为常见的和最为基本的许可费支付方式有浮动许可费和一揽子许可费两种。❻ 所谓浮动许可费，是指根据被许可人使用知识产权的频率决定

❶ *Daubert v. Merrill Dow Pharmaceuticals*，509 U. S. 579 （1993）；*Kumho Tire Co. v. Carmichael*，526 U. S.137 （1999）.

❷ *Uniloc USA，Inc.v.Microsoft Corp.*，632 F.3d 1292 （Fed.Cir.2011）.

❸ *Energy Transportation Group Inc.v.William Demant Holding A/S*，F.3d 1342，1356 （Fed.Cir.2012）.

❹ John Skenyon et al.，*Patent Damages Law and Practice* § 3：36 （database updated 2015）.

❺ *Georgia-Pacific Corp. v. U. S. Plywood Corp.*，318 F. Supp. 1116，1120 （S. D. N. Y. 1970），*modified*，446 F. 2d 295 （2d Cir.1971）.

❻ 在实践中还有采取一揽子许可费或者与浮动许可费的混合许可费的案例。*Endress + Hauser，Inc.v.Hawk Measurement Systems Pty.Ltd.*，122 F. 3d 1040，1043 （Fed.Cir.1997）.

许可费总额，浮动许可费既可以销售利润百分比计算，❶ 亦可以每件产品支付固定金额的方式计算；❷ 而一揽子许可费则是在合同订立时即确定一个许可费总额，对于被许可的知识产权是否获得商业上的成功或者被实际使用并非一揽子许可费关注的焦点。❸ 由于许可费的支付方式对于合理许可费的计算具有实质性影响，在合理许可费计算过程中需要明确许可费的支付方式。

经常受到批评的是，在美国专利损害赔偿的司法实践中，法院并没有说明 Georgia-Pacific 各要素在确定合理许可费过程中所占的权重以及各要素之间的关系，❹ 尤其是当某些要素得出的结论完全相反时如何处理更没有明确的指引。专家证人可以任意地对部分因素进行组合以证明其计算出来的合理许可费金额。尽管法院要求提供关于市场属性等的足够的经济上的证据以防止假定沦为纯粹的猜测。❺ 但是这些因素中存在很多价值判断使得陪审团无所适从，导致陪审团往往忽略这些因素直接按照自己的直觉进行判断。❻ 由于陪审团没能详细地说明合理许可费计算中的考量，导致法院也无法对其决定进行详细的评述。Georgia-Pacific 要素在实践中的适用并不令人满意，在美国专利侵权损害赔偿的个案中，合理许可费的数额、适用的理由和比例均存在很大差别。❼

---

❶ *State Industries, Inc. v. Mor-Flo Industries, Inc.*, 883 F. 2d 1573, 1579-1580 (Fed. Cir. 1989).

❷ *Golight, Inc. v. Wal-Mart Stores, Inc.*, 355 F. 3d 1327, 1338 (Fed. Cir. 2004).

❸ 与浮动许可费相比，一揽子许可费可保障知识产权权利人获得稳定的许可费收入，可以解决浮动许可费标准下可能出现的未如实报告知识产权使用情况而导致的许可费支付不足问题，亦可以降低双方监督知识产权使用情况的成本。*Lucent Technologies, Inc. v. Gateway, Inc.*, 580 F. 3d 1301, 1326 (Fed. Cir. 2009)。

❹ Daralyn J. Durie & Mark A. Lemley, *A Structured Approach to Calculating Reasonable Royalties*, 14 Lewis & Clark L. Rev. 627, 631 (2010).

❺ *Grain Processing Corp. v. American Maize-Prods. Co.*, 185 F. 3d 1341, 1350 (Fed. Cir. 1999).

❻ Martha K. Gooding & William C. Rooklidge, *The Real Problem with Patent Infringement Damages*, 91 J. Pat. & Trademark Off. Soc'y 484, 485-489 (2009).

❼ Daralyn J. Durie & Mark A. Lemley, *A Structured Approach to Calculating Reasonable Royalties*, 14 Lewis & Clark L. Rev. 627, 644 (2010).

近年来，美国专利损害赔偿中确定合理许可费的司法实践还面临着制度异化的批评。如前文所述，法院时常以全面补偿权利人损失为出发点得出超出许可实践标准甚至是超出实际损失的合理许可费数额。美国联邦上诉巡回法院甚至拒绝在合理许可费计算过程中给侵权人留下一部分利润的主张。❶ 这种实践导致有些本可以主张实际损失的专利权人转而选择主张合理许可费，以获得更高的损害赔偿数额。学者指出，将利润损失中的补偿观念引入合理许可费标准，但是却没有引入严格的证明标准，使得合理许可费作为防止赔偿不足而设定的专利损害赔偿的最低保障变成了专利权人获得过度赔偿的意外之财。❷ 上述问题在涉及多元件产品和非专利实施主体的专利侵权案件中表现得尤为严重。❸

二、合理许可费的分摊

合理许可费的确定是通过模拟谈判的方式，无论采取何种许可费计算方式，均涉及许可费计算基础的选定和许可费率的确定两个问题。近年来，在美国专利侵权损害赔偿救济的司法实践中，出现了就许可费基础选择问题引入整体市场价值规则的趋势，该趋势导致了许可费堆叠等问题的出现，因此分摊原则的重要意义又逐渐得到了强调。

（一）整体市场价值规则与许可费堆叠

如前文所述，整体市场价值规则的制度价值主要在于有利于在实际损失的计算中实现全面赔偿原则。该规则的基本逻辑是，如果专利特征是吸引消费者购买整个产品或者同时也是附带销售产品市场需求的决定性因素，专利权人可以就整个产品或者连同附带销售产品的利润损失主张损害赔偿。也就是说，整体市场价值规则的适用导致专利权人不但可以对专利价值的损失获得赔偿，还可以对在因果关系范围内的非专利特

---

❶ Monsanto Co.v.Ralph, 382 F. 3d 1374, 1383 (Fed.Cir.2004).

❷ Mark A.Lemley, Distinguishing Lost Profits from Reasonable Royalties, 51 Wm.& Mary L.Rev. 655, 667-668 (2009).

❸ 关于该问题的讨论，参见本节第二个问题。

征或者产品的利润损失获得赔偿。而合理许可费仅仅是一种对知识产权市场价值的估算方式,其考虑的是对于专利权人而言涉案专利本身的价值问题。正是在这样的意义上,合理许可费仅仅能够作为专利权人就专利本身所受到的销售利润损失的替代计算方式。❶ 在 Georgia-Pacific 要素中,第 9 个要素明确了分摊原则,在第 10、第 11 和第 13 个要素中则暗含了分摊的要求。❷ 从这个角度来看,在合理许可费的计算中并没有整体市场价值规则适用的余地。

　　起初,合理许可费的确定过程中是否能够适用整体市场价值规则的问题并没有引起足够重视。因为许可费的计算不仅仅取决于许可费基础的选定,许可费率的确定对于合理许可费金额的确定亦有着至关重要的影响。即使许可费基础被确定为整个产品或者包含附带销售产品在内的成套产品,法院仍然可以通过考察专利对于整个许可费基础的贡献率对许可费率进行调整,最终将合理许可费的数额降低下来。❸ 也即是说,在确定许可费率的环节仍然可以坚持分摊原则。

　　近年来,美国专利侵权损害赔偿的司法实践表明,在赔偿实际损失领域全面补偿原则的引导下,整体市场价值规则的适用不但渗透到许可费基础的选定环节,亦在确定许可费率的环节排斥了分摊原则的适用。在 TWM Mfg.Co.v.Dura Corp. 案中,美国联邦上诉巡回法院引入非侵权产品附带销售的概念,认为合理许可费标准的适用需要将与专利产品连同销售的非专利产品的销售给予一定的补偿。❹ 在 Fromson v. Western Litho Plate & Supply 案中,美国联邦上诉巡回法院否定了地区法院以整个产品中专利的价值贡献作为计算合理许可费基础的做法,认为可以以整个产品的利润为基础计算合理许可费,即使其已经超过了被告因使用涉

---

❶ 关于该问题的讨论,参见本书第二章第二节。

❷ John W. Schlicher, *Measuring Patent Damages by the Market Value of Inventions*: *The* Grain Processing, Rite-Hite, *and* Aro Rules, 82 J.Pat.& Trademark Off.Soc'y 503, 510 (2000).

❸ Thomas F.Cotter, *Four Principles for Calculating Reasonable Royalties in Patent Infringement Litigation*, 27 Santa Clara Computer & High Tech.L.J.725, 731 (2011).

❹ *TWM Mfg.Co.v.Dura Corp.*, 789 F. 2d 895, 901 (Fed.Cir.1986).

案专利而获得的利润。❶

整体市场价值规则在合理许可费领域适用的后果是，将非涉案专利要素纳入到许可费的计算中来，这样无疑会导致合理许可费数额的增加。在美国专利侵权损害赔偿的司法实践中，整体市场价值规则的适用带来了高于实际许可费数额的合理许可费判决。❷ 一些案件中，法院确定的合理许可费的数额甚至高于专利权人的实际损失。❸ 在涉及多元件产品和附带销售产品的案件中，整体市场价值规则的适用要求以整体产品或者成套产品作为许可费基础，事实上是将侵权人的贡献或者案外第三人的专利纳入考量范围，使得侵权人支付超过专利贡献度的许可费。在侵权人面临不同专利权人提起的损害赔偿之诉或者侵权人已经与某些专利权人签订许可合同的情形下，整体市场价值规则的适用无疑会给侵权人带来远远超过其应付的实际许可费的赔偿负担，导致许可费堆积。尤其是对于非专利实施主体提起的侵权诉讼，对于缺乏实施能力、仅以收取许可费为业的专利权人而言，整体市场价值规则的适用可能会激励非专利实施主体提起专利侵权诉讼，使得许可费堆积问题变得更加严重。❹ 过度赔偿导致的许可费堆积无疑会抑制多元件产品的销售，显然已经危及专利法促进创新的政策目标。2007 年美国专利法改革也试图通过立法的方式改善合理许可费计算中整体市场规则的滥用问题。❺ 但是上述法案由于遭到了非专利实施主体和生物医药行业的强烈反对，❻ 最终并未获得通过。

---

❶ *Fromson v. Western Litho Plate & Supply*, 853 F. 2d 1568, 1577–1578 (Fed.Cir.1988).

❷ Thomas F.Cotter, *Patent Holdup, Patent Remedies, and Antitrust Responses*, 34 J.Corp.L. 1151, 1186 (2009).

❸ Mark A.Lemley, *Distinguishing Lost Profits from Reasonable Royalties*, 51 Wm.& Mary L.Rev. 655, 662 (2009).

❹ Mark A.Lemley & Carl Shapiro, *Patent Holdup and Royalty Stacking*, 85 Tex.L.Rev.1991, 2023–2025 (2007).

❺ H. R.1908, 110th Cong. (2007).

❻ *Patent Reform Act of 2007: Hearing on H. R. 1908 Before the Subcomm. on Courts, the Internet, and Intellectual Property of the H.Comm. on the Judiciary*, 110th Cong.40–41 (2007) (statement of Kevin Shaver, Chairman of the Board and Chief Executive Officer, Amgen Incorporated).

（二）合理许可费计算中分摊原则的适用

意识到许可费堆积问题的严重性，近年来美国司法实践对于整体市场价值规则在合理许可费计算中的适用进行了严格的限制。在 Lucent Technologies，Inc.v.Gateway，Inc. 案中，美国联邦巡回上诉法院明确强调当专利仅仅是整个产品的一部分或者一个特征时，须以其本身的价值为基础计算合理许可费数额。❶ 在 Uniloc USA，Inc.v.Microsoft Corp. 案中，美国联邦上诉巡回法院明确指出只有专利权人能够证明相关专利特征构成了整个产品市场需求的主导因素时，方能以侵权产品的整体市场价值作为合理许可费计算的基准。❷ 可见，与实际损失的计算类似，在合理许可费领域，美国专利侵权损害赔偿的司法实践亦采取以分摊为原则、以整体市场价值规则的适用为例外的做法。

分摊原则不仅适用于涉及多元件产品的 IT 产业等领域。在 AstraZeneca AB v.Apotex Corp. 案中，美国联邦巡回上诉法院在药品专利侵权损害赔偿中讨论了分摊原则和整体市场价值规则的适用问题。❸ 美国联邦上诉巡回法院认为，尽管本案药品剂型专利已经涵盖了全部侵权产品，但是其权利要求中既包括通用成分亦包括非通用成分时，此时就需要从专利特征对整个产品的贡献度进行判断。❹ 在本案中，可商业化的药品需要同时具备储存上的稳定性与防胃酸两种性质，因此必须配合专利中的剂型才能使得该药品具有实际的治疗效果，是剂型在实质上创

---

❶ *Lucent Technologies，Inc.v.Gateway，Inc.*，580 F. 3d 1301，1337（Fed.Cir.2009）.专利权人认为微软公司 Office 软件中的一项功能侵犯了其专利权。初审法院以 Office 软件的全部市场价值为许可费计算基础确定了 3.5 亿美元合理许可费作为损害赔偿额，美国联邦上诉巡回法院认为上述做法是对整体市场价值规则的滥用，将此案发回重审。加州南区地方法院援引 Garretsonv.Clark 案，将合理许可费计算标准确定为作为 Office 软件一部分的 Outlook 的市场价值。*Lucent Techs.，Inc.v.Microsoft Corp.*（Lucent II），837 F.Supp.2d 1107（S. D.Cal.2011）。

❷ *Uniloc USA，Inc.v.Microsoft Corp.*，632 F. 3d 1292，1320（Fed.Cir.2011）.

❸ *AstraZeneca AB v.Apotex Corp.*，782 F. 3d 1324（Fed.Cir.2015）.该案是关于胃肠药奥美拉唑仿制药的争议。原告对该药品的剂型和成分均享有专利权，但是药品成分的专利已经到期。在诉讼过程中，原告主张其对剂型享有的专利权能够涵盖整个产品；被告则主张药品成分已经不受专利保护，其价值应当从中扣除。

❹ *AstraZeneca AB v.Apotex Corp.*，782 F. 3d 1324，1338（Fed.Cir.2015）.

造了产品的全部价值。❶ 从这个意义上讲，不必将该药品有效成分的价值排除在整体产品价值之外，在本案中以整个药品的价值作为合理许可费计算基础的做法是合适的。通过对该案的考察可以发现，尽管生物医药产业反对在专利的损害赔偿案件中适用分摊原则，美国联邦上诉巡回法院仍然将分摊的思想引入医药专利损害赔偿案件之中。在分摊原则的指导下，法院不但关注作为专利对整个产品的贡献率，还将分摊的思想渗透到对专利技术方案中专利因素的贡献度的考察上。

第四节　其他知识产权侵权中的合理许可费标准

除了专利侵权案件，合理许可费标准亦可以适用于著作权、商标和商业秘密等其他知识产权领域。在美国，Georgia-Pacific 要素对于其他知识产权侵权损害赔偿中合理许可费的计算亦产生了重大的影响。但是在美国的司法实践中，合理许可费标准在其他知识产权侵权损害赔偿领域的适用并没有专利领域那么广泛。❷ 出现这些现象的原因可能与制定法中并未明确合理许可费标准的适用以及在其他知识产权领域的损害赔偿中还有关于支付侵权获利的规定有关。本节仍然主要结合美国的司法实践，说明其他知识产权侵权中合理许可费标准的适用问题。

一、著作权侵权中的合理许可费标准

在著作权侵权案件中，权利人所受损失表现为许可费丧失的情形并不少见。对于作为自然人的作者而言，其行使著作权的主要方式就是许可他人使用作品，并从中收取许可费。在著作权侵权损害赔偿数额计算

---

❶ *AstraZeneca AB v.Apotex Corp.*, 782 F. 3d 1324, 1338 (Fed.Cir.2015).
❷ 据统计，美国商业秘密侵权损害赔偿案件中，仅有 4.73% 适用了合理许可费标准。Elizabeth A.Rowe, *Unpacking Trade Secret Damages*, 55 Hous.L.Rev.155, 175 (2017)。

中常用的以稿酬和版税标准的倍数确定损害赔偿数额本质上就是许可费标准。● 此外，在著作权人与侵权人并不处于同一市场之中时，例如原著出版者和译著出版者，侵权行为的出现不会给权利人带来利润损失，其丧失的仅仅是许可收益的可能性，因此可以适用合理许可费标准计算损害赔偿数额。但是，在著作权人并不以许可他人使用作品为主要收入来源或者著作权人与侵权人之间存在直接竞争关系的情形下，合理许可费标准是否还有适用的余地，则取决于对其制度本质的认识。

在美国，支付合理许可费在版权领域没有像在专利法领域一样具有制定法上的依据，关于版权侵权损害赔偿能否适用合理许可费标准，在理论上存在肯定说和否定说两种观点。肯定说认为，版权侵权行为实际上是非法地侵夺了版权的公允市场价值，因此合理许可费属于实际损失。❷ 否定说则认为，如果不存在许可的可能性，侵权行为没有发生，版权人不会获得任何额外的收益，合理许可费就不属于版权侵权中的实际损失。❸ 在版权侵权损害赔偿的司法实践中，美国法院逐渐承认了许可费损失可以被作为实际损失的表现，❹ 但是对于在何种程度上予以认可则存在一定的分歧。在 On Davis v. The Gap, Inc. 案中，美国第二上诉巡回法院采取了类似于专利领域的观点，明确指出即使版权人没能证明侵权行为导致了销量损失、许可机会的丧失或者版权价值的减损，只要

● 《北京市高级人民法院关于确定著作权侵权损害赔偿责任的指导意见》第 25 条、《江苏省高级人民法院关于知识产权侵权损害适用定额赔偿办法若干问题的指导意见》第 9 条、《上海市高级人民法院关于知识产权侵权纠纷中适用法定赔偿方法确定赔偿数额的若干问题的意见》第 16 条。

❷ Paul Goldstein, *Goldstein on Copyright* § 12. 1, at 12：4 (2005).

❸ Nimmer, *Nimmer on Copyright* § 14. 02 ［A］, at 14–13 to 17 (2012). 从实际效果来看，排除合理许可费标准的适用反而可以激励版权人进行版权登记进而主张法定赔偿，这也是符合《美国版权法》的立法原意的。

❹ *Sid & Marty Krofft Television Prods. Inc. v. McDonald's Corp.*, 562 F. 2d 1157, 1174 (9th Cir. 1977)；*Kleier Adver.*, *Inc. v. Premier Pontiac*, *Inc.*, 921 F. 2d 1036, 1039 (10th Cir. 1990).

版权侵权成立，版权人就有权主张侵权人支付合理许可费。❶ 但是，由于《美国版权法》并未如同专利侵权损害赔偿中那样将合理许可费作为独立于实际损失的一种损害赔偿的最低标准，大多数法院仍然坚持实际损失的分析思路，要求版权人对损失的存在承担一定程度的证明责任。即只有版权人能够证明如果侵权行为不发生，版权人本来有可能对侵权人使用作品的行为进行许可时，方认可许可费作为实际损失而存在。在Oracle USA，Inc.v.SAP AG 案中，美国第九上诉巡回法院认为，对许可费损失存在的证明只有达到排除合理怀疑的标准，方能适用合理许可费标准计算实际损失。❷ 在 Business Trends Analysts Corp. v. Freedonia Group Corp. 案中，美国第二上诉巡回法院亦认为由于双方当事人之间存在直接的竞争关系，不可能达成许可协议，从而否定了合理许可费标准的适用。❸

事实上，从规范损害论的角度来看，合理许可费标准的适用，并不是为了弄清著作权人和侵权人之间就作品是否可能就许可费达成协议，并不考虑著作权人是否以许可他人使用作品为主要收入来源或者著作权人与侵权人之间是否存在直接竞争关系，而是通过拟制磋商的方式来确定侵权人从版权人那里盗用的版权的公允市场价值是多少。❹ 按照这样的理解，竞争关系的存在可能不会绝对地排除许可机会，反而能够使得版权人因此能够收取更高的许可费。❺

版权侵权中确定合理许可费数额的主要方法仍然是假想磋商法。在 On Davis v.The Gap，Inc. 案中，美国第二上诉巡回法院列举了版权侵权中确定

---

❶ *On Davis v.The Gap*，*Inc.*，246 F. 3d 152（2d Cir.2001）。在该案中，原告是一款眼睛的设计者，被告是一个面向年轻人的服装及配饰的零售商。被告在一个广告中使用了戴有原告设计的眼睛的人物形象。原告主张损害赔偿，其中包括 250 万美元的许可费。

❷ *Oracle Corp.v.SAP AG*，765 F. 3d 1081，1088（9th Cir.2014）。

❸ *Business Trends Analysts Corp.v.Freedonia Group Corp.*，887 F.2d 339，405（2d Cir.1989）。

❹ *On Davis v.The Gap*，*Inc.*，246 F. 3d 152，172（2d Cir.2001）。

❺ ［美］Kevin Bendix："版权损害赔偿：引入专利法中的合理许可使用费制度"，林小慧、仇沐慈译，见万勇、刘永沛主编：《伯克利科技与法律评论：美国知识产权经典案例年度评论》，知识产权出版社 2013 年版，第 22 页。

合理许可费需要考量的主要因素：侵权者使用受保护材料的程度和性质、版权人许可给第三人可能获得的利润、被许可人愿意支付并且许可人也愿意接受的许可费数额、版权人使用受保护材料的实际获利程度、侵权人获得利润的相关证据以及已有的许可协议中被许可人向版权人支付的许可费。❶美国学者亦建议参考专利侵权损害赔偿中的 Georgia-Pacific 因素来确立版权侵权中合理许可费的考量因素。具体来讲，主要包括以下 9 个因素：双方当事人原本是否愿意对系争版权进行虚拟谈判；版权所有人通过许可系争版权作品所获得的许可使用费，可以被认为是已经确立的许可使用费；相似市场内其他可比版权的许可人获得的许可使用费；版权作品的营利能力、商业价值及目前的市场欢迎度；系争版权的经济利益；因版权产品区别于其他非版权产品以及侵权人增加其他显著特点或改进而产生的应归因于系争表达的可实现利润的部分；协商双方的相对实力；许可人已有的政策和市场计划，以通过拒绝许可或者在保护该垄断地位的特定条件下以许可的方式来维持其垄断地位；合格的专家证言等。❷

二、商标侵权中的合理许可费标准

在商标侵权领域，合理许可费标准免除了商标所有人对因果关系的证明责任，适用合理许可费标准计算损害赔偿数额比支付侵权获利更加容易。❸但是在美国商标侵权损害赔偿的司法实践中，合理许可费标准的适用并没有支付侵权获利那样广泛。与版权领域类似，限制合理许可费标准适用的因素仍然是证明实际损失存在时需要对许可的可能性进行考察。由商标本身所具有的指示商品或者服务来源的功能所决定，商标侵权人通常都是商标所有人的直接竞争者。除非有相反的证据证明商标

---

❶ On Davis v. The Gap, Inc., 246 F. 3d 152, 156-169 (2d Cir.2001).

❷ ［美］Kevin Bendix："版权损害赔偿：引入专利法中的合理许可使用费制度"，林小慧、仇沐慈译，见万勇、刘永沛主编：《伯克利科技与法律评论：美国知识产权经典案例年度评论》，知识产权出版社 2013 年版，第 20~28 页。

❸ J.Thomas McCarthy, McCarthy on Trademark and Unfair Competition § 30：85（database updated 2014）.

所有人主要以许可他人使用商标为主要收入来源，双方当事人之间存在许可磋商的可能性很小。

因此，许可关系存在的可能性是在商标侵权损害赔偿案件中适用合理许可费标准的重要前提。在 Boston Professional Hockey Ass'n v. Dallas Cap & Emblem Mfg., Inc. 案中，美国第五上诉巡回法院认为，由于被告曾经向原告寻求商标许可但是并未获得授权，原告受到的损失可以合理许可费的数额计算。❶ 如果商标所有人主要以许可他人使用商标为主要收入来源的，即可以适用合理许可费标准。在 Taco Cabana Intern., Inc. v. Two Pesos, Inc. 案中，美国第五上诉巡回法院指出，餐饮业的关键是保持市场领导者的形象，被告使用与原告相同的墨西哥餐馆外观的行为导致原告丧失了在休斯敦地区收取许可费的机会，最终认可了特许经营许可费损失。❷ 在商标权人主要从事特许经营的案件中，商标侵权带来的许可费损失本质上就是利润损失。❸ 当然，在特许经营许可费的计算过程中，需要将商标许可费进行分摊。在 Bandag, Inc. v. Al Bolser's Tire Stores, Inc. 案中，美国联邦上诉巡回法院即明确指出，当侵权人仅侵犯了商标权时，不能对其适用特许经营的许可费率。❹

随着商标保护范围的不断扩张，合理许可费标准的适用范围得到一定的扩展。在 Sands, Taylor & Wood v. Quaker Oats Co. 案中，美国第七上诉巡回法院认可了反向混淆中合理许可费的适用，❺ 同时主张适当增加

---

❶ *Boston Professional Hockey Ass'n v. Dallas Cap & Emblem Mfg., Inc.*, 597 F. 2d 71 (5th Cir. 1979). 在该案中，被告为获得 3 年非独占许可提供了 1.5 万美元的许可费，按照该费率被告侵权行为持续 4 年间给原告带来的损失就应当是 2 万美元。

❷ *Taco Cabana Intern., Inc. v. Two Pesos, Inc.*, 932 F. 2d 1113, 1125 – 1126 (5th Cir. 1991), aff'd, 505 U. S.763 (1992).

❸ *Howard Johnson Co. v. Khimani*, 892 F. 2d 1512 (11th Cir.1990); *La Quinta Corp. v. Heartland Properties LLC*, 603 F. 3d 327 (6th Cir.2010).

❹ *Bandag, Inc. v. Al Bolser's Tire Stores, Inc.*, 750 F. 2d 903 (Fed.Cir.1984).

❺ *Sands, Taylor & Wood v. Quaker Oats Co.*, 34 F. 3d 1340 (7th Cir.1994). 法院拒绝了被告主张的 10 万美元的一揽子许可费的标准，而是确认了第一年为被告销售额的 1%，此后每年为被告销售额的 0.5% 的浮动许可费标准。

合理许可费的数额，以有效遏制侵权发生。❶ 特别是在双方当事人之间不存在直接竞争关系的场合下，合理许可费标准亦有适用的余地。例如，由于附属关系混淆给商标权人带来的损失并非因商标所有人产品销量减少导致的利润损失，而是商标所有人丧失的许可费。❷ 同理，在商标淡化案件中，侵权产品的销售并不导致商标所有人产品销量的减少，而是弱化了商标标识与其指代的特定商品或者服务类别之间的关系。此时，商标所有人因侵权行为丧失的亦为合理许可费。

我国《商标法》明确规定，商标所有人不能证明侵权发生前 3 年内实际使用过涉案商标，也不能证明因侵权行为受到其他损失的，被控侵权人不承担损害赔偿责任。❸ 该规定显然是对销售利润损失的限制，没有实际使用商标就意味着没有相关商品的销售，也就无所谓利润损失。但是，商标所有人不实际使用商标并不能排除其可能因侵权行为的出现丧失许可机会。此时商标所有人仍然可以主张赔偿许可费损失。当然，此时商标所有人主张的并非以许可费的合理倍数替代利润损失的计算，而是专门主张因丧失许可机会而带来的许可费损失。

三、商业秘密侵权中的许可费标准

除了从销售利润减少的角度来计算实际损失之外，商业秘密侵权损害赔偿救济还关注盗用行为对商业秘密价值减损的程度。而计算商业秘密价值的通常办法是公开商业秘密。一旦商业秘密被公开，其价值就不复存在。❹ 因此，对于商业秘密侵权并未导致公开的案件，所有人通常不会选择公开商业秘密评估市场价值。计算损害赔偿数额的另一种方法，则是衡量商业秘密对于被控侵权人的价值，以此为基础可以计算被

---

❶ *Sands*，*Taylor & Wood v. Quaker Oats Co.*，34 F. 3d 1340（7th Cir.1994）.

❷ Mark A. Lemley & Mark P. McKenna，*Irrelevant Confusion*，62 Stan. L. Rev. 413，437（2010）.

❸ 《商标法》第 64 条第 1 款。

❹ *University Computing Co. v. Lykes-Youngstown Corp.*，504 F. 2d 518，535（5th Cir.1974）.

控侵权人应当向商业秘密所有人支付的许可费。❶ 此种方法无疑在商业秘密的尚未被公开的案件中更具有适用性。❷

长期以来，商业秘密保护在美国都属于州法上的范畴。有些州对于合理许可费标准在商业秘密侵权损害赔偿案件中的适用进行了严格的限制。例如，在加利福尼亚州和田纳西州，只有在实际损失和侵权获利均不能证明的情况下方能适用合理使用费标准。❸ 2016 年，美国颁布了联邦层面的商业秘密保护法，该法则没有对合理许可费标准采取上述严格的限制，而是明确规定合理许可费可以作为实际损失和侵权获利两种损害赔偿数额计算方式的替代方式。❹

在 University Computing Co. v. Lykes-Youngstown Corp. 案中，美国第五上诉巡回法院列举了确定合理许可费需要考虑的主要因素，包括损害发生的商业环境、盗用可能带来的后果、盗用发生后被告使用商业秘密的性质和程度等。❺ 在 Evans v. General Motors Corp. 案中，康涅狄格州高级法院则明确指出可以借鉴专利侵权损害赔偿中的 Georgia-Pacific 因素来确定商业秘密案件中的合理许可费。❻ 与经营秘密类案件相比，Georgia-Pacific 因素对于技术秘密类案件显然具有更大的参考意义。当然，在商业秘密侵权损害赔偿案件中，合理许可费的确定需要根据个案的情况加以确定，在具体案件中需要考量的因素亦应当有所不同。❼

---

❶ *Vitro Corporation of America v. Hall Chemical Co.*, 292 F. 2d 678, 683 (6th Cir.1961).

❷ *University Computing Co. v. Lykes-Youngstown Corp.*, 504 F. 2d 518, 536 (5th Cir.1974).

❸ 黄武双：“美国商业秘密侵权赔偿责任研究”，载《科技与法律》2010 年第 5 期。

❹ 18 USC 1386 (b) (3) (B).

❺ *University Computing Co. v. Lykes-Youngstown Corp.*, 504 F. 2d 518, 538 (5th Cir.1974).

❻ *Evans v. General Motors Corp.*, 34 Conn. L. Rptr. 425 (Conn. Super. Ct. 2003).

❼ *Enterprise Manufacturing Co. v. Shakespeare Co.*, 141 F. 2d 916, 920 (6th Cir.1944).

第四章　侵权获利

　　知识产权侵权是一种典型的获利型侵权，[1] 对于大部分侵权人而言，因侵权行为而获利是其从事知识产权侵权的重要经济动因。要求侵权人向权利人支付因侵权行为所获得的利润作为对知识产权权利人的一种金钱救济手段，得到了各个国家和地区知识产权立法和司法实践的普遍认可。但是在术语选择上则存在不同的表述，有的表述为返还侵权利润，[2] 有的则表述为利润剥夺。[3] 返还侵权利润的表述暗含了侵权获利本应归属于知识产权权利人的基本假设；而利润剥夺则意在强调侵权获利的违法性。术语选择上的不同暗示了制度属性和制度安排的差异性。本书则采用支付侵权获利这一中性化的表述，以涵盖比较法上的形式近似但是属性不同的制度。

第一节　支付侵权获利的法律属性

　　在我国，支付侵权获利通常被作为实际损失难以确定时计算赔偿数额的替代方式。[4] 但是两大法系及其内部关于支付侵权获利救济法律属

---

　　[1]　杨彪："受益型侵权行为研究——兼论损害赔偿法的晚近发展"，载《法商研究》2009年第5期。

　　[2]　缪宇："获利返还论：以《侵权责任法》第20条为中心"，载《法商研究》2017年第4期。

　　[3]　王泽鉴：《人格权法：法释义学、比较法、案例研究》，北京大学出版社2013年版，第281页。

　　[4]　《侵权责任法》第20条、《著作权法》第49条、《专利法》第65条、《商标法》第63条。

性的认识则存在分歧，导致各个国家和地区就其制度目标存在不同认识，在制度设计上亦存在一定差异，尤其在支付侵权获利的适用条件方面更是难以达成一致。

一、大陆法系：损失的替代计算方式

在大陆法系，关于支付侵权获利的法律属性，学理和实践由于立场角度选择的不同而存在不同观点。立法和实践通常仅仅将支付侵权获利作为损失计算的替代方式看待，而在学理上则试图从已有的法律规定中探寻支付侵权获利在实体法上的请求权基础。

（一）学理上对请求权基础的探寻

在我国，目前通说认为支付侵权获利的请求权基础应当是不当得利。❶然而仔细分析，该种观点并不妥当。受益人所受利益与受害人所受损害之间存在因果关系是不当得利成立的必要条件。在这里，"损害之因在于侵害他人权益而受利益，而并不在于侵害行为本身"。❷将支付侵权获利建立在不当得利的基础之上，就是假定侵权获利与权利人所受损失之间存在因果关系。然而，这种假定并不符合知识产权侵权的实际情况。在知识产权侵权的场合，尽管权利人所受损害与侵权获利均系侵权行为造成的，但是二者之间并不存在直接的关联。也就是说，知识产权权利人的所受损失与侵权获利之间并不存在因果关系。在实践中完全可能出现知识产权权利人并未因侵权行为的出现造成利润损失，同时侵权人却因侵权行为而获利的情形。按照不当得利的基本原理，因知识产权侵权行为而直接获得的利益实际上是未支付许可费带来的财产消极增

---

❶ 王利明："论返还不当得利责任与侵权责任的竞合"，载《中国法学》1994年第5期；杨彪："受益型侵权行为研究——兼论损害赔偿法的晚近发展"，载《法商研究》2009年第5期；朱岩："'利润剥夺'的请求权基础——兼评《中华人民共和国侵权责任法》第20条"，载《法商研究》2011年第3期；李琛、王泽："论侵害他人商标权的不当得利"，载《河南社会科学》2005年第3期。

❷ 洪学军："论侵害他人权益型不当得利——兼析侵权损害赔偿请求权与不当得利返还请求权的竞合"，载《中国青年政治学院学报》2003年第2期。

加，而知识产权权利人相应受到的损失则表现为未能收取许可费的损失。❶

德国和日本学界的通说认为支付侵权获利的请求权基础是不适法的无因管理。❷ 所谓不适法的无因管理，是指管理人没有法定或者约定的义务，以不利于本人或者违反本人明示或可得推知的意思为他人管理事务。❸ 按照该种观点，知识产权侵权人在未经权利人许可的情形下行使本属于知识产权权利人专有权利的行为，在本质上属于为了自己利益的目的而并非出于为了他人利益的目的而管理他人的事务。无因管理之债的核心内容在于使管理人负有返还因管理他人事务而获得的利润。侵权人向知识产权权利人支付侵权获利，即是应返还因管理他人事务而获得的利润。当然，从构成要件的角度来看，不法的无因管理要求管理人在主观上出于故意，这一点与知识产权侵权损害赔偿仅仅以过失为要件是存在区别的。❹ 在侵权人出于过失而非故意侵犯他人知识产权时，知识产权权利人难以依不适法的无因管理主张侵权人支付侵权获利。可见，将支付侵权获利的请求权基础定位为不适法的无因管理亦存在一定不足。

（二）司法实践和立法规定

德国的司法实践则对于支付侵权获利采用一种实用主义的态度，并不纠结于请求权基础的追寻，而是将支付侵权获利作为基于实际需要及衡平考量在司法实践中形成的损害赔偿数额计算的习惯法。❺ 德国联邦

---

❶ 关于许可费标准法律属性的讨论，参见本书第三章第一节。

❷ ［德］鲁道夫·克拉瑟：《专利法——德国专利和实用新型法、欧洲和国际专利法》，单晓光等译，知识产权出版社 2016 年版，第 1067 页；［日］田村善之：《日本知识产权法》（第 4 版），周超等译，知识产权出版社 2011 年版，第 308 页。

❸ 《德国民法典》第 687 条第 2 款。《日本民法典》中虽然没有关于不适法的无因管理的规定，但是学说上已经得到了承认。张鹏："日本专利侵权损害赔偿数额计算的理念与制度"，载《日本问题研究》2017 年第 5 期。

❹ Thomas Dreier, "How Much 'Property' is there in Intellectual Property? The German Civil Law Perspective", in Concepts of Property in Intellectual Property Law 116, 129 (Helena R. Howe & Jonathan Griffiths ed., 2013).

❺ 王泽鉴：《人格权法：法释义学、比较法、案例研究》，北京大学出版社 2013 年版，第 282 页。

最高法院即明确认为支付侵权获利并非建立在任何其他请求权基础之上，而仅仅是出于简化损害赔偿数额计算方法的考虑而引入的替代方法。❶

《欧盟知识产权执法指令》要求在损害赔偿过程中同时考虑利润损失和侵权获利。❷ 为了贯彻上述指令，2008 年前后德国各知识产权单行立法纷纷进行修订，全面地采用了以侵权获利作为损害赔偿数额替代计算方式的规定，明确要求在侵权损害赔偿数额计算过程中考虑侵权获利状况。❸ 这些规定意味着将支付侵权获利完全归入损害赔偿的范畴。❹ 需要说明的是，上述修订改变了著作权领域将支付侵权获利被作为损害赔偿之外的金钱救济方式的规定。❺ 按照原《德国著作权法》的规定，著作权人是否能够得到相应的收益并不影响支付侵权获利的适用。❻ 由于反不正当竞争法并不在上述指令的整合范围内，《德国反不正当竞争法》仍然保持了将支付侵权获利作为一种独立于损害赔偿之外的金钱救济方式的规定。❼

《日本专利法》于 1959 年在损害赔偿条款中引入了侵权获利标准，允许以侵权获利推定专利权人的利润损失。❽ 在著作权和商标领域，日本亦采纳了以侵权获利推定利润损失数额的规定。❾ 作为损害赔偿的替代计算方法，侵权获利标准的适用应当以实际损失存在为前提。因此，

---

❶ BGH 25.9.2007 Zerkleinerungsvorrichtung GRUR 2008, 94（Nr.7）. 转引自 ［德］鲁道夫·克拉瑟：《专利法——德国专利和实用新型法、欧洲和国际专利法》，单晓光等译，知识产权出版社 2016 年版，第 1066 页。

❷ 《欧盟知识产权执法指令》第 13 条第 2 款（a）项。

❸ 《德国著作权法》第 97 条第 1 款、《德国专利法》第 139 条第 2 款、《德国实用新型法》第 24 条第 2 款、《德国商标法》第 14 条。

❹ ［德］鲁道夫·克拉瑟：《专利法——德国专利和实用新型法、欧洲和国际专利法》，单晓光等译，知识产权出版社 2016 年版，第 1068 页。

❺ 1998 年修订的《德国著作权法》第 97 条第 1 款、《德国外观设计法》第 42 条第 2 款亦有类似规定。

❻ ［德］M.雷炳德：《德国著作权法》，张恩民译，法律出版社 2005 年版，第584 页。

❼ 《德国反不正当竞争法》第 10 条。

❽ 《日本专利法》第 102 条第 2 款。

❾ 《日本著作权法》第 114 条、《日本商标法》第 38 条（3）款。

如果知识产权权利人没有受到损害，即使侵权人因侵权行为而获利，亦不能主张支付侵权获利。在日本的司法实践中，只有在专利权人已经实施涉案专利时，法院才适用侵权获利标准。❶ 道理很简单，如果专利权人不实施专利，就没有任何销售利润收益可言，因此也就不能将侵权获利推定为权利人的利润损失。此外，在专利权人与侵权人之间并不存在竞争关系时，实际损失并不存在，即使侵权人有获利，亦不能主张侵权获利。

二、英美法系：独立的金钱救济形式

在英美法系，救济形式与实体权利是相分离的。与大陆法系不同，支付侵权获利在英美法系通常被作为一种独立于补偿性损害赔偿的救济手段。支付侵权获利具有不同于损害赔偿的制度渊源，在知识产权制定法上亦被作为独立于损害赔偿的金钱救济形式。

（一）衡平法和普通法上的制度渊源

在英美法系，支付侵权获利有着深厚的普通法和衡平法渊源，其性质游离于损害赔偿与返还非法所得之间。❷

支付侵权获利源于衡平法上的清算利润（account of profits）。清算利润是与普通法上损害赔偿相对应的衡平法上的金钱救济。在衡平法上，清算利润这一救济形式是通过将侵权人与权利人之间的关系拟制为信托关系而确立的。因为在信托法上，受托人需对信托人承担忠实义务，受托人因管理信托财产而获得的利益，须归信托人所有。清算利润的目的在于剥夺因侵权行为而获得的非法利润。❸ 据学者考证，早在 1858 年清

---

❶ ［日］田村善之：《日本知识产权法》（第 4 版），周超等译，知识产权出版社 2011 年版，第 308 页。

❷ ［德］乌尔里希·马格努斯主编：《侵权法的统一》，谢鸿飞译，法律出版社 2009 年版，第 80 页。

❸ *Spring Form Inc v Toy Brokers Ltd* ［2002］F. S. R.17, ［7］.

算侵权获利即被适用于专利侵权案件。❶ 衡平法上清算利润救济的适用，不以权利人因侵权行为而受有损失为要件，但是要求侵权人在主观上存在故意。❷ 这一点与损害赔偿以权利人损失的存在和侵权人在主观上须具有过错的要求是不同的。此外，由于清算利润作为一种起源于衡平法上的救济，在早期陪审团无权做出清算利润的判决。❸ 因为衡平法是一种完全由法官创造的法。普通法与衡平法融合之后，普通法系的法院开始承认陪审团有权做出清算利润的判决。在 Dairy Queen，Inc. v. Wood. 案中，美国最高法院肯定了商标侵权案件中陪审团做出清算利润救济的合法性。❹

受衡平法上清算利润救济的影响，英美法系在普通法上逐渐承认了一种特殊的返还性损害赔偿（restitutionary damage）救济。❺ 与补偿性损害赔偿不同，返还性损害赔偿的功能并非为了填补损害，而是与衡平法上的清算利润类似，注重权利人和侵权人之间的利益分配。❻ 因此，返还性损害赔偿可以被看作清算利润在普通法上的替代物。二者的界限在普通法和衡平法融合之后变得模糊不清，支付侵权获利既可以被看作清算利润，亦可以被看作返还性损害赔偿。❼

当然，在现代英美法上，还有一种观点主张支付侵权获利的请求权基础应当是不当得利（unjust enrichment）。❽ 这是一种从实体法的层面说明支付侵权获利法律属性的尝试。2016 年《美国商业秘密保护法》即直接将商业秘密侵权中支付侵权获利的基础建立在不当得利之上。然而英

---

❶ Gregory C. Ludlow, & Anne M. Godbout, *Recent Developments in Canadian Law: Survey of Intellectual Property*, part Ⅳ – *Patent*, 30 Ottawa L. Rev. 531, 531–534（1998）.

❷ 关于支付侵权获利的适用条件，参见本章第二节。

❸ *Bailey v. Taylor*, 1 Russ. & My. 75（1829）；*George Basch Co., Inc. v. Blue Coral, Inc.*, 968 F. 2d 1532, 1538（2d Cir. 1992）.

❹ *Dairy Queen, Inc. v. Wood*, 369 U. S. 469, 479（1962）.

❺ David A. Thomas & Harvey McGregor, *McGregor on Damages* 12–001（18th ed., 2009）.

❻ Id., 12–006.

❼ Peter Birk, *An Introduction to the law of Restitution* 316（1985）.

❽ J. Beatson, *The Use and Abuse of Unjust Enrichment* 25–28（1991）.

美法系作为实体法律制度的不当得利的发展只是 20 世纪以来的事情。将支付侵权获利的实体法基础确定为不当得利并不能说明该种救济的历史渊源。此外需要注意的是，英美法系不当得利的概念与传统大陆法系存在较大区别，应当警惕那种不加区别地以英美法的观念主张将支付侵权获利建立在不当得利基础之上的观点。

（二）制定法上的规定

除了在商标和商业秘密这些仍然承认普通法为其法律渊源的领域仍然有必要对支付侵权获利的救济基础进行讨论以外，在英美法系的现代知识产权法中，支付侵权获利已经被作为一种与损害赔偿相并列的金钱救济方式被规定在制定法之中。❶《美国专利法》即明确规定外观设计专利权人在侵权案件中有权主张支付侵权获利。❷

作为一种独立于补偿性损害赔偿的制度，支付侵权获利的适用并不以实际损失的存在为前提。即使权利人并无利润损失可言，亦可以主张侵权人支付侵权获利。以《美国商标法》中支付侵权获利救济的适用为例，❸ 美国法院在司法实践中明确指出，即使因双方当事人之间不存在竞争关系而无法证明侵权行为给权利人带来实际损失，商标所有人仍然可以主张支付侵权获利。❹ 但是，在商标所有人与被控侵权人之间存在竞争关系时，商标所有人不得同时主张赔偿实际损失和支付侵权获利，以避免出现双重赔偿问题。正是在这个意义上，只有在同时存在实际损失和侵权获利的情形下，支付侵权获利才可以被看作是实际损失的替代计算方式。❺

为了避免双重赔偿的问题，《美国版权法》甚至明确规定，版权人

---

❶ 按照《英国专利法》的规定，专利权人只能在赔偿实际损失和支付侵权获利二者之间选择其一。《英国专利法》第 61 条（2）款。

❷《美国专利法》第 289 条。

❸《美国商标法》第 35 条（a）款。

❹ *International Star Class Yacht Racing Ass'n v. Tommy Hilfiger*, *U. S. A.*, *Inc.*, 80 F. 3d 749, 753（2d Cir.1996）.

❺ J.Thomas McCarthy, *McCarthy on Trademarks and Unfair Competition* § 30：59（database updated 2014）.

在赔偿实际损失之外，仅可以主张侵权人支付尚未计算于实际损失中的部分侵权获利。❶ 也就是说，只有在侵权获利多于版权人实际损失的情形下，版权人才可以主张侵权人支付该部分多于实际损失数额的侵权获利。❷

三、支付侵权获利的制度价值

支付侵权获利在制度上具有多重价值，"同时考虑到损害法、不当得利法和事务管理法上的价值，又不完全独立于其中任何一个"，❸ 在特定的案件中不同的价值之间又可能存在某种重合关系。❹

（一）补偿实际损失

支付侵权获利首先可以被看作一种实际损失的替代计算方式。以侵权获利计算知识产权权利人实际损失的基本假定在于二者具有对应关系，即侵权获利等于侵权行为不发生时权利人应当获得的利润。❺尤其是在当事人之间存在竞争关系的情形下，上述假定更加具有说服力。❻ 因为此时可以假定每件侵权产品的销售均对应于知识产权权利人产品销量的减少，且被控侵权人的获利等于知识产权权利人的应得获利。相对于主张赔偿实际利润损失而言，允许知识产权权利人主张支付侵权获利的好处在于免除了其就侵权行为与知识产权权利人产品销量的减少之间因果关系的证明责任。当然，在确定侵权获利数额的过程中仍然需要讨论侵权人获利与利用知识产权之间的因果关系，这又涉及分摊的问题。从这个意义上讲，支付侵权获利简化了知识产权侵权损害赔偿数额的计算方法。

---

❶ 《美国版权法》第 504 条（b）款。

❷ 在 Taylor v. Meirick 案中，美国第七上诉巡回法院指出，版权人负有证明侵权获利高于实际损失的责任。在该案中，侵权获利是远远低于实际损失，因此版权人也就无法主张支付侵权获利。*Taylor v. Meirick*，712 F. 2d 1112，1120（7th Cir.1983）。

❸ ［德］鲁道夫·克拉瑟：《专利法——德国专利和实用新型法、欧洲和国际专利法》，单晓光等译，知识产权出版社 2016 年版，第 1068 页。

❹❺ Restatement（Third）of Unfair Competition § 37，comment b（1995）.

❻ *Polo Fashions*，*Inc. v. Craftex*，*Inc.*，816 F. 2d 145，149（4th Cir.1987）.

将侵权获利推定为知识产权权利人的利润损失的做法具有明显的过度拟制的缺陷。在实践中，知识产权权利人与侵权人利用知识产权的获利情况往往受到多方面因素的影响，二者之间很难具有严格的对应关系。❶ 支付侵权获利虽然在因果关系方面简化了知识产权权利人主张损害赔偿的难度，但是权利人的利润损失与侵权获利之间并不存在必然的联系。❷ 在市场条件下，知识产权往往体现在具体的产品之中，知识产权侵权而获得的利润难以从中分离，由于产品、经营策略等方面的差异，没有理由相信每件侵权产品均会导致原告的销量损失，亦没有理由相信侵权产品的边际利润与知识产权权利人产品的边际利润相等。❸ 如果侵权产品的销售价格远远低于知识产权权利人的产品，那么侵权获利可能会低于知识产权权利人所遭受的实际损失，以侵权获利推定实际损失面临着能否实现充分补偿实际损失的目的的疑问。相反，如果侵权人是一个比知识产权权利人更有效率的生产者，侵权获利很可能多于知识产权权利人的实际损失。此时仍然以侵权获利计算损害赔偿数额无疑会导致在实际损失之外为知识产权权利人带来额外的收益，❹ 导致过度赔偿问题的出现。这样一来，支付侵权获利的正当性就无法通过充分补偿知识产权权利人实际损失来加以证明。

（二）遏制侵权发生

与赔偿实际损失过程中关注知识产权权利人侵权行为发生前后的利润变化状况不同，支付侵权获利适用的最为直接的后果是使侵权人回复到侵权没有发生时的地位。❺ 换言之，支付侵权获利并不关注知识产权

❶　William F.Patry, *Patry on Copyright* § 22：127（database updated 2015）.

❷　[德] 鲁道夫·克拉瑟：《专利法——德国专利和实用新型法、欧洲和国际专利法》，单晓光等译，知识产权出版社 2016 年版，第 1067 页。

❸　Restatement（Third）of Unfair Competition § 37, comment b（1995）.

❹　*Taylor v.Meirick*, 712 F. 2d 1112, 1120（7th Cir.1983）.

❺　[美] 彼得·凯恩：《侵权法解剖》，汪志刚译，北京大学出版社 2010 年版，第126 页。

侵权行为所破坏的价值，而是关注侵权行为所创造的价值。❶ 通过对侵权获利的重新分配使知识产权侵权行为变得无利可图，向社会宣示知识产权作为一种法定排他权的效力，未经权利人同意的情况下他人不得利用知识产权获取利润。❷ 从实际效果来看，支付侵权获利救济的适用可以促使潜在的侵权者通过与知识产权权利人进行谈判以获得许可的方式利用知识产权以保障其能够因此而获利，而不是越过与知识产权权利人进行市场交易而直接从事侵权行为。❸ 这样一来，支付侵权获利的适用便可以有效地遏制侵权行为的发生。而有效遏制侵权行为的发生，可以保障知识产权权利人的获利、优化创新环境、保障知识产权法促进创新政策目标的实现。

在英美法系，作为一种独立于赔偿实际损失的金钱救济形式的支付侵权获利，通常会被赋予一种不同于补偿性损害赔偿的遏制功能。在 Sennp v. United States 案中，美国最高法院即明确指出，支付侵权获利是一种具有威慑功能的金钱救济方式。❹ 在大陆法系，在损害赔偿之外对支付侵权获利请求权基础的追寻亦体现了对该种金钱救济功能的不同认识。❺ 支付侵权获利即使在立法上被作为一种损害赔偿数额的替代计算方法，其遏制侵权功能亦逐渐受到重视。

第二节　支付侵权获利的适用

对于支付侵权获利法律属性的不同认识，导致各个国家和地区在支

---

❶ Thomas Dreier, "How Much 'Property' is there in Intellectual Property? The German Civil Law Perspective", in *Concepts of Property in Intellectual Property Law* 116, 129 (Helena R. Howe & Jonathan Griffiths ed., 2013).

❷ *Walker v. Forbes, Inc.*, 28 F. 3d 409, 412 (4th Cir. 1994).

❸ *Taylor v. Meirick*, 712 F. 2d 1112, 1120 (7th Cir. 1983).

❹ *Sennp v. United States*, 444 U. S. 507, 514 (1980).

❺ 张鹏："日本专利侵权损害赔偿计算的理念与制度"，载《日本问题研究》2017 年第 5 期。我国学者亦主张支付侵权利润为一种独立类型的损害赔偿请求权。朱岩："'利润剥夺'的请求权基础——兼评《中华人民共和国侵权责任法》第 20 条"，载《法商研究》2011 年第 3 期。

付侵权获利的适用范围、适用条件和适用方法等方面存在不同做法。

一、适用范围

TRIPs 协议明确要求成员国授予知识产权权利人支付侵权获利的救济。[1] 从比较法的角度来看，支付侵权获利广泛地适用于知识产权的各个领域之中。如前文所述，在德国和日本，各知识产权单行法均将支付侵权获利作为知识产权侵权中实际损失的替代计算方式加以规定。

目前唯一没有在知识产权全部类型中授予支付侵权获利救济的是美国。[2] 在美国，支付侵权获利存在于版权、商标、外观设计等领域，但是专利侵权损害赔偿救济中则不适用支付侵权获利。美国专利侵权损害赔偿中支付侵权获利的适用经历了一个演变过程。早在 1819 年，美国国会即赋予了联邦法院受理衡平法诉讼的权力，借此在专利侵权案件中可以适用衡平法上的清算利润救济。[3] 1870 年《美国专利法》修改后则明确将支付侵权获利纳入专利侵权的金钱救济之中。[4] 随后，美国法院就支付侵权获利问题发展出了丰富的判例。然而，1946 年《美国专利法》的修改则取消了关于支付侵权获利的规定。此后关于专利侵权中能否再适用支付侵权获利产生了争议。美国最高法院给出了最终的解释，指出制定法取消支付侵权获利的规定意味着已经明确地排除了支付侵权获利在专利侵权金钱救济中的适用。[5] 令人遗憾的是，美国国会在修法时并没有给出废除支付侵权获利的原因，这给学术界带来很大困扰。[6] 有的

---

[1]　TRIPs 协议第 45 条第 2 款。

[2]　在历史上，1919 年的《英国专利和设计法》曾经放弃过支付侵权获利这种金钱救济形式。1949 年《英国专利法》则重新将支付侵权获利作为专利侵权的救济手段加以规定。1977 年《英国专利法》仍然沿用了这一模式，规定专利权人可以在赔偿实际损失和支付侵权获利两种救济中进行选择，但是不能同时主张。

[3]　*Stevens v. Gladding*, 58 U.S. (17 How.) 447, 455, 15 L. Ed. 155 (1854).

[4]　Patent Act of 1870 (the U.S.), 16 Stat. 201.

[5]　*Aro Manufacturing Co. v. Conertible Top Replacement Co.*, 377 U.S. 476 (1964).

[6]　Roger D. Blair & Thomas F. Cotter, *Intellectual Property, Economic and Legal Dimensions of Rights and Remedies* 74 (2005).

学者解释道，取消支付侵权获利这一救济系出于就侵权获利中对专利权所做贡献进行分摊的困难性的考虑；另一种观点则认为，与版权侵权和商标侵权不同，在实践中专利侵权诉讼在很多情况下均是对独立的发明人而非恶意的复制者提出的，支付侵权获利在某种程度上体现了对侵权行为的否定，对于独立发明人来进行适用显然并不合适。❶

二、适用条件

在支付侵权获利的适用条件方面，作为实际损失替代方式的支付侵权获利的适用在主观心态上须与损害赔偿请求权保持一致，同时以实际损失的存在为前提；作为独立的金钱救济手段的支付侵权获利，其适用则受损害赔偿请求权适用条件的限制。

（一）主观心态

TRIPs 协议规定，即使侵权人并非明知或者有理由知道其从事的为侵权行为，成员国亦可以通过立法规定适用支付侵权获利这一金钱救济方式。❷《欧洲知识产权执法指令》中亦有类似规定。❸ 所谓明知，是指被控侵权人在主观上已经知晓他人侵权行为存在的一种主观状态；而有理由知道则属于一种推定的知道，即根据一定的事实，以一个具有平均智力水平的理性人的标准来看，其完全能够认识到侵权行为的存在。❹如果说明知是一种纯粹的主观标准的话，有理由知道则在认定行为人主观状态的过程中引入了一种客观标准。❺ 由于上述规定并非强制性规定，各个国家和地区基于对支付侵权获利法律属性的不同认识，在主观心态

---

❶ Christopher A. Cotropia & Mark L. Lemley, *Copying in Patent Law*, 87 N. C. L. Rev. 1421（2009）.

❷ TRIPs 协议第 45 条第 2 款。

❸《欧盟知识产权执法指令》第 13 条第 2 款。

❹ Restatement（Second）of Torts § 12（1965）.

❺ Sverker K. Högberg, *The Search for Intent-Based Doctrines of Secondary Liability in Copyright Law*, 106 Colum. L. Rev. 909, 927（2006）.

要件上存在不同的做法。❶

　　在大陆法系，由于支付侵权获利通常被作为损害赔偿的替代计算方法，其适用在侵权人的主观状况方面并不存在特殊规定。一般来讲，知识产权侵权损害赔偿以被控侵权人在主观上有过错为要件，因此支付侵权获利亦要求行为人在主观上具有过错，既可以是故意也可以是过失。

　　在普通法系，由于清算获利为起源于衡平法的金钱救济形式，其适用通常以被控侵权人在主观上存在故意为要件。❷ 但是，由于支付侵权获利已经被明确规定在各知识产权单行法中，对其适用的主观要件的讨论还需要结合制定法的规定来进行。以美国商标侵权的司法实践为例，由于美国最高法院对支付侵权获利的主观要件问题没有发表意见，各联邦上诉巡回法院的观点也不尽相同：有些法院从该救济的衡平法渊源出发，坚持侵权故意是支付侵权获利的必要条件；❸ 而大多数法院认为，侵权故意非支付侵权获利适用的必备条件，至多仅是适用支付侵权获利时的一个考量因素。❹ 在 1999 年《美国商标法》修改之后，商标侵权损

---

　　❶　例如，《英国专利法》即没有采取上述规定，仍然规定侵权人在侵权行为发生时并不知道或者没有合理理由怀疑涉案专利存在的，专利权人无权主张支付侵权获利。《英国专利法》第 62 条（1）款。

　　❷　Restatement（Third）of Unfair Competition § 37（1）（a）（1995）.

　　❸　*Tamko Roofing Products*，*Inc. v. Ideal Roofing Co.*，*Ltd.*，282 F. 3d 23，36 n. 11（1st Cir. 2002）；*George Basch Co.*，*Inc. v. Blue Coral*，*Inc.*，968 F. 2d 1532，1540 - 1541（2d Cir. 1992）；*Adray v. Adry-Mart*，*Inc.*，76 F. 3d 984，988（9th Cir. 1995）；*Bishop v. Equinox Intern. Corp.*，154 F. 3d 1220，1223（10th Cir. 1998）.

　　❹　J. Thomas McCarthy，*McCarthy on Trademarks and Unfair Competition* § 30：62（database updated 2014）. *Banjo Buddies*，*Inc. v. Renosky*，399 F. 3d 168（3d Cir. 2005）；*Quick Technologies*，*Inc. v. Sage Group PLC*，313 F. 3d 338，348 - 349（5th Cir. 2002）；*Roulo v. Russ Berrie & Co.*，*Inc.*，886 F. 2d 931，941，（7th Cir. 1989）；*Burger King Corp. v. Mason*，855 F. 2d 779，783（11th Cir. 1988）；*ALPO Petfoods*，*Inc. v. Ralston Purina Co.*，913 F. 2d 958，968（D. C. Cir. 1990）. 在 Pebble Beach Co. v. Tour 18 I Ltd. 案中，美国第五上诉巡回法院列举了商标侵权案件中授予支付侵权获利救济应当考量的主要因素，包括被告出否出于故意去造成混淆或者欺诈、商标所有人的销量是否被侵权人抢占、其他救济手段的充分性、商标所有人是否怠于主张权利、剥夺违法行为利润涉及的公共利益以及是否属于仿冒案件。*Pebble Beach Co. v. Tour 18 I Ltd.*，155 F. 3d 526，554（5th Cir. 1998）。

害赔偿中的故意因素被从立法条文中删除,❶ 似乎意味着支付侵权获利的适用不再要求侵权人在主观上存在故意,更多的法院亦倾向于采取该种观点。例外则是美国第二上诉巡回法院,该法院坚持认为《美国商标法》的修改并不涉及侵权故意是否为支付侵权获利的前提问题,据此仍然坚持将侵权故意作为支付侵权获利的主观要件。❷ 也就是说,只有侵权人意图从商标所有人的商誉或者声誉中获利时,才能够认定其存在侵权的故意,商标所有人才有权主张支付侵权获利的金钱救济。

(二) 实际损失

除主观要件方面的区别以外,两大法系关于支付侵权获利的适用是否以知识产权权利人受到实际损失为前提的问题亦存在分歧。

如前文所述,将支付侵权获利作为实际损失计算的替代方法,其前提假设在于知识产权权利人的利润损失与侵权获利之间具有对应关系。但是,知识产权侵权是一种典型的获利型侵权,在某些情况下,侵权行为并不一定会给权利人造成利润损失。例如在侵犯作品翻译权的案件中,由于原作所处市场与译作所处市场不同,侵权作品的发行通常不会影响原作的市场销量。也就是说,在侵权人与知识产权权利人之间不存在直接竞争关系时,由于知识产权产品与侵权产品之间并不具有替代性,销售利润损失并不存在,❸ 显然不能将侵权获利推定为知识产权权利人的利润损失。在日本专利损害赔偿的司法实践中,如果专利权人与侵权人从事完全不同行业时,法院往往拒绝适用侵权获利推定实际损失。例如,在专利间接侵权案件中,间接侵权产品与专利产品通常并不具有直接的竞争关系,此时日本法院通常拒绝适用侵权获利推定专利权人的销售利润损失。❹ 可见,在大陆法系将支付侵权获利作为实际损失

---

❶ 《美国商标法》第 35 条。
❷ *Romag Fasteners, Inc. v. Fossil, Inc.*, 817 F. 3d 782, 791 (Fed.Cir.2016).
❸ 关于销售利润损失存在的证明问题,参见本书第二章第三节。
❹ [日] 曾井和夫、田村善之:《日本专利案例指南》,李扬等译,知识产权出版社 2016 年版,第 406 页。

替代计算方法的模式下，实际损失的存在是适用该推定的前提条件。上述规则应当同样适用于我国。以专利侵权为例，在实际损失尚未出现的情形中，例如专利权人尚未实施专利、专利产品尚处于市场增长期，侵权产品的出现尚未影响其获利情况等，不应适用支付侵权获利。❶

　　在普通法系，由于支付侵权获利被作为一种独立的金钱救济形式，其适用通常不以实际损失的存在为前提。按照美国商标法上的传统观点，实际损失不存在或者实际损失不能证明时，不能适用支付侵权获利。❷ 目前，在美国商标侵权的司法实践的主流意见则转向即使商标所有人未能证明实际损失或者实际混淆的存在，亦有权主张支付侵权获利。❸ 在 Monsanto Chemical Co. v. Perfect Fit Products Mfg. Co. 案中，美国第二上诉巡回法院指出，当商标被看作是一种财产的时候，侵权人使用这种财产所获得的利润应当支付给商标所有人，即使当事人之间并不存在直接的竞争关系。❹ 既然支付侵权获利不以知识产权权利人受到实际损失为前提，知识产权权利人与被控侵权人是否处于同一市场则是不相关的问题。在 Maier Brewing Co. v. Fleischmann Distilling Corp. 案中，美国第九上诉巡回法院强调，仅仅将支付侵权获利作为销量损失的计算方法不足以保护商标，在当事人之间不存在竞争关系的案件中，支付侵权获利的适用可以消除侵权动机，达到遏制侵权的效果，在保护了商标中蕴

---

❶　尹新天：《中国专利法详解》，知识产权出版社 2012 年版，第 734 页。

❷　*Durable Toy & Novelty Corp. v. J. Chein & Co.*，133 F. 2d 853（2d Cir. 1943），cert. denied，320 U. S. 211（1943）；*Monsanto Chemical Co. v. Perfect Fit Products Mfg. Co.*，349 F. 2d 389（2d Cir. 1965），cert. denied，383 U. S. 942（1966）；*Big O Tire Dealers，Inc. v. Goodyear Tire & Rubber Co.*，408 F. Supp. 1219（D. Colo. 1976），modified，561 F. 2d 1365（10th Cir. 1977），cert. 434 U. S. 1052（1978）.

❸　*Williamson-Dickie Mfg. Co. v. Davis Mfg. Co.*，251 F. 2d 924，927（3d Cir. 1958）；*Wynn Oil Co. v. American Way Service Corp.*，943 F. 2d 595（6th Cir. 1991）；*Web Printing Controls Co.，Inc. v. Oxy-Dry Corp.*，906 F. 2d 1202，1205（7th Cir. 1990）；*Masters v. UHS of Delaware，Inc.*，631 F. 3d 464，473 - 474（8th Cir. 2011）；*Gracie v. Gracie*，217 F. 3d 1060，1068（9th Cir. 2000）；*Burger King Corp. v. Mason*，855 F. 2d 779，781（11th Cir. 1988）.

❹　*Monsanto Chemical Co. v. Perfect Fit Products Mfg. Co.*，349 F. 2d 389（2d Cir. 1965）.

含的无形价值的同时，也保护了消费公众的利益。❶

（三）因果关系

支付侵权获利的适用，免除了对侵权行为与知识产权权利人利润损失之间因果关系的证明。而是代之以对侵权行为与侵权获利之间因果关系的讨论。不论是将支付侵权获利作为实际损失的替代计算方式，还是作为独立的金钱救济形式，均需考虑因果关系这一要件。侵权获利是因侵犯权利人的知识产权专有权利所获得的利润，对因其他因素形成的利润应当从侵权人整体获利中予以剔除。❷ 应当防止将支付侵权利润扩张至非侵权因素为被控侵权人带来的那部分利润。在损害赔偿的视阈下，向知识产权权利人支付侵权利润的目的在于补偿侵权行为给权利人带来的损失，而不是通过将无法归因于侵权行为而获得的利润归于权利人从而对侵权人进行惩罚。❸ 在遏制侵权发生的论题下，亦需要将支付侵权获利限定于被控侵权人因侵权行为而获得的那部分利润，以防止过度遏制的发生。而对于支付侵权利润范围的控制，主要是通过因果关系的认定来完成的。

然而在实践中，证明侵权获利与侵权行为之间的因果关系存在较大的困难。首先，影响被控侵权人获利的因素往往并不仅仅限于涉案知识产权，还可能包含其他知识产权或者非知识产权因素。如何在众多因素中将知识产权这一因素及其对被控侵权人获利的影响剥离出来，同样面临分摊的难题。❹ 其次，能够证明侵权获利的相关账簿由被控侵权人所控制，知识产权权利人并不掌握被控侵权人的侵权获利情况，给知识产权权利人主张支付侵权获利带来了实际困难。上述障碍的存在，导致在将损害赔偿数额证明责任完全分配给知识产权权利人的情况下支付侵权

---

❶ *Maier Brewing Co.v.Fleischmann Distilling Corp.*，390 F. 2d 117（9th Cir.1968），cert.denied，391 U. S.966（1968）.

❷《重庆市高级人民法院关于确定知识产权侵权损害赔偿数额若干问题的指导意见》第7条第1款。

❸ *Sheldon v.Metro-Goldwyn Pictures Corporation*，309 U. S.390，399（1940）.

❹ H. R.Rep.No.94-1476，at 161.

获利救济很难得到适用。例如，在英国，自支付侵权获利被引入专利侵权案件的 100 余年以来，直至在 1998 年的 Celanese Int'l Corp.v.BP Chemical Ltd 案才真正得以适用；❶ 在澳大利亚和加拿大，适用支付侵权获利的专利案件亦十分少见。❷ 类似的，我国现行法律虽然将支付侵权获利作为实际损失的替代计算方式加以规定，但是并未对支付侵权获利的证明责任做特殊规定，知识产权权利人仍然负有证明获利与侵权行为之间存在因果关系的证明责任。❸ 为了缓解支付侵权获利的适用难度，需要在证明责任和证据规则方面设置一些特殊的规则。

三、适用方法

为了缓解支付侵权获利的适用难度，在比较法上各个国家和地区在证明责任和证据规则方面做出了有利于知识产权权利人的规定。

（一）推定因果关系

在侵权利润的分摊方面，美国知识产权侵权损害赔偿的立法和司法实践采取的基本态度与利润损失中的利润分摊完全不同。如前文所述，近年来随着多元件产品专利侵权案件的出现，美国法院开始在实际损失的计算中强调分摊的重要性，并将分摊的证明责任分配给知识产权权利人。❹ 而对于支付侵权获利，则推定侵权产品的毛利润与侵权行为之间具有因果关系，即推定侵权人的全部获利均是由于侵权行为引起的，❺ 仅将证明侵权产品毛利润的责任分配给知识产权权利人，由被控侵权人负责证明侵权产品毛利润中并非由侵权行为引起的利润以及应予扣除的费用和成本，以推翻上述推定并将不属于侵权获利的部分从侵权产品的毛利润中予以扣除。在司法实践中，我国亦有法院主张在知识产权权利人证明了侵权行为所得的，但是被控侵权人不能证明其成本、必要费用

---

❶　*Celanese Int'l Corp.v.BP Chemical Ltd*，［1999］R. P. C.203（Pat.Ct.）.

❷　Thomas F.Cotter，*Comparative Patent Remedies：A Legal and Economic Analysis* 198（2013）.

❸　尹新天：《中国专利法详解》，知识产权出版社 2012 年版，第 734 页。

❹　关于利润损失中分摊原则的适用，参见本书第二章第五节。

❺　*Mishawaka Rubber & Woolen Mfg.Co.v.S.S.Kresge Co.*，316 U. S.203（1942）.

或者其他利润形成因素的，其因侵权行为所得的全部收入即可以视为侵权获利。❶

按照《美国版权法》的规定，版权人负有证明可归因于侵权行为的毛利润的责任，而被诉侵权人负有证明毛利润中哪些部分并未由侵权行为所引起的责任。❷ 按照《美国商标法》的规定，商标所有人仅需证明被控侵权人的销售额，被控侵权人负责证明所有应当扣除的成本等。❸ 在 Balsely v. LFP，Inc. 案中，美国第六上诉巡回法院明确指出，知识产权权利仅须承担毛利润与侵权行为之间存在一种合理的关联的初步证明责任，被控侵权人则要承担将利润与成本和其他带来利润的因素进行区分的责任。❹ 也就是说，知识产权权利人仅负有证明侵权人的毛利润与侵权行为之间存在合理的关联即可以推定毛利润与侵权行为之间存在因果关系。❺

类似的，虽然《日本专利法》中并没有对支付侵权获利的证明责任进行分配，但是在日本专利侵权损害赔偿的司法实践中则采纳了美国法上的做法，即仅仅要求专利权人证明被控侵权人的毛利润，由被控侵权人负责证明应予扣除的非涉案专利带来的部分利润和成本。❻

将利润分摊的证明责任分配给被控侵权人，推定因果关系存在的合理性在于：第一，侵权获利状况由被控侵权所掌控，知识产权权利人难以提出相关证据加以证明;❼ 第二，从有效遏制侵权行为发生的角度来

---

❶ 《重庆市高级人民法院关于确定知识产权侵权损害赔偿数额若干问题的指导意见》第 7 条第 2 款。

❷ 《美国版权法》第 504 条 （b） 款。

❸ 《美国商标法》第 35 条 （a） 款。

❹ *Balsely v. LFP*，*Inc.*，691 F. 3d 747，768 （6th Cir.2012）.

❺ 作为一个例外，在 Nelson-Salabes，Inc. v. Morningside Development，LLC 案中，美国第四上诉巡回法院则主张直接推定侵权人的毛利润与侵权行为之间存在因果关系。*Nelson-Salabes*，*Inc. v. Morningside Development*，*LLC*，284 F. 3d 505，512 （4th Cir.2002）.

❻ 张鹏："日本专利侵权损害赔偿数额计算的理念与制度"，载《日本问题研究》2017 年第 5 期。

❼ *Hamilton-Brown Shoe Co. v. Wolf Bros. & Co.*，240 U. S.251 （1916）.

看，被控侵权人不应获得任何由于其侵权行为的不确定性所带来的利益，❶ 应当由其承担分摊不能导致的不利后果。❷ 尤其是，在某些情形下，侵权行为不但能够使得被控侵权人获得比侵权发生前更高额的利润，还可能使得被控侵权人节省大量发展成本，在被控侵权人无法证明应当扣除的部分时推定知识产权权利人关于被控侵权人毛利润的主张，可以适当涵盖节省的成本，从而更好地达到遏制侵权发生的效果。❸

（二）文件提供命令与证明妨害

知识产权权利人主张适用支付侵权获利的另一困难在于侵权获利润的详细数据系由被控侵权人所掌握，知识产权权利人无法获得。从司法技术的角度来看，为了简化制度侵权获利的适用，各个国家和地区往往会根据知识产权权利人的请求发出文件提供命令。对于拒不执行文件提供命令的被控侵权人，适用证明妨害规则，推定知识产权权利人的主张成立。

所谓证明妨害，是指"不负证明责任的一方当事人，基于故意或过失，以作为或不作为，妨害负证明责任的当事人之证明使得其对要证事实之证明陷于不能，该妨害证明之人将被课以一定的不利益之法理"。❹ 在美国的证据开示制度下，对不服从法院证据开示命令的，根据对方当事人的申请，法院可以认定当事人所主张的事实为真实，而不必经过法官和陪审团面前的证明。❺ 根据《日本民事诉讼法》的规定，当事人不服从文件提供命令时，法院可以认定对方当事人所主张的关于该文书的记载为真实；以妨碍对方当事人使用为目的，毁灭有提出义务的文书或以其他方法使之不能使用时，法院可以认为相对方关于该文书的主张为真实。❻ 在我国司法实践中，法院亦承认在有证据证明一方当事人持有

---

❶ William F.Patry, *Patry on Copyright* § 22. 121（database updated 2015）.

❷ *Truck Equipment Service Co. v. Fruehauf Corp.*, 536 F. 2d 1210（8th Cir.1976）, cert.denied, 429 U. S.861（1976）.

❸ *Johnson v.Jones*, 149 F. 3d 494, 506（6th Cir.1998）. 关于间接侵权获利的认定，参见本章第四节。

❹ 占善刚："证明妨害论——以德国法为中心的考察"，载《中国法学》2010年第3期。

❺ 《美国联邦法院民事诉讼规则》第37条第2款（2）项（A）。

❻ 《日本民事诉讼法》第224条。

证据无正当理由拒不提供的场合，如果对方当事人主张该证据的内容不利于证据的持有人，可以推定该主张成立。❶

具体到知识产权侵权案件中支付侵权获利的适用上，知识产权权利人可以向法院申请发出文件提供命令，要求被控侵权人提供关于侵权获利的账目等文件。例如，《日本专利法》明确规定，在专利侵权诉讼中，为了对侵权行为进行举证或者为了计算侵权行为所造成的损害，法院依当事人的申请有权命令当事人提供必要的文件；文件持有人有正当理由拒绝提出时，不在此限。❷

我国《商标法》亦引入了文件提供命令与证明妨害规则。该法明确规定，在商标所有人已经尽力举证，法院可以责令侵权人提供与侵权行为相关的账簿、资料；侵权人不提供或者提供虚假的账簿、资料的，法院可以参考权利人的主张和提供的证据判定赔偿数额。❸ 在专利侵权案件的司法实践中，亦引入了类似的文件提供命令和证明妨害规则。在专利权人已经提供侵权获利的初步证据的情况下，法院可以责令侵权人提供与专利侵权行为相关的账簿、资料；侵权人无正当理由拒不提供或者提供虚假的账簿、资料的，法院可以根据权利人的主张和提供的证据认定侵权人因侵权所获得的利益。❹

第三节　侵权获利的计算

一、侵权获利的范围

（一）利润的基本概念

侵权获利数额的确定，是要计算被控侵权人因使用涉案知识产权而

---

❶ 《最高人民法院关于民事诉讼证据的若干规定》第 75 条。
❷ 《日本专利法》第 105 条。
❸ 《商标法》第 63 条第 2 款。
❹ 《最高人民法院关于审理侵犯专利权纠纷案件应用法律若干问题的解释（二）》第 27 条。

获得的那部分利润。关于支付侵权获利中利润的概念，各个国家和地区的立法中均未予以界定。侵权获利数额的计算需要借助会计学上的相关概念。从会计学的角度来讲，所谓利润是指企业在一定会计期间的经营成果，包括收入减去费用后的净额、直接计入当期利润的所得和损失等。❶ 从本质上讲，利润就是超过成本的那部分收入，因此利润的基本计算方法就是收入扣除成本。在实践中存在着毛利润、净利润等不同的概念，这些概念之间的区别在于扣除成本的具体范围不同。一般来讲，毛利润是指产品价格扣除产品生产成本之后的余额。净利润则是指在毛利润的基础上扣除间接成本和所得税之后的余额。

如前文所述，在美国和日本等国家和地区，知识产权权利人在主张支付侵权获利的计算起点通常是被控侵权人的毛利润。被控侵权人则负责证明其中应予扣除的不属于涉案知识产权带来的部分利润以及应予扣除的部分成本。在因果关系的引导下，通常要求考察相应的成本是否为实施侵权行为所专门支出，以此来决定是否应当从被控侵权人的毛利润中予以扣除。扣除该部分成本后的侵权获利数额通常要高于净利润。❷

在我国知识产权侵权损害赔偿的司法实践中，已经有法院采用了上述做法，主张侵权人不能证明其成本、必要费用或其他利润形成因素的，因侵权行为所得的收入即为侵权获利。❸ 但是大部分法院则没有采取上述思路，而是通过对不同利润标准的选择来调节支付侵权获利救济的具体数额，以适用于不同的案件、体现对于不同案件的司法政策导向。例如，根据最高人民法院的司法解释，在专利侵权损害赔偿救济中，侵权获利一般按照侵权人的营业利润计算；对于完全以侵权为业的侵权人，则可以按照销售利润计算侵权获利；❹ 以此类推，对于侵权情

---

❶ 《企业会计准则——基本准则》第 37 条。

❷ 张鹏："日本专利侵权损害赔偿数额计算的理念与制度"，载《日本问题研究》2017年第 5 期。

❸ 《重庆市高级人民法院关于确定知识产权侵权损害赔偿数额若干问题的指导意见》第 7条第 2 款。

❹ 《最高人民法院关于专利纠纷案件适用法律问题的若干规定》第 20 条第 3 款。

节轻微的案件，有的法院则允许以净利润计算侵权获利。❶ 上述做法的主要问题在于，可能对知识产权权利人课以较高的证明责任，亦没有能够从侵权行为与获利之间的因果关系出发考虑问题，无法有效防止遏制过度或者遏制不足的出现。

（二）节省的成本和间接利润

关于侵权获利范围的另一个问题在于，侵权获利是否应当包括因侵权行为而使被控侵权人节省的成本以及由于侵权行为带来的非侵权产品的获利。

在美国版权法的司法实践中，存在一种肯定被控侵权人因侵权行为而节省的成本亦构成侵权获利的观点。在 Deltak，Inc. v. Advanced Systems，Inc. 案中，美国第七上诉巡回法院认为版权侵权中的侵权获利可以表现为涉案作品对于被控侵权人的使用价值，体现为侵权人通过侵权行为而非通过获得授权而节省的购置成本。❷ 这种将节省的成本作为侵权获利的观点遭到强烈批评。在 Business Trends Analysts，Inc. v. Freedonia Group，Inc. 案中，美国第二上诉巡回法院认为，尽管侵权人利用涉案版权节省的成本可以被看作一种获利的表现，但是其并非《美国版权法》所规定的侵权获利，因为侵权获利是建立在侵权人毛利润的基础之上的。❸ 侵权人使用涉案知识产权所节省的成本实际上可以以合理许可费来解释其基本属性，但是正如前文所述，合理许可费在本质上

---

❶ 《北京市高级人民法院关于确定著作权侵权损害赔偿责任的指导意见》第 8 条。

❷ *Deltak，Inc. v. Advanced Systems，Inc.*，767 F. 2d 357（7th Cir.1985）。该案中的双方当事人是销售数据处理教学材料的竞争者。版权人的产品叫做"职业发展系统"，由一系列资料组成，其中之一是名为"任务清单"的小册子。在小册子中左侧是程序员需学习的数据处理任务的清单，右侧是版权人出售的对应于每个任务的学习材料的清单。被控侵权人使用了版权人小册子左侧的任务清单，而在右侧对应列出其出售的学习材料的清单。尽管消费者已经购买了版权人的资料，但是版权人仍然主张消费者还可能额外地购买材料。法院则认为消费者即使已经购买了原告的材料，他们也不会因为被告提供类似的材料而再去购买额外的材料。如果已经购买了原告材料的消费者不会再去购买这些材料的话，被告则无从节省该部分购置成本，因此也就不具有任何使用价值。

❸ *Business Trends Analysts，Inc. v. Freedonia Group，Inc.*，887 F. 2d 399，406（2d Cir. 1989）。

属于实际损失的表现或者替代计算方式，在本质上并非侵权获利。将侵权人因使用涉案知识产权节省的成本解释为侵权获利显然超出了侵权获利的原初含义。

从因果关系的角度来看，侵权人在使用涉案知识产权获得的利润除了包括直接利润，亦可能包括间接利润，即被控侵权人除了就侵权产品获得利润，还可能因侵权行为就非侵权产品或者业务获得的利润。[1] 在Frank Music Corp. v. MGM, Inc. 案中，第九上诉巡回法院指出，如果间接利润可以确定，那么版权人可以主张被控侵权人支付这部分利润。[2] 但是在 Anza v. Ideal Steel Supply Corp. 案中，美国最高法院则明确表示由于版权侵权中被控侵权人的间接利润具有高度的不确定性，对其持保留态度。[3] 在实践中，间接利润通常会因为其不具有确定性而被排除在侵权获利之外。

二、侵权获利的分摊

在实践中，由于涉案知识产权可能仅存在于整个侵权产品的一个部分或者部件之中，因此需要弄清涉案知识产权对于整个侵权产品获利的贡献程度，从而最终确定侵权获利数额，以防止过度赔偿和过度遏制的

---

[1]　William F. Patry, *Patry on Copyright*, § 22. 131 (database updated 2015). 美国学者指出，间接利润的用语本身是具有误导性的，因为其似乎是将非因侵权行为而产生的利润归入侵权获利之中。

[2]　*Frank Music Corp. v. MGM*, *Inc.*, 772 F. 2d 505, 517 (9th Cir. 1985). Frank Music 公司参与制作的"哈利路亚好莱坞"（Hallelujah Hollywood）舞台剧，其中第 4 幕构成了对《天命》（*Kismet*）一剧的侵权。除了主张直接侵权利润外，版权人还主张该剧为 MGM 宾馆和赌博业务带来的间接利润。美国第九上诉巡回法院指出，该剧为 MGM 宾馆和赌博业务吸引了大量消费者，如果这些间接利润可以确定，那么版权人可以主张侵权人支付这部分利润。本案中的关键在于间接利润的确定性问题。尽管 MGM 在年报中承认包括"哈利路亚好莱坞"在内的娱乐项目能够为其经营带来利润，但是其中多少利润是由于"哈利路亚好莱坞"一剧带来的，则难以确定。没有证据能够证明消费者是因为"哈利路亚好莱坞"而选择了 MGM 宾馆，也难以证明来到该宾馆的消费者是否观看了该剧。遗憾的是，第九上诉巡回法院并没有对间接利润的计算问题进行详细分析，只是以未发现明显错误为由维持了地区法院确定的以宾馆毛利润 2% 计算间接利润的做法。

[3]　*Anza v. Ideal Steel Supply Corp.*, 126 U. S. 1991, 2011 (2006).

出现。这就是侵权获利中的分摊原则。从比较法的角度来看，与赔偿实际损失案件中要求知识产权权利人对利润损失进行分摊的做法不同，各个国家和地区的普遍做法在于将支付侵权获利案件中分摊的证明责任分配给被控侵权人。

（一）版权侵权中的侵权获利分摊

《美国版权法》要求获利须是因侵权行为引起的，因此需要区分被控侵权作品中的侵权因素和非侵权因素。只有因侵权因素带来的那部分利润才属于应当向版权人支付的侵权获利。在版权人证明了被控侵权人的毛利润后，被控侵权人对侵权获利的分摊负有证明责任，❶将被控侵权产品中的非侵权因素带来的利润扣除。在实践中，侵权人可以主张尽管版权侵权行为导致了某些利润的产生，但是涉案版权并非导致侵权人获得利润的全部因素，相反仅是侵权人获利的诸多因素之一，因此应当将非侵权行为因素带来的利润排除在外。

当然，应当承认在支付侵权获利中适用分摊原则存在很大的困难。❷尽管如此，美国版权侵权的司法实践并没有因为其难以适用而放弃分摊的努力。为此，美国法院并不要求对分摊进行准确的计算，而只要要求分摊达到一种合理的程度，即确定一个侵权部分所占的百分比，而该部分比例就是侵权人毛利润中不应被扣除的那部分侵权获利。❸

当涉案作品仅构成整个产品的一部分时，就涉及分摊问题。在Walker v. Forbes案中，美国第四上诉巡回法院指出，由于被控侵权杂志仅仅使用了版权人的一张照片，应当弄清该作品在整本杂志获利中的比

---

❶ *Quantum Systems Integrators, Inc. v. Sprint Nextel Corp.*, 2009 WL 1931196 (4th Cir. 2009).

❷ 例如，我国司法实践中存在以下观点，即在侵权人未经权利人许可在广告或商业性使用作品，但是涉案作品在广告中只起辅助作用的，不能直接以侵权人因广告所获利润作为赔偿额，而是可以考虑适用许可费的倍数来最终确定损害赔偿数额。《重庆市高级人民法院关于确定知识产权侵权损害赔偿数额若干问题的指导意见》第10条。

❸ *Sheldon v. MGM Pictures Corp.*, 309 U. S. 390, 405 (1939). 美国第二上诉巡回法院认定电影《情重身轻》（*Letty Lynton*）侵犯了舞台剧《蒙羞的女士》（*Dishonored Lady*）中女主角的服装造型的版权，最终确定了以侵权作品整体获利的20%作为侵权获利。

例。❶ 当然，对侵权获利进行分摊，并非要求依侵权人利用涉案作品的比例为标准进行，而是需要考虑涉案作品对于整个侵权产品市场价值的贡献度。在 Lottie Joplin Thomas Trust v. Crown Publishers, Inc. 案中，美国第二上诉巡回法院指出，尽管侵权人仅剽窃了涉案作品的 10%，但是仍然判决侵权人向版权人支付侵权产品 50% 的利润。❷ 在 Estate of Vane v. The Fair, Inc. 案中，美国第五上诉巡回法院主张，30 秒的商业广告中仅有 8 秒涉及侵权，那种认为商业广告带来的毛利润与版权侵权行为之间存在合理联系的观点是站不住脚的。❸

需要注意的是，美国版权侵权案件中侵权获利中的分摊，是要求对被控侵权作品中构成侵权的部分和不构成侵权的部分之间进行分摊，并非是要求对被控侵权作品中具有独创性的部分和不具有独创性的部分之间进行分摊。❹ 通常来讲，在被控侵权作品中不构成侵权的部分既可能包括侵权人独立创作的部分，亦包括来自公有领域的或者属于功能性的、不受版权保护的内容。但是，被控侵权作品是一个有机的整体，作品中的独创性部分与非独创性部分往往相互融合在一起，难以分开。在侵权获利的计算过程中，在侵权人证明了非涉案版权因素带来的部分利润后，进一步要求侵权人证明涉案版权中非独创性因素带来的部分利润显然是一项不可能的任务。

（二）专利侵权中的侵权获利分摊

从比较法的角度来看，各个国家和地区专利侵权救济的司法实践均认可需在支付侵权获利中适用分摊原则。即在专利侵权中，侵权获利应当限于侵权人因侵犯专利权行为所获得的利益；应当扣除整个专利侵权产品中因其他权利所产生的利益。❺ 如果专利仅是最终产品的一部分，

---

❶ *Walker v. Forbes, Inc.*, 28 F. 3d 409, 415 (4th Cir. 1994).

❷ *Walker v. Forbes*, 592 F. 2d 651, 657 (2d Cir. 1978).

❸ *Estate of Vane v. The Fair, Inc.*, 849 F. 2d 186, 189 (5th Cir. 1988).

❹ *Bucklew v. Hawkins, Ash, Baptie & Co., LLP.*, 329 F. 3d 923, 932 (7th Cir. 2003).

❺ 《最高人民法院关于审理侵犯专利权纠纷案件应用法律若干问题的解释》第 16 条。

或者仅是整体产品的一部分特征，则需要根据涉案专利的贡献来将其在产品整体的利润中进行分摊。❶ 除非作为侵权产品的整个机器的全部价值均决定于该专利技术特征，专利权人才有权主张由侵权人向其支付整个侵权产品的获利。❷ 同理，在产品包装物侵犯他人外观设计专利权的案件中，原则上亦应当进行分摊。只有在该外观设计构成吸引消费者购买该产品的主要因素，方可以主张支付整体侵权产品的利润。❸

在《美国专利法》取消支付侵权获利救济之前，美国法院在司法实践中根据专利侵权行为的不同表现形式分别采取不同方法对侵权获利进行分摊。对于销售侵权产品而言，通常首先需要确定专利技术特征对于侵权产品实际销售利润做出的贡献，以此为基础计算应当支付的侵权获利数额。❹ 如果涉案专利仅涉及对侵权人销售产品的部分改进或者某个部件，侵权人须证明专利对侵权产品整体利润的贡献比例；如果侵权人所销售产品是在专利产品的基础之上进行改进，则侵权人须证明其增加的有价值改进对其利润所做贡献的比例。❺ 对于因使用导致的专利侵权而言，通常适用比较利润计算法，即将侵权人的实际利润减去其使用非侵权替代品时可能获得的利润，其差额就是可归因于涉案专利的侵权获利。❻

在专利侵权案件中，非专利替代品分析可以较为有效地解决专利案件中侵权获利分担中的难题。❼ 该方法在各个国家和地区专利侵权获利分摊的司法实践中得到广泛应用。在 Celanese Int'l Corp.v.BP Chemical Ltd

---

❶ Thomas F.Cotter, *Comparative Patent Remedies：A Legal and Economic Analysis* 272（2013）.

❷ *Garretson v.Clark*，111 U.S.120（1884）.

❸ 在司法实践中，在该外观设计构成吸引消费者购买该产品主要因素的案件中，我国有的法院明确要求包装与被包装产品在销售时是不可分离的要件，方能按照整体产品的利润计算赔偿数额。《重庆市高级人民法院关于确定知识产权侵权损害赔偿数额若干问题的指导意见》第9条。

❹ 和育东："专利侵权中的技术分摊难题——从美国废除专利侵权'非法获利'赔偿说起"，载《法律科学》2009年第3期。

❺ Donald S.Chisum, *Chisum on Patents*，§ 20. 02［3］（2002）.

❻ *Cincinati Car Co.v.New York Rapid Transit Corp.*，66 F. 2d 592，595（2d Cir. 1933）.

❼ 关于非侵权替代品的认定，参见本书第二章第四节。

案中，英国专利法院引入了利用非侵权替代品分析来对专利侵权中的侵权获利进行分摊的方法。❶ 在 Monsanto Canada Inc. v. Schmeiser 案中，加拿大最高法院在计算侵权获利时亦采用了比较利润计算法，要求将侵权人在使用专利时的获利与使用最佳非侵权替代品时的获利进行比较，以二者之间的差额作为可归因于涉案专利的侵权获利。❷

（三）商标侵权中的侵权获利分摊

商标侵权主要表现为未经许可使用与他人商标相同或者近似的标识可能导致消费者混淆的行为。原则上来讲，在商标侵权中商标所有人可以主张以侵权商品的全部获利作为侵权获利。道理很简单，正是因为侵权人使用了与涉案商标相同或者类似的商标，消费者才愿意购买侵权产品。由此可见，在商标侵权案件中，侵权获利的分摊原则很少能够得到适用。在美国商标侵权损害赔偿的司法实践中，有一些法院拒绝在侵权人故意假冒商标所有人标识的案件中适用分摊规则，理由在于根据衡平原则，在该类案件中要求侵权人支付全部利润以达到有效遏制侵权发生的效果。❸ 当然，美国法院并不完全排斥分摊原则在商标侵权案件中的适用。在 Holiday Inns, Inc. v. Airport Holiday Corp. 案中，侵权人在特许经营合同终止后继续使用"假日酒店"（HOLIDAY INN）的标识长达 4 年。美国第五上诉巡回法院指出，由于侵权人的酒店业务的 70% 是以周为单位进行出租，仅有 30% 的业务是短期出租，因此认定只有 30% 的收

---

❶ *Celanese Int'l Corp. v. BP Chemical Ltd*, ［1999］R. P. C. 203（Pat. Ct.）.

❷ *Monsanto Canada Inc. v. Schmeiser*, 2004 SCC 34, paras. 101 - 105. 初审法院认为专利权人只能主张被控侵权人销售谷物所得的利润，最终确定本案的损害赔偿额为 2 万加元。最高法院再对比了侵权人种植普通油菜可能获得的利润与侵权人从事侵权行为所获得的利润，发现二者之间并不存在差异，据此得出结论认为侵权人的利润主要来自谷物的质量而非专利权。因此，侵权获利为零。在 Monsanto Canada Inc. v. Rivett 案中，专利权人主张被告销售谷物的总收入扣除与种植谷物的成本来计算侵权获利，数额为 13 万加元。加拿大最高法院则以被控侵权人销售侵权谷物与种植传统黄豆可能获得的收益之间的差额计算侵权获利，数额为 4 万加元。*Monsanto Canada Inc. v. Rivett.* 87 C. P. R. 4th 383,（F. C. A. 207, 2010）。

❸ *Truck Equipment Service Co. v. Fruehauf Corp.*, 536 F. 2d 1210（8th Cir. 1976）, cert. denied, 429 U. S. 861（1976）；*Stuart v. Collins*, 489 F. Supp. 827（S. D. N. Y. 1980）；*Playboy Enterprises, Inc. v. Baccarat Clothing Co.*, 692 F. 2d 1272（9th Cir. 1982）.

益是来自被控侵权行为的。❶

三、应当扣除的成本

在比较法上，美国、德国和日本等国家和地区并不要求侵权获利为侵权人所获得的净利润。而是通常要求在毛利润的基础上扣除那些与侵权行为有关的成本。具体来讲，扣除的成本应当包括直接成本，但是对于间接成本和税款是否属于应当扣除的范围则存在不同的做法。

（一）直接成本

所谓直接成本，是指生产某种产品或者提供某项服务时所支付的直接费用。

在美国版权侵权的司法实践中，确立了直接用于侵权作品的生产、流通和销售的成本可以直接从侵权人的毛利润中扣除的基本规则。❷ 直接成本，包括购买机器专门用于生产侵权产品的成本、❸ 作品载体本身的成本、❹ 运输成本、❺ 向产品制造者支付的费用、❻ 向销售商支付的费用、❼ 向代理商支付的费用、❽ 广告费用，❾ 等等。

在 Gemeinkostenanteil 案中，德国联邦最高法院确立了外观设计专利侵权案件中支付侵权获利的适用应当扣除直接成本的原则，❿ 即仅允许扣除直接涉及制造、销售侵权产品的成本。对于那些侵权人没有制造、销售侵权产品时亦需要支出的成本则不能从毛利润中扣除。直接成本通常体现为变动成本，对于固定成本则需要侵权人证明其与侵权

---

❶ *Holiday Inns, Inc. v. Airport Holiday Corp.*, 493 F.Supp.1025（N. D.Tex.1980），aff'd, 683 F. 2d 931（5th Cir.1982）.

❷ *Frank Music Corp. v. Metro-Goldwyn-Mayer, Inc.*, 772 F. 2d 505, 516（9th Cir.1985）.

❸ *Warner Bros., Inc. v. Gay Toys, Inc.*, 598 F.Supp.424, 428 n. 2（S. D. N. Y.1984）.

❹ *Ice Music Ltd. v. Schuler*, 1996 WL 474192（S. D. N. Y.1996）.

❺ *Mendler v. Winterland Concessions Co.*, 2000 WL 1281168（N. D.Cal.2000）.

❻ *Smith v. Little, Brown & Co.*, 396 F. 2d 150, 151 – 152（2d Cir.1968）.

❼ *Mendler v. Winterland Concessions Co.*, 2000 WL 1281168（N. D.Cal.2000）.

❽ *Caffey v. Cook*, 409 F.Supp.2d 484（S. D. N. Y.2006）.

❾ *Jonette Jewelry Co. v. Weiman Co., Inc.*, 1991 WL 65829（N. D.Ill.1991）.

❿ BGH GRUR 2001, 329 – Gemeinkostenanteil.

行为有关时才能被作为直接成本予以扣除。该案所确立的直接成本原则在德国专利侵权的司法实践中产生广泛的影响，越来越多的专利权人在损害赔偿救济案件中主张适用支付侵权获利，上述原则亦对知识产权的其他领域产生重大影响。❶ 但是可能带来不利于过失侵权人和中小企业的担心。❷

在日本专利侵权损害赔偿的司法实践中，通常需要从侵权人的毛利润中扣除原料费、采购费等直接成本，而对于设备费、人事费以及其他已经投入的一般管理费等没有必要予以扣除，因此来防治出现赔偿不足问题。❸

（二）间接成本

所谓间接成本，是指不能或者不便于直接计入某一成本计算对象的费用。由于间接成本与侵权获利之间并不具有明显的对应关系，对于间接成本是否应予扣除则需要具体分析。从德国和日本的司法实践来看，两国完全排除了间接成本的可扣除性。而在美国版权侵权损害赔偿救济的司法实践中，关于间接成本是否属于应当被扣除的成本则需要进行个案判断。具体判断方法有两种。

第一种方法为增量法。该方法要求考察增量费用，即在一段时间内是否直接随着侵权行为而变化。一般来讲，租金、基础设施费用、基本运营成本和工人工资等成本通常不是增量成本，因为它们通常不会随着侵权行为的出现而发生变化。按照增量法，可以扣除的间接成本仅仅包括诸如购买额外的侵权设备成本、被告租赁额外的场地来放置侵权产品而发生的成本、为了完成侵权行为而将兼职雇员转换成全职雇员所带来的成本等。❹

---

❶ Thomas F. Cotter, *Comparative Patent Remedies: A Legal and Economic Analysis* 271 (2013).

❷ 范长军：《德国专利法研究》，科学出版社 2010 年版，第 131 页。

❸ ［日］田村善之：《日本知识产权法》（第 4 版），周超等译，知识产权出版社 2011 年版，第 306~307 页。

❹ William F.Patry, *Patry on Copyright*, § 22:141（database updated 2015）.

第二种方法为全部吸收法。按照全部吸收法，只要侵权人能够提供一个公允和准确的确定其在毛利润中所占的比例，即使是间接与侵权行为相关的固定成本亦可以扣除。❶ 除了直接成本和增量成本以外，被控侵权人还可以主张扣除那些与侵权相关的固定成本。❷在 Wilkie v. Santly Bros 案中，美国第二上诉巡回法院即采用了全部吸收法，认可被控侵权人的运营成本虽然属于间接成本，但是由于其与侵权行为有关，因此仍然可以被扣除。❸

（三）已交纳的税款

从理论上讲，侵权获利的计算中不应当扣除税款，因为税款并不属于商业成本。❹ 在 J. P. Larson, Jr. Co. v. William Wrigley Jr., Co. 案中，美国最高法院指出，在商标侵权案件中只有侵权人在主观上非故意的情形下方可扣除税款，而对于那些主观上具有故意的侵权人而言则不允许在侵权获利中扣除已交纳的税款。❺ 在版权侵权的司法实践中，美国大部分法院遵循了最高法院在上述判例中确定的原则。❻ 当然，也有少数法院在版权侵权中坚持在任何情况下均不应在侵权获利中扣除税款的观点。❼

---

❶ *Hamil America Inc. v. GFI*, 193 F. 3d 92, 107 (2d Cir. 1999).

❷ *Sheldon v. MGM Pictures Corp.*, 106 F. 2d 45 (2d Cir. 1939), aff'd, 309 U. S. 390 (1940).

❸ *Wilkie v. Santly Bros.*, 139 F. 2d 264 (2d Cir. 1943).

❹ Restatement (Third) Unfair Competition § 37, comment g (1995).

❺ *J. P. Larson, Jr. Co. v. William Wrigley Jr., Co.*, 277 U. S. 97, 99 (1928).

❻ *Three Boys Music Corp. v. Bolton*, 212 F. 3d 477 (9th Cir. 2000); *In Design v. K-Mart Apparel Corp.*, 13 F. 3d 559, 566-567 (2d Cir. 1994); *Alfred Bell & Co. v. Catalda Fine Arts*, 191 F. 2d 99, 106 (2d Cir. 1951); *Sheldon v. Metro- Goldwyn Pictures Corp.*, 106 F. 2d 45, 53 (2d Cir. 1939), aff'd, 309 U. S. 390 (1940).

❼ *Schnadig Corp. v. Gaines Mfg. Co., Inc.*, 620 F. 2d 1166 (6th Cir. 1980); *Love v. Kwitny*, 772 F. Supp. 1367 (S. D. N. Y. 1991), aff'd, 963 F. 2d 1521 (2d Cir. 1992).

第五章　法定赔偿

在我国知识产权侵权损害赔偿的司法实践中，法定赔偿为法院过分倚重，由此带来的问题已经引起学界和实务界的重视。近年来，鼓励当事人举证并限制法定赔偿的适用、允许法院超过法定赔偿数额对损害赔偿数额进行酌定的呼声不断高涨。如何完善法定赔偿，这需要从该制度的概念和功能定位等基本问题出发，进而探讨制度设计和具体适用问题。

第一节　法定赔偿的概念和功能定位

一、法定赔偿的概念辨析

在我国，法定赔偿仅是一个学理上的概念，通常被用来指代知识产权侵权损害赔偿救济中由法院根据案件具体情形在法律规定的幅度内确定最终的损害赔偿额的计算方式。对法定赔偿这一概念核心要素的理解，存在不同的意见。一种观点将法定赔偿理解为定额赔偿，即在法律预先规定的赔偿幅度内，由法院根据特定的考量因素确定具体的赔偿数额。[1] 另一种观点则强调应当将法定赔偿理解为法律专门规定的损害赔偿计算方法，认为法定赔偿是指在法院无法查清权利人实际损失、侵权获利或者许可费时，法院按照法律规定的方式确定赔偿数额的方法。[2] 上述观点的主要分歧在于，所谓的法定赔偿到底是指赔偿数额法定还是

---

[1] 戴建志、陈旭主编：《知识产权损害赔偿研究》，法律出版社 1997 年版，第 92 页。

[2] 蒋志培："论知识产权侵权损害的赔偿"，载《电子知识产权》1998 年第 1 期。

指赔偿额计算方式法定。

如果认为法定赔偿属于法律预先规定赔偿数额的一种赔偿方式，其在本质上属于定额赔偿。将法定赔偿理解为定额赔偿，能够在 TRIPs 协议中找到支持。根据 TRIPs 协议，"在适当场合，即使侵权人不知道、或者无充分理由知道其事侵权活动，成员方仍可以授权司法当局责令其返还所得利润或者令其支付预先确定的赔偿额，或者两者并处"。❶ 如果说我国知识产权侵权损害赔偿中法定赔偿制度的建立是为了满足 TRIPs 协议的要求，那么法定赔偿应当是指一种由法律预先确定赔偿额的损害赔偿计算方式。正是在这样的意义上，才能与实际损失、侵权获利以及合理许可费相区别。在美国，所谓的法定赔偿，实际上就是指这种法律预先确定赔偿额的损害赔偿计算方式。

如果将法定赔偿定义为由法律规定的损害赔偿数额计算方式，则需要弄清这种计算方式的特点。所谓的法定赔偿，不过是法院根据案件具体事实，在考量特定因素的前提下，通过行使自由裁量权来确定损害赔偿数额。从这个角度来看，法定赔偿实际上是一种在法定幅度内的酌定赔偿制度。正是基于这样的看法，一种观点认为法定赔偿与酌定赔偿系同义语。实际上，由法院根据案件具体情况酌定赔偿数额的方法已经广泛地存在于实际损失、侵权获利以及合理许可费的计算之中。所谓酌定赔偿，就是指在无法通过当事人举证证明损害赔偿数额的情形下，由法院根据案件事实酌情确定损害赔偿数额的方式。该种损害赔偿数额的确定方式为德国、日本等国所广泛采用。❷ 从这个意义上讲，酌定赔偿并非知识产权侵权损害赔偿数额的特有计算方式，而是一种由法院主导的确定损害赔偿数额的方法，其对应的乃是通过当事人提供证据来具体算定损害赔偿数额的方法。将法定赔偿等同于酌定赔偿的做法并不合适。如果说法院酌定赔偿数额属于法定赔偿，那么侵权人获利与合理许可费也应当属于法定赔偿，因为这些方式均属法律特别规定的损害赔偿数额

---

❶ TRIPs 协议第 45 条第 2 款。
❷ 关于由酌定赔偿额问题的讨论，参见本书第一章第二节。

的替代计算方式。❶ 这显然是对法定赔偿含义的误读。同时，将法定赔偿等同于酌定赔偿也限制了酌定赔偿的适用范围。面对法定赔偿数额无法满足加强知识产权保护的现实需求时，我国法院在实践中引入了可以超过法定赔偿额的酌定赔偿方法。❷ 实际上还是将酌定赔偿看作是一种独立的损害赔偿计算方式，甚至有人将其称为"法定赔偿2.0"。这种认识显然是将法定赔偿理解为酌定赔偿，忽视了赔偿数额法定这一根本特征。❸

因此，作为与实际损失、侵权获利、合理许可费等相并列的知识产权侵权损害赔偿计算方法，法定赔偿就是指一种定额赔偿。❹ 而所谓的酌定赔偿仅是程序法上确定损害赔偿数额的方法，而非实体法上计算损害赔偿数额的方式。在认识到了法定赔偿的原初含义之后，可以对我国司法实践中法定赔偿适用的泛滥给出一个解释，即法院没能看到法定赔偿作为定额赔偿的本质，而是过分关注和强调酌定赔偿的方法，进而将其作为知识产权侵权损害赔偿的最终保障加以利用，这种实践已经使法定赔偿制度的适用偏离了原初的制度功能。

二、法定赔偿的制度渊源

知识产权侵权损害赔偿中的法定赔偿制度是美国的发明。在美国，法定赔偿最早起源于《美国版权法》，❺ 后为《美国商标法》引入。❻ 目

---

❶　按照这种理解，"由法律另行规定的，非严格以实际损失为基准的赔偿额计算方式均可以称为法定赔偿"。李永明、应振芳："法定赔偿制度研究"，载《浙江社会科学》2003年第3期。

❷　《江苏省高级人民法院关于知识产权侵权损害适用定额赔偿办法若干问题的指导意见》第23条第2款，《重庆市高级人民法院关于确定知识产权侵权损害赔偿数额若干问题的指导意见》第18条。

❸　朱启莉："我国知识产权法定赔偿适用情形存在的问题与对策研究——兼评《〈著作权法〉（草案）》第72条"，载《当代法学》2012年第5期。

❹　在实践中，已经有法院认识到法定赔偿的本质即为定额赔偿。参见《江苏省高级人民法院关于知识产权侵权损害适用定额赔偿办法若干问题的指导意见》。

❺　《美国版权法》第504条。

❻　《美国商标法》第35条。

前，在《美国专利法》中尚没有法定赔偿的规定，在商业秘密侵权领域亦不存在法定赔偿。根据美国学者的解释，上述领域没有设置法定赔偿制度的原因在于，发现侵权行为的成本较低以及单个侵权行为导致的损害数额较大。❶ 在美国的主导下，法定赔偿被写入 TRIPs 协议，美国还不断地通过双边贸易协定、多边贸易协定以及特别 301 条款向其他国家推广法定赔偿制度。❷ 据统计，截至 2013 年，世界知识产权组织的成员国中，有 24 个国家的版权法中存在法定赔偿制度，而这些国家大多属于发展中国家或者版权产业并不发达的国家，❸ 而大部分发达国家，例如英国、法国、德国和澳大利亚等国的知识产权立法中均没有引入法定赔偿制度。为了弄清法定赔偿的功能定位，有必要对《美国版权法》上的法定赔偿制度的产生和发展做一简要评述。

根据美国学者的考察，《美国版权法》上的法定赔偿制度起源于1710 年《安娜法》中对侵权人的罚款制度。❹ 《安娜法》借鉴了出版商公会的规则，对于违反该法案的行为人处以每页纸 1 便士的罚款，其中一半的罚款交给原告，另一半交给国王。❺ 这种罚款制度体现在美国制定的若干关于版权的制定法之中，直至 1909 年《美国版权法》的颁布，才首次引入了现代意义的法定赔偿制度，明确版权人可以主张实际损失和侵权获利的同时，作为上述金钱救济的替代手段，可以在 250～5000美元的幅度范围内获得赔偿。❻ 在 Douglas v.Cunningham 案中，美国最高

❶ Roger D.Blair & Thomas R.Cotter, *Economic Analysis of Damage Rules in Intellectual Property Law*, 39 Wm.& Mary L.Rev.1585, 1658 (1999).

❷ Pamela Samuelson et al., *Statutory Damages: A Rarity in Copyright Laws Internationally, but for how long?* 60 J.Copyright Soc'y U. S. A.529, 536－569 (2012).

❸ Pamela Samuelson et al., *Statutory Damages: A Rarity in Copyright Laws Internationally, but for how long?* 60 J.Copyright Soc'y U. S. A.529, 531 (2012).

❹ Priscilla Ferch, *Statutory Damages under the Copyright Act of 1976*, 15 Loy.U.Chi.L. J.485, 487 (1983).

❺ Staphanie Berg, *Remedying the Statuory damages for secondary copyright Infringement Liability: Balancing Copyright and Inovantion in the Digital Age*, 56, J.Copyrght Soc'y U.S.A 265, 273－274 (2009).

❻ 1909 年《美国版权法》第 101 条 (b)。

法院指出，法定赔偿制度的目标在于在实际损失和侵权获利难以证明的情况下保障版权人获得公平的补偿，而并非对侵权人的惩罚。❶针对法定赔偿规则存在的问题，1976年《美国版权法》对法定赔偿制度进行完善：一方面意图限制法定赔偿的适用、鼓励版权人进行版权登记，将法定赔偿的适用限定在已登记的作品，同时确立了以每一部作品为单位进行计算的标准;❷另一方面则通过引入对故意侵权人增加法定赔偿额的规定，而这却使得法定赔偿在事实上具有了一定的惩罚功能。1999年《美国版权法》修订的重要任务之一，更是提升法定赔偿的遏制和惩罚功能。❸

　　但是，由于制度设计的缺陷和司法实践中的偏差，法定赔偿制度的功能并未得到有效的发挥。在美国，法定赔偿制度任意性、欠缺连续性、缺乏原则性甚至可能导致过度赔偿的缺点已经饱受诟病。❹实践证明，法定赔偿的适用不但没有达到补偿版权人损失的目的，由于美国法院对故意侵权含义的宽泛解释，反而造成了对版权人过度赔偿的局面。❺例如，在 UMG Recordings, Inc. v. MP3. com, Inc. 案中，在没有证据证明版权人实际损失的情况下，地区法院确定被告需就每件 CD 支付 2.5 万美元的法定赔偿金，该案中涉及大约 4 700 件 CD，如此计算法定赔偿金总额就会超过 1.18 亿美元。❻在数字化时代，网络媒体上的作品数以万计，即使是最低额的法定赔偿都会聚合成一个庞大的数字，足以导致网

---

　　❶ *Douglas v. Cunningham*, 294 U. S. 207, 209 (1935). 美国最高法院指出，法定赔偿"……就是为了避免法律上救济的严格适用条件而设定的，就那些按照现有规则难以或者无法证明损失或者侵权获利的案件，对侵权给版权人带来的损失进行一定程度的补偿"。

　　❷ 《美国版权法》第 504 条 (c) 款 (1) 项规定，版权人选择法定赔偿救济的，法院可就每一部作品可以给予 750 美元至 3 万美元的法定赔偿。

　　❸ H. R. REP. NO. 106-216, at 2 (1999). 《美国版权法》中的法定赔偿条款经历了两次修改，其一是 1988 年加入《伯尔尼公约》；其二是 1998 年《千年数字版权法》的颁布。

　　❹ Pamela Samuelson & Tara Wheatland, *Copyright Statutory Damages: A Remedy in Need of Reform*, 51 Wm. & Mary L. Rev. 439, 441-443 (2009).

　　❺ Id., at 459.

　　❻ *UMG Recordings, Inc. v. MP3. com, Inc.*, 2000 WL 1262568, at *1, *6 (S. D. N. Y. Sept. 6, 2000).

络媒体破产。❶ 这种后果与知识产权法激励创新的政策目标是相违背的。美国学者建议对法定赔偿的适用进行限制，例如通过宪法上的正当程序条款对法定赔偿的适用进行限制。❷ 在美国商务部 2016 年发布的《关于混录版歌曲、首次销售和法定赔偿的白皮书》中，亦建议修改《美国版权法》上的法定赔偿制度，在涉及网络服务提供者的版权间接侵权案件中适当降低法定赔偿的数额。❸

综上所述，产生于《美国版权法》的法定赔偿制度并非一项成熟完善的制度，而是一直处于不断发展的过程中。如何不断完善法定赔偿制度仍然是各国面临的重大课题。应当看到法定赔偿免除了知识产权权利人证明损失存在、侵权人获得利润等方面的证明责任，可以显著地降低当事人的诉讼成本，提高争议解决的效率。这样可以在一定程度上减轻高额诉讼成本带来的抑制知识产权权利人通过诉讼方式主张权利的不良后果。与此同时还应当看到，法定赔偿在实现救济效率性的同时牺牲了救济的公平性，法定赔偿的制度设计本身无法保障损害赔偿额的计算不偏离实际损失，❹ 既可能导致赔偿不足，亦无法有效防止赔偿过度，这显然与全面赔偿原则相悖，以损害赔偿数额的确定性给知识产权法促进创新政策目标的实现带来了极大的不确定性。此外，法定赔偿的遏制和惩罚功能亦值得探讨，尤其是法定赔偿与惩罚性赔偿的关系问题，不但涉及法定赔偿的功能定位，亦与是否引入惩罚性赔偿制度的讨论密切相关。❺

---

❶ Stephanie Berg, *Remedying the Statutory Damages Remedy for Secondary Copyright Infringement Liability: Balancing Copyright and Innovation in the Digital Age*, 56 J. Copyright Soc'y U. S. A. 265, 310 (2009).

❷ Pamela Samuelson & Tara Wheatland, *Statutory Damages in Copyright Law: A Remedy in Need of Reform*, 51 Wm. & Mary L. Rev. 439, 459 (2009).

❸ 美国商务部网络政策专项任务组：《关于混录版歌曲、首次销售和法定赔偿的白皮书：数字经济中的版权政策、创造性和创新》，载：https://www.uspto.gov/sites/default/files/documents/copyrightwhitepaper.pdf.，2016 年 11 月 21 日访问。

❹ 李永明、应振芳："法定赔偿制度研究"，载《浙江社会科学》2003 年第 3 期。

❺ 关于法定赔偿与惩罚性赔偿的关系，参见本书第六章第一节。

三、我国法定赔偿制度的引入及变异

我国知识产权领域中法定赔偿制度，萌芽于 1998 年《最高人民法院关于全国部分法院知识产权审判工作座谈会纪要》（以下简称《纪要》）。《纪要》建议对于知识产权权利人确实受有损害，但是实际损失和侵权获利额等均不能确认的案件，可以采用定额赔偿的办法来确定损害赔偿额。❶ 此后，最高人民法院在司法解释中引入了定额赔偿制度。❷ 21 世纪以来，为了满足 TRIPs 协议的要求，我国在《著作权法》和《商标法》的第二次修改以及《专利法》的第三次修改中正式在知识产权单行法的层面引入法定赔偿制度，将法定赔偿作为知识产权侵权损害赔偿数额计算的最后一种替代手段。

我国知识产权侵权损害赔偿救济的司法实践表明，作为替代手段的法定赔偿已经演变成为我国知识产权司法实践中最为主要的损害赔偿数额计算方式。据统计，目前我国知识产权侵权损害赔偿案件中，适用法定赔偿的比例高达 98%。❸ 与此相应的是，实际损失、侵权获利和许可费等标准被束之高阁。导致过度依赖法定赔偿的理论上的原因主要是知识产权侵权案件中损失赔偿数额计算的困难性。❹ 在实践中，知识产权权利人在诉讼中往往直接要求法院判决由侵权人承担损害赔偿责任，对损害的存在及大小等问题怠于举证；在加强知识产权保护的司法政策的

---

❶ 《纪要》指出定额赔偿的幅度，可掌握在 5000 元~30 万元，具体数额可根据被侵害的知识产权的类型、评估价值、侵权持续的时间、权利人因侵权所受到的商誉损害等因素在定额赔偿幅度内确定。

❷ 《最高人民法院关于审理涉及计算机网络著作权纠纷案件适用法律若干问题的解释》第 10 条第 2 款，《最高人民法院关于审理专利纠纷案件适用法律问题的若干规定》第 21 条。

❸ 宋健："知识产权损害赔偿问题探讨——以实证分析为视角"，载《知识产权》2016年第 5 期。

❹ 例如，有学者认为，商标侵权案件中法定赔偿的普遍适用，与商标权人利益变化的复杂性密不可分，商标所有人面临的损失证明困境"与其说是举证不力所致倒不如说是举证不能的结果"。徐聪颖："我国商标权法定赔偿的现状及反思"，载《甘肃政法学院学报》2015 年第 3 期。

引导下，法院通常会主动地选择适用法定赔偿来确定最终的赔偿数额。❶
这种司法实践存在的问题是，法院通常会以侵权行为的成立来推定损失
的存在，简单的认定难以确定实际损失、侵权获利或者许可费，进而需
要适用法定赔偿，通过综合考察相关因素酌定赔偿数额。

　　毋庸置疑，法定赔偿制度的积极作用在于能够极大地降低知识产权
权利人的维权成本，尤其是在解决诉讼标的较小的案件中的作用不可忽
视。❷ 但是，司法实践中法定赔偿的适用仅仅粗略地提及考量因素，关
于各个因素对损害赔偿数额确定的影响及权重往往语焉不详。导致实际
损失、侵权获利以及知识产权对于双方当事人而言的价值等因素均由法
院进行酌定，而非由当事人进行证明，设置法定赔偿制度初衷——充分
保护知识产权权利人的利益——由于粗陋的制度设计和偏颇的司法实践
而变得无法实现。法定赔偿由最初的作为知识产权侵权损害赔偿最后一
道屏障的定额赔偿，蜕变为一种普遍适用的有限制的酌定赔偿。

　　完全倚仗法院酌定赔偿额的做法在实践中已经为法院招来了一些不
满，无论法院如何努力提高法定赔偿水平，似乎都无法满足知识产权权
利人的需求。知识产权损害赔偿数额过低仍然是对我国现阶段知识产权
侵权损害赔偿司法实践的基本判断。近年来，我国各知识产权单行法修
订过程中法定赔偿上限的不断提高体现了立法者试图满足加强知识产权
保护、解决赔偿不足的努力。但是完全靠法律修订来逐步提高法定赔偿
上限的做法并不可行。于是我国法院在司法实践中开始摸索超过法定赔
偿额上限的酌定赔偿方法。这种做法仅仅从现象出发，未能看到问题的
本质，仍然使法院主导损害赔偿的计算而非依靠当事人举证确定损害赔

---

❶ 据统计，2011~2015 年，长沙市中级人民法院审理的知识产权侵权案件中，原告对损
害等事实没有提供证据的案件占 98.2%，仅有 0.08% 的案件中原告提供了所受损害的证据，
1.16% 的案件中原告提供了被告获利方面的证据，0.56% 的案件中原告提供了合理维权开支方
面的证据。长沙市中级人民法院："知识产权民事案件损害赔偿额判定状况（2011~2015）"，
载《中国知识产权》2016 年第 5 期。

❷ 宋健："知识产权损害赔偿问题探讨——以实证分析为视角"，载《知识产权》2016
年第 5 期。

偿数额，只能治标却无法治本。同时，通过酌定赔偿突破法定赔偿额上限的做法，使得法院在知识产权损害赔偿额的计算方面更加没有限制，很可能导致过度赔偿。

综上所述，法定赔偿在制度设计和司法适用方面均存在很多缺陷需要完善。应当恢复法定赔偿作为知识产权侵权损害赔偿最后屏障的地位，"不能将法定赔偿定位于一种尽力使专利权人回复至侵权未曾发生时的应然境况的计算规则"，[1] 而是应当将其定位为对法律所保障的知识产权权利人能够获得的最低的损害赔偿数额。为此，在我国知识产权侵权损害赔偿救济的司法实践中出现了限制法定赔偿适用的倾向。例如，强调通过指导知识产权权利人对实际损失、侵权人所获利益或者许可费进行举证，以避免简单适用法定赔偿。[2] 对知识产权权利人的实际损失、侵权获利可以基本查清，或者根据现有证据可以对赔偿数额予以确定的，不应直接适用法定赔偿。[3] 同时，放弃法定赔偿适用中当然免除知识产权权利人举证责任的做法，要求其对有关事实进行积极举证。[4] 甚至有法院认为经释明后，知识产权权利人坚持主张实际损失或者侵权获利，但是又缺乏证据支持的，应当驳回知识产权权利人的赔偿诉讼请求，不能主动适用法定赔偿。[5]

第二节　法定赔偿与其他制度的关系

法定赔偿的制度设计，涉及与实际损失、侵权获利等其他知识产权赔偿额计算方法的适用关系，以及与合理开支和惩罚性赔偿的关系问题。

---

[1] 徐聪颖："我国专利权法定赔偿的实践与反思"，载《河北法学》2014 年第 12 期。

[2] 《浙江省高级人民法院关于审理侵犯专利权纠纷案件适用法定赔偿方法的若干意见》第 2 条。

[3] 《北京市高级人民法院关于确定著作权侵权损害赔偿责任的指导意见》第 6 条第 3 款。

[4] 《安徽省高级人民法院关于审理商标、专利、著作权侵权纠纷案件适用法定赔偿的指导意见》第 3 条。

[5] 《浙江省高级人民法院关于审理侵犯专利权纠纷案件适用法定赔偿方法的若干意见》第 5 条。

一、法定赔偿与实际损失

作为损害赔偿替代计算方式的法定赔偿，其适用应当以实际损失的存在为前提。我国现行知识产权单行法均以其他方式计算损害赔偿数额难以确定作为法定赔偿的适用条件。鉴于实际损失、侵权获利和许可费三种计算方式在适用顺序上有严格规定，如果将法定赔偿仅仅看作是知识产权侵权损害赔偿数额的一种替代计算方式，那么在实际损失并不存在的情形下，法定赔偿自然没有适用的余地。如前文所述，知识产权侵权的成立并不一定会导致实际损失发生，❶ 因此如果法定赔偿的适用以实际损失的存在为前提，那么在特定的案件中是无法适用法定赔偿的。在司法实践中，有的法院在商标权人提交的证据不足以证明存在实际损失的情况下，拒绝适用法定赔偿。❷ 即使适用了法定赔偿，法院酌定的也仅是合理维权开支一项。❸ 因此即使在适用法定赔偿方法确定赔偿数额时，亦应当要求知识产权权利人就有关损失客观存在的事实进行举证。❹ 有证据证明知识产权权利人的实际损失或者侵权人的侵权获利明显超过法定最高赔偿数额的，我国法院还逐步开始探索不受该数额的限制酌定更高数额的损害赔偿金。按照这种逻辑进行推理，我国学者甚至主张法定赔偿的适用范围只能限于权利人损失不能确定的部分，而不能及于已经确定的部分，因此法定赔偿与其他赔偿计算方法能够并用。❺

根据相关的司法解释的规定，法院可以根据当事人的请求或者依职

---

❶ 关于实际损失存在的证明问题，参见本书第二章第三节。

❷ "河北衡水老白干酒业股份有限公司诉张某侵犯商标专用权纠纷案"，（2008）衡民三初字第 49 号民事判决书；"浙江宾派实业有限公司与邹某某计算机网络域名侵犯商标专用权纠纷案"，（2007）沧民初字第 00176 号民事判决书。

❸ "福建福日科技有限公司与鲁道夫·达斯勒体育用品波马股份有限公司商标侵权纠纷上诉案"，（2008）闽民终字第 223 号民事判决书。

❹ 《重庆市高级人民法院关于确定知识产权侵权损害赔偿数额若干问题的指导意见》第 17 条。

❺ 朱启莉："我国知识产权法定赔偿适用情形存在的问题与对策研究——兼评《〈著作权法〉（草案）》第 72 条"，载《当代法学》2012 年第 5 期；徐聪颖："我国专利法定赔偿的现状及反思"，载《河北法学》2014 年第 12 期。

权来适用法定赔偿。❶ 在司法实践中，各地法院对于法定赔偿适用的方式有不同的认识。有的法院认为，法定赔偿的适用需经法院释明并由知识产权权利人明确选择适用；❷ 有的法院主张，法院可以直接适用法定赔偿；❸ 有的法院则主张，在知识产权权利人对损害赔偿数额的计算方式未作选择时法院可以适用法定赔偿。❹ 但是允许当事人选择适用法定赔偿并非赋予了当事人在不存在实际损失的情形下选择适用法定赔偿的权利。上述规定实际上是在遵循法定赔偿适用顺位的前提下，明确了法定赔偿即可以由法院依职权作出，亦可以由知识产权权利人主张适用。❺ 按照上述逻辑，当事人就适用法定赔偿的方式确定损害赔偿数额达成协议的，法院应当准许。❻ 但是目前我国相关法律和司法解释并未对当事人选择适用法定赔偿的时间作出明确规定。有的法院借鉴了美国的做法，规定知识产权权利人可以在起诉时或法庭辩论终结前，请求适用法定赔偿方法确定赔偿数额。❼

但是，如果将法定赔偿作为知识产权侵权的一种金钱救济方式，是以实际损失、许可费和侵权获利为独立的救济手段，其适用则不必以实际损失存的适用前提。与我国现行法律和实践不同，2014 年国务院法

---

❶ 《最高人民法院关于审理著作权民事纠纷案件适用法律若干问题的解释》第 25 条第 1 款、《最高人民法院关于审理商标民事纠纷案件适用法律若干问题的解释》第 16 条第 1 款。

❷ 《上海市高级人民法院关于知识产权侵权纠纷中适用法定赔偿方法确定赔偿数额的若干问题的意见（试行）》第 1 条。

❸ 《江苏省高级人民法院关于知识产权侵权损害适用定额赔偿办法若干问题的指导意见》第 1 条；《重庆市高级人民法院关于确定知识产权侵权损害赔偿数额若干问题的指导意见》第 2 条。

❹ 《浙江省高级人民法院关于审理侵犯专利权纠纷案件适用法定赔偿方法的若干意见》第 4 条。

❺ 朱启莉："我国知识产权法定赔偿适用情形存在的问题与对策研究——兼评《〈著作权法〉（草案）》第 72 条"，载《当代法学》2012 年第 5 期。亦建议，当权利人主张直接适用法定赔偿时，应赋予侵权人相应的抗辩权，以平衡双方当事人的诉讼权利。

❻ 《最高人民法院关于审理著作权民事纠纷案件适用法律若干问题的解释》第 25 条第 3 款、《最高人民法院关于审理商标民事纠纷案件适用法律若干问题的解释》第 16 条第 3 款。

❼ 《浙江省高级人民法院关于审理侵犯专利权纠纷案件适用法定赔偿方法的若干意见》第 4 条第 1 款。

制办公室公布的《著作权法》（修正草案送审稿）试图改变损害赔偿计算的顺位模式，转而采取美国的模式，允许权利人在实际损失、侵权获利、许可费合理倍数或者法定赔偿之间进行选择。❶ 这样一来，法定赔偿就不必再以实际损失的存在为前提。按照《美国版权法》的规定，法定赔偿与实际损失和侵权获利之间即为选择关系，版权人有权在最终判决作出之前选择法定赔偿，以代替实际损失和侵权获利。❷ 法定赔偿是由国会特别授权规定的，即使版权人在并未因侵权行为受有实际损失或者无法提供侵权获利证据的情形下，亦可以主张获得法定赔偿。❸《美国商标法》亦规定商标所有人在商标侵权和域名抢注案件中可以直接选择法定赔偿救济。❹ 如果将法定赔偿理解为定额赔偿，是与赔偿实际损失和支付侵权获利相并列的金钱救济手段，而并非实际损失的替代计算方式，那么法定赔偿的适用不需要证明实际损失的存在。从表述上看，TRIPs 协议将法定赔偿理解为一种法律预先确定的赔偿数额，同样没有要求其适用以实际损失的存在为前提，而是将法定赔偿与赔偿实际损失和支付侵权获利作为并列的金钱救济方式看待。❺ 在上述模式下，可以认为法定赔偿的适用仅以知识产权侵权的成立为要件，是法律为了对知识产权给予充分的保护而特别提供的金钱救济手段。

二、法定赔偿与合理开支

关于知识产权权利人的维权合理开支是否应当计入法定赔偿范围的问题，我国司法实践中存在不同观点。

一种观点认为，法定赔偿额的计算中应当包含合理开支。❻ 理由在

---

❶ 《〈著作权法〉（修正草案送审稿）》第 76 条。

❷ 《美国版权法》第 504 条（c）款。

❸ *Sony BMGMusic Entertainment v. Joel Tenenbaum*，2010 U.S. Dist. LEXIS 68642（D. Mass. July 9，2010）.

❹ 《美国商标法》第 35 条（c）款。

❺ TRIPs 协议第 45 条第 2 款。

❻ 《安徽省高级人民法院关于审理商标、专利、著作权侵权纠纷案件适用法定赔偿的指导意见》第 8 条第 1 款。

于知识产权权利人的维权合理支付在性质上亦属于因侵权行为引起的损失，既然法定赔偿是对实际损失的一种替代计算方式，法院在酌定损害赔偿数额时理应将其纳入考量的范围之内。我国现行知识产权单行法在损害赔偿救济规则设置上将实际损失、侵权获利、许可费以及合理开支放在一起，而将法定赔偿进行单独规定的做法是导致上述观点的原因之一。在司法实践中，很多法院均将合理开支纳入法定赔偿数额之中，即使不存在实际损失，亦通常对合理开支进行酌定。据学者统计，绝大多数商标侵权案件的法定赔偿都包含了知识产权权利人的经济损失及其为制止侵权而花费的合理支出，但也有一些案件的法定赔偿判决仅针对的是合理的维权费用。[1]

另一种观点认为，合理开支应当与法定赔偿金分开另行计算。[2] 其主要理由是合理开支导致了知识产权权利人现有财产的减少，属于不同于利润损失的另外一种直接损失，[3] 其计算亦不存在难以计算的问题，而是需要对权利人主张的开支是否合理进行判断。[4] 从实际效果来看，是否将知识产权权利人的维权合理开支纳入法定赔偿之中，关系到知识产权权利人最终获得损害赔偿数额的多少。将合理开支纳入法定赔偿无疑压缩了知识产权权利人就其实际损失获得赔偿的空间，可能导致出现赔偿不足。但是如果法院判定实际损失不存在，而仅仅适用法定赔偿确定合理开支时，还可能面临权利人的支出少于法定赔偿最低限额的情形。[5] 从条文构造来看，在我国，法定赔偿的适用是以实际损失、侵权

---

[1] 徐聪颖："我国商标权法定赔偿的现状及反思"，载《甘肃政法学院学报》2015 年第 3 期。

[2] 《上海市高级人民法院关于知识产权侵权纠纷中适用法定赔偿方法确定赔偿数额的若干问题的意见（试行）》第 12 条；《江苏省高级人民法院关于知识产权侵权损害适用定额赔偿办法若干问题的指导意见》第 20 条。

[3] 《广东法院探索完善司法证据制度破解"知识产权侵权损害赔偿难"试点工作座谈会纪要》。

[4] 关于合理开支的确定，参见本书第七章。

[5] "游戏天堂电子科技（北京）有限公司与三亚鸿源网吧侵害著作权纠纷案"，海南省高级人民法院（2012）琼民三终字第 39 号民事判决书。

获利和许可费难以确定时方予以适用的损害赔偿替代计算方式。而合理开支通常被作为实际损失、侵权获利和许可费之外的应予赔偿的损失看待。因此，在法定赔偿之外计算合理开支是能够得到现行规则的支持的。目前，已经有法院认可在法定赔偿之外计算合理开支的做法。[1] 该做法得到最高人民法院的认可，权利人主张其为制止侵权行为所支付合理开支的，可以在法定赔偿数额之外另行计算。[2]

三、法定赔偿与惩罚性赔偿

在知识产权侵权损害赔偿救济领域引入惩罚性赔偿制度的过程中，法定赔偿与惩罚性赔偿之间的关系构成制度设计中的难点和争议点之一。在我国，2013 年修订的《商标法》率先在商标侵权领域引入惩罚性赔偿规则，该法采取了将法定赔偿排除在惩罚性赔偿之外的做法，规定对恶意侵犯商标专用权，情节严重的，可以按照实际损失、侵权所得或者商标许可费合理倍数确定数额的一倍以上三倍以下确定赔偿数额，[3] 而法定赔偿没有被作为惩罚性赔偿的计算基础。[4] 与此种模式不同，2014 年公布的《专利法》（修订草案）将法定赔偿作为惩罚性赔偿计算的基础。[5] 而 2015 年国务院法制办公室公布的《专利法》（修订草案送审稿）改变了上述规定，转而采取《商标法》所确定的模式，将法定赔偿排除在惩罚性赔偿的计算基础之外。从比较法的角度来看，《美国版权法》和《美国商标法》上的法定赔偿亦被排除在加重赔偿制度之外。[6]

---

[1] 《江苏省高级人民法院关于知识产权侵权损害适用定额赔偿办法若干问题的指导意见》第 20 条。

[2] 《最高人民法院关于审理侵犯专利权纠纷案件应用法律若干问题的解释》第 22 条。

[3] 《商标法》第 63 条第 1 款。

[4] 《商标法》第 63 条第 3 款。

[5] 《专利法》（修订草案）第 65 条将惩罚性赔偿条款设置在该条第 3 款，将赔偿基数规定为"前两款"中的实际损失、侵权所得、许可使用费的合理倍数，以及法定赔偿。

[6] 实际上我国讨论的知识产权领域的惩罚性赔偿在美国知识产权单行法上被称为加重赔偿。加重赔偿制度与州法层面上的惩罚性赔偿在制度渊源和功能定位上存在一定的差异。关于知识产权领域的惩罚性赔偿的制度属性，参见本书第六章第一节。

将法定赔偿排除在惩罚性赔偿计算基础之外，体现了对法定赔偿具有一定惩罚性功能的认识。

第三节　法定赔偿的计算

法定赔偿在本质上是法院依据法律的特别规定，确定损害赔偿数额的方法。法定赔偿数额的计算主要涉及计算基准和考量因素两个方面的内容。

一、计算基准

法定赔偿的计算基准，是要弄清楚法律预先确定的损害赔偿数额限制的对象为何，即是以每个案件、每个涉案知识产权客体、每项具体的知识产权还是每个侵权行为为基准。不同计算基准的选择体现了对法定赔偿制度功能的不同认识。目前，我国各知识产权单行法中并没有对法定赔偿的计算基准给出明确规定。导致关于法定赔偿计算基准存在不同的认识。有的认为应当以具体的侵权行为为基准，[1] 有的认为应当以被侵权的产品为基准，[2] 还有的认为应当以被侵犯的具体权利为基准。[3] 在我国法定赔偿数额的适用幅度区间较大的情形下，不同的计算基准可能导致在司法实践中就同一案件的通过法定赔偿确定的损害赔偿数额存在较大差异。

按照《美国版权法》的规定，版权侵权案件中法定赔偿的计算基准是一部作品，而不论侵权人从事了多少个侵权行为，不论有多少个侵权

---

[1] 陈舟："对知识产权侵权案法定赔偿的几点建议"，载《电子知识产权》2003 年第 10 期。

[2] 南振兴、王岩云："知识产权侵权认定及损害赔偿研究"，载《河北经贸大学学报》2005 年第 4 期；《北京市高级人民法院关于确定著作权侵权损害赔偿责任的指导意见》第 10 条。

[3] 曾玉珊："论知识产权侵权损害的法定赔偿"，载《学术研究》2006 年第 12 期；钱玉文："论我国知识产权法定赔偿制度的司法适用"，载《社会科学家》2008 年第 2 期；《江苏省高级人民法院关于知识产权侵权损害适用定额赔偿办法若干问题的指导意见》第 15 条。

人承担连带责任,❶ 亦不论案件涉及多少侵权复制件,以及有多少项专有权利被侵犯。❷ 此外,对于汇编作品或者演绎作品而言,其全部内容应视为同一部作品。❸ 也就是说,如果侵权人侵犯了一本诗集的版权时,法定赔偿的计算不应以诗集中诗歌的数量计算,而是以一整本诗集作为一部作品计算法定赔偿额。当然,如果侵权人仅仅侵犯了整本诗集中的一首或者几首诗歌,而没有侵犯整个诗集的版权,则可以以单首诗歌作为一部作品计算法定赔偿数额。❹ 在美国,录音属于乐谱的演绎作品,在涉及音乐侵权案件中适用法定赔偿时,法院认为录音和乐谱应当为一部作品。❺ 在美国,法定赔偿数额体现了制定法对于作品价值的估量。类似的,按照《美国商标法》的规定,商标侵权案件中法定赔偿的计算基准是一类商品或者服务上的一个商标,域名抢注案件中法定赔偿的计算标准则是一个域名。❻

二、考量因素

如前文所述,《美国版权法》和《美国商标法》上的法定赔偿在本质为定额赔偿,其主要目标在于通过法律规定为权利人设定一种最低保障。美国法上的法定赔偿额的确定仅仅要求法院在具体案件中考察侵权人主观状态这一因素(见表 5-1 和表 5-2)。

---

❶ 《美国版权法》第 504 条 (c) 款。在 1909 年《美国版权法》中,法定赔偿的计算基准是侵权行为的数量。

❷ H. R.Rep.No.1476, 94th Cong., 2nd Sess.162 (1976).

❸ 《美国版权法》第 504 条 (c) 款。

❹ *WB Music Corp.v. RTV Communication Group, Inc.*, 445 F. 3d 538, 540 – 541 (2d Cir. 2006).

❺ *Bryant v.Media Right Productions, Inc.*, 603 F. 3d 135 (2d Cir.2010).

❻ 《美国商标法》第 35 条 (d) 款。

表 5-1　《美国版权法》上的法定赔偿

适用情形	计算基准	额度（美元）
非营利性教育机构/公共广播组织中的特定个体（有理由相信其行为属于合理使用）	一部作品	0
不知道构成侵权的侵权人		≥200
知道构成侵权但是并非出于故意的侵权人		750~3 000
故意侵权人		750~150 000

表 5-2　《美国商标法》上的法定赔偿

适用情形	计算基准	额度（美元）
商标侵权	一类商品/服务上的一个商标	1 000~200 000
故意商标侵权人		≥2 000 000
域名抢注	一个域名	1 000~100 000

与美国法上法定赔偿制度设置的初衷不同，我国各知识产权单行法中规定的法定赔偿则被作为一种替代实际损失的损害赔偿计算方式。为了使得法定赔偿充分实现补偿权利人损失的目的，我国法院在如何细化法定赔偿适用的考量因素方面下了很大功夫。根据相关司法解释的规定，适用法定赔偿酌定损害赔偿数额时，需要考量的因素大致包括涉案知识产权价值的高低、侵权获利、合理许可费、侵权情节的轻重、侵权行为的程度以及侵权人的主观过错程度等。[1] 在司法实践中，各地法院对适用法定赔偿考量的因素进行细化。[2] 有的法院建议，在确定法定赔

---

[1] 《最高人民法院关于审理著作权民事纠纷案件适用法律若干问题的解释》第 25 条第 2 款、《最高人民法院关于专利纠纷案件适用法律问题的若干规定》第 21 条、《最高人民法院关于审理商标民事纠纷案件适用法律若干问题的解释》第 16 条第 2 款。

[2] 《北京市高级人民法院关于确定著作权侵权损害赔偿责任的指导意见》第 9 条、《上海市高级人民法院关于知识产权侵权纠纷中适用法定赔偿方法确定赔偿数额的若干问题的意见》第 5 条、《江苏省高级人民法院关于知识产权侵权损害适用定额赔偿办法若干问题的指导意见》第 6 条、《重庆市高级人民法院关于确定知识产权侵权损害赔偿数额若干问题的指导意见》第 19 条、《安徽省高级人民法院关于审理商标、专利、著作权侵权纠纷案件适用法定赔偿的指导意见》第 4~6 条。

偿数额时，通过合理设定相应的考量因素和层级区间，在全方位评估分析权利信息和侵权信息的基础上进行综合评判，合理确定赔偿额度。❶

　　然而在司法实践中，我国法院在判决过程中对法定赔偿的考量因素的考察多流于形式，通常仅是罗列若干考量因素，并不就各因素对法定赔偿数额的影响做详细的论述。❷ 这种实践显然无法有效达到准确计算法定赔偿数额的效果。但是如果过分强调当事人对具体因素进行举证，又可能违背法定赔偿简化损害赔偿计算方法的初衷。另外，如果当事人能够对法定赔偿的具体考量因素进行举证，就不可能存在实际损失、侵权获利和许可费难以确定的问题。同时，法定赔偿涉及的参考因素过多，还可能导致法官过分关注具体的因素，忽略制度设置的初衷，偏离赔偿额确定基准的危险。❸ 正因为如此，目前司法实务界的主流意见是应当积极引导当事人选用侵权受损或者侵权获利方法计算赔偿，尽可能避免简单适用法定赔偿方法。❹

---

❶ "西门子诉新昌县西门子生活电器有限公司等侵害商标权及不正当竞争案"，（2016）浙民终第 699 号民事判决书。

❷ 徐聪颖："我国商标权法定赔偿的现状及反思"，载《甘肃政法学院学报》2015 年第 3 期。

❸ 李黎明："专利侵权法定赔偿中的主体特征和产业属性研究——基于 2002～2010 年专利侵权案件的实证分析"，载《现代法学》2015 年第 7 期。

❹ 《最高人民法院关于当前经济形势下知识产权审判服务大局若干问题的意见》，《安徽省高级人民法院关于审理商标、专利、著作权侵权纠纷案件适用法定赔偿的指导意见》第 2 条。

第六章　惩罚性赔偿

受有效遏制知识产权侵权行为发生的主流意见的影响，在知识产权领域引入惩罚性赔偿已经成为我国学术界和实务界的共识。● 由于我国在民事侵权领域并未全面引入惩罚性赔偿制度，对于在知识产权领域引入惩罚性赔偿制度的基本理论和制度设计等问题，需要结合侵权损害赔偿救济的一般理论和知识产权制度的特殊性进行深入的讨论。

第一节　惩罚性赔偿的基本理论问题

讨论知识产权领域惩罚性赔偿制度的引入和制度设计，首先需要对惩罚性赔偿的概念、制度价值以及与其他制度的关系等基本理论问题进行厘清。由于我国知识产权侵权中惩罚性赔偿的引入主要以英美法系为蓝本，在讨论的过程中，有必要对英美法系，特别是美国的惩罚性赔偿制度与其知识产权单行立法中关于加重赔偿的相关规定进行考察。

一、概念辨析：惩罚性赔偿与加重赔偿

在英美法系，惩罚性损害赔偿，又称警戒性赔偿，是指在补偿性赔偿和象征性赔偿之外，用以惩罚行为人的恶性行为以及威吓该行为人与

● 事实上，与我国知识产权领域惩罚性赔偿相对应的，是美国各知识产权制定法上的加重赔偿制度。在美国，惩罚性赔偿仅是各州普通法层面的问题。鉴于目前我国学术研究和实践中已经约定俗成地使用惩罚性赔偿这一用语，本书亦采之。只不过，在法律移植和比较研究时需要注意上述问题，方不至于选错对象、张冠李戴。

其他人在未来再为相类似行为而所给予的赔偿金。❶ 惩罚性赔偿的适用通常只以原告有权获得赔偿实际损失或者至少是有权获得象征性赔偿为前提。❷ 也就是说，只有侵权行为造成的实际损失已经确定时，才能在此基础之上考虑增加损害赔偿金数额的问题。需要注意的是，在英美法系，惩罚性赔偿仅仅是一种普通法上的特殊金钱救济形式，并非泛指所有具有惩罚性功能的赔偿规则。按照我国学者的理解，惩罚性赔偿被用来泛指在权利人实际损失数额之上确定损害赔偿金的救济方式。按照这样的理解，凡是具有惩罚性功能的制度均可归入惩罚性赔偿的范畴。这样一来，美国知识产权单行立法上的加重赔偿在我国均被认为属于惩罚性赔偿。❸ 然而在美国，由于加重赔偿仅仅是制定法上的制度，通常被放在惩罚性赔偿之外进行讨论。从这个意义上讲，在美国，制定法并没有赋予知识产权权利人主张惩罚性赔偿的权利。❹

在《美国版权法》上，存在通过对于故意侵权行为增加法定赔偿额度的规定，该规定即可以达到惩罚和防止恶意侵权行为出现的目标。❺ 在 On Davis v.The Gap, Inc. 案中，美国第二上诉巡回法院认为，惩罚性赔偿是州法层面上的制度，由于加重法定赔偿的存在排除了惩罚性赔偿在版权领域适用的余地。❻ 此外，《美国版权法》还规定了适用于特定案件的附加赔偿规则，即在被控侵权人不符合《美国版权法》关于广播节目中演出和展览他人作品的例外的，版权人除了可以主张损害赔偿救济之外，还可以主张向其支

---

❶ Restatement (Second) of Torts § 908 (1979).

❷ 25 A C. J. S.Damages § 233, 234 (2017).

❸ 朱丹：《知识产权惩罚性赔偿制度研究》，法律出版社 2016 年版，第 66 页；冯晓青、罗娇："知识产权侵权惩罚性赔偿研究——人文精神、制度理性与规范设计"，载《中国政法大学学报》2015 年第 6 期。

❹ *Oboler v.Goldin*, 714 F. 2d 211, 213 (2d Cir.1983). Thomas F.Cotter, *Comparative Patent Remedies: A Legal and Economic Analysis* 141 (2013); J.Thomas McCarthy, *McCarthy on Trademark and Unfair Competition* § 30：90 (database updated 2014); William F.Patry, *Patry on Copyright* § 22：151 (database updated 2015).

❺ 《美国版权法》第 504 条（c）款（2）。

❻ *On Davis v.The Gap, Inc.*, 246 F. 3d 152, 172 (2d Cir.2001).

付至少过去三年中相当于 2 倍许可费的费用。❶ 显然该规定亦可以实现惩罚性的目标，但是在制度归属上并非惩罚性赔偿。

《美国专利法》在损害赔偿救济条款中亦专门设置了加重赔偿规则，授权法院通过自由裁量将损害赔偿金增加至实际损失或者合理许可费的 3 倍。❷ 在司法实践中，美国法院通常在被控侵权人主观上存在恶意时适用加重赔偿规则。❸ 美国专利侵权中的加重赔偿规则最早是 1793 年引入的，规定专利权人至少可以获得 3 倍于其销售和许可收入的赔偿数额。❹ 规定加重赔偿的初衷，是出于对陪审团认定的损害赔偿数额过低、不足以保护专利权人利益的考虑。❺ 1800 年《美国专利法》将 3 倍赔偿的计算基础由专利权利人的收入修改为权利人的实际损失。❻ 1836 年《美国专利法》改变了加重赔偿的强制性特征，规定法院有权将损害赔偿数额增加至不超过实际损失的 3 倍，❼ 从而将加重赔偿由损害赔偿的最低标准转换为最高标准。此后，加重赔偿的规则一直为各个时期不同版本的《美国专利法》所保留。按照美国司法实践的主流观点，在专利侵权损害赔偿救济中，实际损失和合理许可费标准是实现补偿权利人损失的重要手段，加重赔偿的主要功能并非补偿专利权人的实际损失，而是遏制恶意侵权的发生，在本质上并不是补偿性的，而是具有惩罚性。❽

与对专利侵权中加重赔偿属性的认识不同，《美国商标法》虽然规定法院在估算损害赔偿额时可以将损害赔偿增加至不超过 3 倍于实际损

---

❶ 《美国版权法》第 504 条（d）款。

❷ 《美国专利法》第 284 条（b）款。

❸ *Yarway Corp. v. Eur-Control USA，Inc.*，775 F. 2d 268，277（Fed.Cir.1985）.

❹ § 5，1 Stat.at 322.

❺ Samuel Chase Means，*The Trouble with Treble Damages：Ditching Patent Law's Willful Infringement Doctrine and Enhanced Damages*，2013 U.Ill.L.Rev.1999，2007-2008（2013）.

❻ § 3，2 Stat.at 38.

❼ § 14，5 Stat.at 123.

❽ *Halo Electronics，Inc. v. Pulse Electronics，Inc.*，136 S.Ct.1923，1929‐1930（2016）；*SRI Int'l，Inc. v. Advanced Tech. Labs.，Inc.*，127 F. 3d 1462（Fed.Cir.1997）；*Knorr-Bremse Systeme Fuer Nutzfahrzeuge GmbH v. Dana Corp.*，383 F. 3d 1337（Fed. Cir. 2004）；*Whitserve，LLC v. Computer Packages，Inc.*，694 F. 3d 10，37（Fed.Cir.2012），cert.denied，133 S.Ct.1291（2013）.

失的数额，但是却明确规定此种情形仍然是补偿性而非惩罚性赔偿。❶
对于该条规定合理性的解释是，在商标侵权中商标所有人很难证明全部
实际损失，在能够证明的损失少于实际受到的损失时，通过 3 倍赔偿的
规定达到有效弥补商标所有人实际损失的目的。❷ 然而事实上，加重赔
偿在具体案件中起到补偿作用还是惩罚作用的界限并不清晰。❸ 学者认
为，在法律对带有惩罚性的损害赔偿采取谨慎态度的大环境下，上述规
定应当被解读为明确赋予法院适当增加损害赔偿数额的权力，而非对法
院增加赔偿数额设定限制条件。❹ 1984 年《美国商标法》修订中引入了
对于故意仿冒侵权给予 3 倍赔偿的专门规定。即除非存在减轻责任的情
形，对于明知标识系假冒的仍然故意在销售、许诺销售产品或者提供服
务过程中使用商标，或者故意为上述行为提供商品或者服务的行为，法
院亦可确定 3 倍于侵权获利或者损失的损害赔偿金，并判决被告支付合
理律师费。❺ 在司法实践中，美国法院却将该规定的理论基础建立在遏
制侵权发生的基础上，认为加重赔偿的规定尤其适用于隐蔽性侵权的场
合，在这类案件中单纯地赔偿实际损失或者支付侵权获利不足以达到遏
制侵权发生的效果，因为对于那些没能被证实的侵权行为而言，侵权人
仍然有利可图。❻ 在美国商标侵权的司法实践中，通说认为惩罚性赔偿
主要是州法层面上的问题，在联邦制定法的层面上是不能适用惩罚性赔

---

❶ 《美国商标法》第 35 条 (a) 款。

❷ *Taco Cabana Int'l, Inc. v. Two Pesos, Inc.*, 932 F. 2d 1113 (5th Cir.1991), aff'd, 505 U. S.763 (1992).

❸ J.Thomas McCarthy, *McCarthy on Trademark and Unfair Competition* § 30：91 (2014).

❹ Ralph S.Brown, *Civil Remedies for Intellectual Property Invasions：Themes and Variations*, 55 Law & Contemp.Probs.45，75–76 (1992).

❺ 《美国商标法》第 35 条 (b) 款。

❻ *Louis Vuitton S. A. v. Lee*, 875 F. 2d 584，588 (7th Cir.1989).

偿的。❶ 同时，有学者主张在联邦注册商标侵权案件中没有必要引入惩罚性赔偿理论，因为《美国商标法》不但允许在实际损失之上的 3 倍确定损害赔偿金，还允许几乎不受任何限制地支付侵权获利。❷ 上述两种救济手段已经足以达成惩罚侵权人的目的。

综上所述，我国学者讨论的知识产权法中惩罚性赔偿制度，实际上仅是美国制定法上的加重赔偿，该种制度虽然具有惩罚性，但是在制度归属上并不被认为是惩罚性赔偿。当然，由于反不正当竞争领域主要属于州法领域，因此可能涉及惩罚性赔偿的适用问题。《美国统一商业秘密法案》规定，如果有故意和恶意侵占他人商业秘密的行为存在，可以判决不超过两倍的惩罚性赔偿。❸ 受此影响，2016 年通过的《美国商业秘密保护法》亦明确规定如果盗用商业秘密的行为是出于故意或者恶意，可以适用不超过两倍的惩罚性赔偿金。❹

二、惩罚性赔偿的制度价值

从用语上看，惩罚性赔偿的主要功能当然在于对侵权人进行惩罚。然而从实际效果来看，加重侵权人的赔偿责任还可能具有警戒他人、遏制侵权继续发生以及适当补偿诉讼开支等功能。❺ 因此，需要从多方面认识知识产权侵权中惩罚性赔偿的制度价值。

从比较法的角度来看，惩罚性赔偿的首要功能当然在于对恶意侵权人进行惩罚，"判处惩罚性赔偿金的目的都是惩罚遏制和该国法律价值

---

❶ *Electronics Corp. of America v. Honeywell，Inc.*，358 F. Supp. 1230（D. Mass. 1973），aff'd，487 F. 2d 513（1st Cir. 1973），cert. denied，415 U. S. 960（1974）；*Caesars World，Inc. v. Venus Lounge，Inc.*，520 F. 2d 269（3d Cir. 1975）；*Metric & Multistandard Components Corp. v. Metric's，Inc.*，635 F. 2d 710（8th Cir. 1980）；*Getty Petroleum Corp. v. Bartco Petroleum Corp.*，858 F. 2d 103（2d Cir. 1988），cert. denied，490 U. S. 1006（1989）.

❷ J. Thomas McCarthy，*McCarthy on Trademarks and Unfair Competition* § 30：97（database updated 2014）.

❸ Uniform Trade Secrets Act § 3（b），14 U. L. A. 634（2005）.

❹ 《美国商业秘密保护法》（C）。

❺ J. Thomas McCarthy，*McCarthy on Trademarks and Unfair Competition* § 30：96（database updated 2014）.

相违背的民事违法行为"。❶ 然而从传统侵权法的理论出发,通过损害赔偿对侵权人进行惩罚显然已经超出了补偿损害的基本范畴。在这样的认识下,惩罚性赔偿通常被看作"一种破除常规的特殊惩罚制度,它实质上授予私人一种惩罚特权,以弥补刑法在维持公共利益上的缺漏,并满足受害人对加害人的报应需求",❷ 体现的是对恶意侵权人的非难。

而在知识产权侵权损害赔偿救济领域引入惩罚性赔偿,其主要目的并非在于对恶意侵权人的非难。通过惩罚性赔偿制度的引入"加大知识产权侵权行为惩治力度……提高知识产权侵权成本",❸ 其最终目的在于遏制侵权发生。具体来讲,惩罚性赔偿的遏制作用体现在以下两个方面:一方面,通过使侵权人付出超出实际损失的损害赔偿金额,遏制侵权人继续从事侵权行为,从而达到特殊预防的效果;另一方面,通过对侵权人的惩罚对其他潜在侵权人形成一种威慑作用,从而达到一般预防的效果。当然,从创新连续性的角度来看,在知识产权侵权损害赔偿救济中引入惩罚性赔偿时,需要警惕惩罚思维导致过度遏制进而阻碍后续创新的不利后果,❹ 知识产权领域中惩罚性赔偿的适用需要考察其对整体创新环境的影响。

此外,在知识产权领域引入惩罚性赔偿还可以避免由于对侵权行为发现不足带来的执行不足的问题。❺ 知识产权客体的非物质性特征决定了知识产权侵权具有隐蔽性,但是实际损失、侵权获利和许可费的计算过程中均以能够证明的侵权行为为基础。也就是说,已有的知识产权侵权损害赔偿计算方法在实际操作中可能无法反映知识产权权利人受到的全部损失。此外,知识产权侵权的维权成本过高,导致知识产权权利人

---

❶ 阳庚德:"普通法国家惩罚性赔偿制度研究——以英、美、澳、加四国为对象",载《环球法律评论》2013 年第 4 期。

❷ 朱广新:"惩罚性赔偿制度的演进与适用",载《中国社会科学》2014 年第 3 期。

❸ 《中共中央国务院关于完善产权保护制度依法保护产权的意见》(中发〔2016〕28 号)。

❹ 蒋舸:"著作权法与专利法中'惩罚性赔偿'之非惩罚性",载《法学研究》2016 年第 5 期。

❺ Thomas F. Cotter, *An Economic Analysis of Enhanced Damages and Attorney's Fees for Willful Patent Infringement*, 14 Fed.Circuit B. J.291, 310-311 (2004).

可能放弃通过诉讼的方式主张权利。惩罚性赔偿则通过增加损害赔偿数额的方式有利于全部赔偿原则的实现。从这个角度来看,惩罚性赔偿制度还具有一定的补偿功能。❶

第二节 惩罚性赔偿的制度设计

知识产权侵权中惩罚性赔偿制度主要涉及适用条件、数额计算以及与其他制度的关系三方面内容。

一、惩罚性赔偿的适用条件

在美国,惩罚性赔偿与加重赔偿在适用上的主要区别在于:州法层面惩罚性赔偿的适用以当事人明确请求为前提,法院无权主动适用惩罚性赔偿;而在知识产权侵权案件中,法院则对是否适用加重赔偿享有自由裁量权,法院一旦发现清楚而可信的恶意侵权证据可以主动适用惩罚性赔偿。❷ 而在知识产权领域加重赔偿的适用,重点考察被控侵权人的主观心态。

我国《商标法》明确规定,对于恶意侵犯商标专用权,情节严重的,法院可以适用惩罚性赔偿。❸ 关于恶意的含义,我国学界倾向于将其解释为故意。❹ 在《著作权法》和《专利法》的修订过程中官方公布

---

❶ Justin A. Reddington, *To Caesar what is Caesar's: An Addacious Claim for Punitive Damage Reform in Patent Law*, 10 Liberty U. L. Rev. 201, 224 (2015).

❷ *State Industries, Inc. v. Mor-Flo Industries. Inc.*, 883F.2d 1573, 1757 (Fed. Cir. 1997). 在我国,有学者在讨论知识产权领域惩罚性赔偿的适用条件时,建议以知识产权权利人申请作为适用前提。实际上是没有弄清美国法上的惩罚性赔偿和加重赔偿之间的区别。朱丹:《知识产权惩罚性赔偿制度研究》,法律出版社 2016 年版,第 220 页。

❸ 《商标法》第 63 条第 1 款。

❹ 袁秀挺:“知识产权惩罚性赔偿制度的司法适用”,载《知识产权》2015 年第 7 期。

的送审稿中，惩罚性赔偿适用的主观要件采取了故意标准。❶

《美国商标法》明确规定加重赔偿的主观要件规定为故意。❷《美国专利法》仅规定法院有权对是否适用惩罚性赔偿享有自由裁量权，并未规定加重赔偿的主观要件。❸ 在司法实践中，美国法院通常将侵权人在主观上具有恶意作为加重赔偿适用的前提条件。所谓的恶意侵权，一般是指故意地无视他人的专利权而从事侵权行为。在 Read Corporation Ft. v. Portec Inc. 案中，美国联邦上诉巡回法院列举了恶意侵权的考量因素，主要包括侵权人是否故意地复制了专利权人的发明；侵权人是否知道专利的存在以及是否善意地相信其行为并未构成侵权或者专利是无效的；侵权人在诉讼中的行为；侵权人的规模和财务状况；该案是否为个别侵权；侵权行为的持续时间；侵权人采取的救济手段；侵权人从事侵权行为的动机；以及侵权人是否试图隐匿其违法行为等。❹ 该标准通常要求侵权人履行合理的注意义务去避免侵权的发生，如果侵权人没有合理理由相信可以避免侵权行为的发生，专利权人就可以证明侵权人在主观上具有恶意。❺

---

❶ 国务院法制办 2014 年 6 月公布的《著作权法》（修订草案送审稿）第 76 条第 2 款规定，"对于两次以上故意侵犯著作权或者相关权的，人民法院可以根据前款计算的赔偿数额的二至三倍确定赔偿数额"。国家知识产权局 2014 年 3 月公布的《专利法》（修订草案送审稿）第 65 条第 3 款规定，"对于故意侵犯专利权的行为，人民法院可以根据侵权行为的情节、规模、损害后果等因素，将根据前两款所确定的赔偿数额提高至二到三倍"。台湾地区 "专利法" 第 85 条第 3 款亦规定，"侵害行为如属故意，法院得依侵害情节，酌定损害额以上之赔偿，但不得超过损害额之三倍"。

❷《美国商标法》第 35 条（b）款。

❸《美国专利法》第 284 条（b）款。

❹ *Read Corporation Ft. v. Portec Inc.*，970 F. 2d 816，827（Fed. Cir. 1992）.

❺ *Vulcan Engineering Co. v. Fata Aluminium, Inc.*，278 F. 3d 1366，1378-1379（Fed. Cir. 2002）. 在 2007 年《美国专利法》修改过程中，有一种建议是在被诉侵权人收到专利权人的通知时即可以构成恶意。但是问题在于，权利人的通知并不决定侵权是否成立、权利人所依据的专利权是否有效也是存在疑问的。H. R. 1908 § 5（c）（2）（A）. 对此，进一步的建议是给被控侵权人一个进行调查的合理机会。引入调查机制带来的问题在于对改机制本身如何适用的分歧。被控侵权人未能对被诉侵权行为寻求相关建议，或者未能向法院或者陪审团出具该种建议的，不能被用于证明被控侵权人出于恶意地从事侵权行为。Leahy-Smith America Invents Act, Pub. L. No. 112-129，§ 17，125 Stat. 284，329（2011）. The amendments to this section take effect on September 16, 2012.

二、惩罚性赔偿数额计算

惩罚性赔偿数额计算的通常方法是以实际损失乘以相应的倍数，因此涉及基数的选择和倍数的确定两方面内容。

我国《商标法》采用了以补偿性赔偿的特定倍数来确定惩罚性赔偿数额的做法。可以作为惩罚性赔偿基数的除了实际损失以外，还包括以侵权获利、许可费倍数计算的损害赔偿数额。❶ 而法定赔偿并未被作为惩罚性赔偿计算的基础。《美国商标法》上加重赔偿的计算基础包括实际损失和侵权获利。❷ 如前文所述，在美国，合理许可费是商标侵权损害赔偿中实际损失的一种计算方式。❸ 因此，可以认为我国《商标法》与《美国商标法》在惩罚性赔偿计算基准的设置上大致相同。

但是，《美国专利法》中的加重赔偿的计算基础仅是实际损失，并不包括合理许可费。❹ 这是因为加重赔偿的目的之一在于解决以实际损失计算赔偿数额带来的赔偿不足问题，而合理许可费并不以实际损失的存在为前提，仅是损害赔偿救济的最低保障。在我国亦有学者不同意将许可费的合理倍数作为惩罚性赔偿的计算基数。❺ 理由在于法院在确定合理费倍数时必然会考虑侵权人的主观过错。对于主观恶意较大的侵权人适用较高的倍数，这一过程已经体现了惩罚故意侵权行为、遏制潜在侵权行为的机能。因此没有必要对侵权人再处以惩罚性赔偿。

在美国，加重赔偿的适用一般均采取不高于补偿性损害赔偿金额 3 倍的做法。在这一点上，我国《商标法》与《著作权法》和《专利法》修订草案中的规定与美国的模式是一致的。

---

❶ 《商标法》第 63 条第 1 款。
❷ 《美国商标法》第 35 条（b）款。
❸ 参见本书第三章第四节。
❹ 《美国专利法》第 284 条（b）款。
❺ 冯晓青、罗娇："知识产权侵权惩罚性赔偿研究——人文精神、制度理性与规范设计"，载《中国政法大学学报》2015 年第 6 期。

三、惩罚性赔偿与其他制度的关系

惩罚性赔偿的制度设计还需要解决该制度与知识产权侵权损害赔偿中其他制度之间的关系问题，尤其是与具有惩罚性功能的法定赔偿、支付合理维权开支等制度的协调。

（一）惩罚性赔偿与法定赔偿

如前文所述，在美国法上，法定赔偿的适用注重对侵权人主观状态的考察，对于主观上存在恶意的侵权人增加损害赔偿数额的做法在实质上体现了惩罚的考量。在我国知识产权侵权损害赔偿救济的司法实践中，法定赔偿亦已经具有一定的惩罚性特征。我国法院在适用法定赔偿时通常会考虑被控侵权人在主观上是否存在恶意、侵权行为是否性质恶劣等因素，将其作为计算赔偿数额的加重因素考虑。❶ 据此，有学者认为我国知识产权单行法中的法定赔偿制度实为惩罚性赔偿制度的一种特殊情况。❷ 因此，法定赔偿不能被作为惩罚性赔偿的适用基础。在《美国商标法》中，加重赔偿规则即与法定赔偿相互独立，计算惩罚性赔偿的基础主要包括实际损失、侵权获利和许可费。❸ 我国《商标法》亦采取上述模式。按照《商标法》的规定，法定赔偿并非惩罚性赔偿数额计算的基础。❹法定赔偿的确可能具有惩罚性功能，但是不能认为法定赔偿制度就是为了实现惩罚目的而设立的。法定赔偿的首要功能还是在于为补偿知识产权权利人的实际损失提供最低保障。当然，由于法定赔偿计算方式的特殊性，在实践中似乎难以确定法定赔偿到底实现了上述何种功能。为此，《商标法》将法定赔偿排除在惩罚性赔偿额计算的基础之外是具有合理性的。因为对于已经体现了惩罚性功能的法定赔偿而言，

---

❶ "新平衡运动鞋公司诉泉州市纽班伦体育用品有限公司商标侵权纠纷案"，上海市黄浦区人民法院（2010）黄民三（知）初字第 368 号民事判决书。

❷ 袁秀挺："知识产权惩罚性赔偿制度的司法适用"，载《知识产权》2015 年第 7 期。

❸ 《美国商标法》第 35 条。

❹ 《商标法》第 63 条第 1 款。

再以此为基础通过翻倍的方式确定惩罚性赔偿数额的方式显然并不合适。[1] 与《商标法》的模式不同，《著作权法》（修订草案送审稿）和《专利法》（修订草案送审稿）均将法定赔偿纳入惩罚性赔偿的计算基准之一。[2] 这种模式是存在缺陷的。

（二）法定赔偿与合理开支

在美国，按照某些州的法律，惩罚性赔偿的适用被限定在补偿原告的诉讼开支范围内。[3] 如果法律上明确设定了要求侵权人向胜诉的知识产权权利人支付合理维权开支的规则，似乎就没有必要再去利用惩罚性赔偿来弥补权利人的维权开支。我国《商标法》即采取该种模式，明确将合理维权开支放在惩罚性赔偿计算的范围之外。[4]《著作权法》和《专利法》的修订草案送审稿中亦采取上述模式。[5]

---

[1]　Marketa Trimble Landova, *Punitive damages in copyright infringement actions under the US Copyright Act*, E. I. P. R.2009, 31（2），p. 110.

[2]　《著作权法》（修订草案送审稿）第 76 条、《专利法》（修订草案送审稿）第68条。

[3]　*Triangle Sheet Metal Works, Inc. v. Silver*, 154 Conn.116, 222 A. 2d 220（1966）.

[4]　《商标法》第 63 条第 1 款。

[5]　《〈著作权法〉（修订草案送审稿）》第 68 条第 1 款、《〈专利法〉（修订草案送审稿）》第 63 条第 1 款。

第七章　合理开支

为了充分保护知识产权权利人，缓解高额的调查成本和诉讼成本对知识产权维权的抑制作用，知识产权损害赔偿救济制度中专门引入了合理开支的负担规则。TRIPs 协议在损害赔偿的条目下明确要求成员方设置支付有关费用（包括律师费）的规则。❶ 我国各知识产权单行法亦将为制止侵权行为所支付的合理开支纳入损害赔偿救济之中。

第一节　支付合理开支概说

一、制度归属

从比较法的角度来看，受各个国家和地区法律传统的影响，合权开支的制度归属并不相同。按照《欧盟知识产权产权执法指令》的规定，支付诉讼费用和其他开支的条文被安排在损害赔偿条款之后。❷ 在德国，知识产权权利人为制止侵权行为和调查取证所支出的合理费用被看作侵权行为引发的实际损失，而律师费的承担则属于诉讼法上的费用转移问题。❸ 在日本，知识产权权利人为制止侵权行为和调查取证所支出的合

---

❶ TRIPs 协议第 45 条第 2 款。

❷ 《欧盟知识产权产权执法指令》第 14 条。

❸ 《德国民事诉讼法》第 91 条。［法］乔治·卡明等著：《荷兰、英国、德国民事诉讼中的知识产权执法》，张伟君译，商务印书馆 2014 年版，第 148 页。

理费用以及律师费均被看作是侵权行为引发的实际损失。❶ 在美国，支付律师费与实际损失的赔偿属于两个不同的问题。❷ 但是在知识产权的不同领域诉讼开支和律师费之间的关系则存在不同。根据《美国版权法》的规定，在损害赔偿之外，法院有权判给败诉方当事人支付对方的支出和合理律师费。❸ 在《美国专利法》和《美国商标法》上，诉讼开支被放在损害赔偿条款之中，而律师费则被放在不同条款之中，规定仅在例外情形下方由败诉方支付合理的律师费用。❹

我国知识产权制度建立之初，除《反不正当竞争法》以外，❺ 各知识产权单行法并未对侵权诉讼中支付合理开支的问题进行规定。为了贯彻 TRIPs 协议的要求，各知识产权单行法纷纷引入了侵权人败诉时需承担知识产权权利人为制止侵权行为所支出合理开支的规定，并将支付合理开支安排在损害赔偿条款之中。❻ 这种做法实际上是将合理开支视为知识产权权利人因侵权行为的发生而遭受的财产损失。❼ 将合理开支纳入损害赔偿的模式在实践中带来了一定的混乱。在司法实践中，我国法院对于合理开支是否应当独立于实际损失进行计算的问题出现分歧。一种观点认为既然合理开支被作为知识产权权利人实际损失的表现形式，在知识产权侵权损害赔偿额的酌定上就不需单独考虑合理开支的问题，

---

❶ ［日］曾井和夫、田村善之：《日本专利案例指南》，李扬等译，知识产权出版社 2016年版，第 404 页。

❷ *Wynn Oil Co.v.American Way Serv.Corp.* ，943 F. 2d 595（6th Cir.1991）.

❸ 《美国版权法》第 505 条。

❹ 《美国专利法》第 284 条、第 285 条，《美国商标法》第 35 条（a）款。

❺ 1993 年《反不正当竞争法》第 21 条明确规定，被诉侵权人 "应当承担被侵害的经营者因调查该经营者侵害其合法权益的不正当竞争行为所支付的合理费用"。

❻ 《著作权法》第 49 条第 1 款、《专利法》第 65 条第 1 款、《商标法》第 63 条第 1 款。

❼ 这种观点在其他法律领域亦存在，例如，《最高人民法院关于审理利用信息网络侵害人身权益民事纠纷案件适用法律若干问题的规定》第 18 条第 1 款即明确规定，"被侵权人为制止侵权行为所支付的合理开支，可以认定为侵权责任法第二十条规定的财产损失"。需要注意的是，诉讼费并不属于合理开支的范畴。因为诉讼费在性质上属于国家规费。江伟主编：《民事诉讼法学》（第 3 版），北京法学出版社 2015 年版，第 241 页。《诉讼费用交纳办法》第 6条规定，当事人应当向法院交纳的诉讼费用包括案件受理费，申请费，证人、鉴定人、翻译人员、理算人员在人民法院指定日期出庭发生的交通费、住宿费、生活费和误工补贴。

而仅需要酌定一个总的赔偿数额；另一种观点认为合理开支并不同于知识产权权利人的利润损失，其计算并不存在困难，因此倾向于单独计算合理开支。此外，关于合理开支与律师费的关系。最高人民法院发布的关于著作权和商标的相关司法解释把合理开支与律师费分开进行规定，认为合理开支包括权利人或者委托代理人对侵权行为进行调查、取证的合理费用，而是否向胜诉方支付律师费则需根据当事人的诉讼请求和具体案情进行裁量。❶ 但是在司法实践中，各地法院则把律师费也涵盖在合理开支之中。❷

从理论上讲，将合理开支定性为知识产权权利人的所受损失面临的难题之一在于因果关系难于确定。按照侵权法的基本理论，知识产权侵权中的实际损失，应当与侵权行为之间存在因果关系，即所受损失是由侵权行为所引起的。然而，知识产权权利人为了制止侵权行为而支出的合理维权开支，乃是为了赢得民事诉讼进而获得法律救济不得不支出的成本。从因果关系的角度来看，这些成本并非知识产权侵权行为直接引起的。将合理开支纳入知识产权损害赔偿制度之中，需要对被控侵权行为与合理开支之间是否存在侵权法上的因果关系进行考察。

二、制度目标

目前，将支付合理开支定位为充分补偿知识产权权利人的观点在我国仍然普遍存在。❸ 从本质上讲，合理开支体现为知识产权权利人获得法律救济的成本。支付合理开支是对知识产权权利人诉权的保障。通过

---

❶ 《最高人民法院关于审理著作权民事纠纷案件适用法律若干问题的解释》第26条、《最高人民法院关于审理商标民事纠纷案件适用法律若干问题的解释》第17条。

❷ 《北京市高级人民法院关于确定著作权侵权损害赔偿责任的指导意见》第22条、《上海市高级人民法院关于知识产权侵权纠纷中适用法定赔偿方法确定赔偿数额的若干问题的意见（试行）》第13条、《江苏省高级人民法院关于知识产权侵权损害适用定额赔偿办法若干问题的指导意见》第19条、《重庆市高级人民法院关于确定知识产权侵权损害赔偿数额若干问题的指导意见》第25条。

❸ "西门子诉新昌县西门子生活电器有限公司等侵害商标权及不正当竞争案"，（2016）浙民终第699号民事判决书。

补偿的方式，可以达到降低权利人诉讼成本、鼓励权利人通过诉讼的方式解决纠纷的目的。

在 Kirtsaeng v.John Wiley & Sons，Inc. 案中，美国最高法院认为判决败诉方承担合理开支应当有利于鼓励当事人坚持主张自己的权利，同时抑制恶意当事人进行诉讼。❶ 具体来讲，支付合理开支制度的目标在于激励明显可以胜诉的权利人在赔偿额非常小的情况下依然提起诉讼，也激励明显可以胜诉的被控侵权人在律师费远高于和解成本的情况下仍然坚持诉讼。当然，对于知识产权权利人而言，使败诉方支付合理开支还可以抑制不具有合理诉讼主张的当事人，促使明显会败诉的当事人放弃诉讼。❷

在知识产权领域，支付合理开支的适用还需考虑其对知识产权政策目标的作用。维权成本由谁承担无疑会影响到知识产权权利人寻求司法救济的行为。在知识产权领域，诉讼成本十分高昂的现实导致很多权利人对知识产权侵权诉讼望而却步。这种情况很可能导致权利人放任侵权行为的存在，显然不利于知识产权法激励创新政策目标的实现。

三、制度架构

从广义的角度来讲，支付合理开支属于对知识产权权利人的金钱救济。支付合理开支制度的内容主要包括以下几个方面。

（一）支付合理开支的条件

目前，我国合理开支的适用仅仅限定于知识产权权利人胜诉的情形，被诉侵权人胜诉时不适用支付合理开支的救济。除了知识产权权利人胜诉这一条件之外，我国现有的法律法规没有对支付合理开支设定其他限制条件。

然而，在实践中，知识产权权利人的诉讼请求并不一定会得到法院

---

❶ *Kirtsaeng v.John Wiley & Sons，Inc.*，136 U. S.1979，1986（2016）.
❷ 但是我国现行法律法规并未规定权利人败诉时被诉侵权人的合理开支的负担问题，因此败诉的权利人不必向胜诉的被诉侵权人支付合理开支。

的全部支持。在知识产权权利人部分胜诉的情形下，应将与胜诉的诉讼请求无关的开支排除在由被诉侵权人支付的范围。在司法实践中，通常可以知识产权权利人的诉讼请求获得支持的比例来支持相应的合理开支。❶

此外，还需要注意合理开支与其他知识产权金钱救济制度之间的关系。如前文所述，由于合理开支的特殊性，应当独立于知识产权损害赔偿之外单独计算。有争议的问题之一是关于法定赔偿与合理开支的关系。按照《美国商标法》的规定，如果商标权人选择法定赔偿，则其无权再去主张律师费。❷ 在我国知识产权侵权损害赔偿的司法实践中，合理开支通常被作为法定赔偿的考量因素之一被包含在法定赔偿数额之中。近年来，随着对合理开支本质属性认识的发展，逐渐出现在法定赔偿之外单独计算合理开支的做法。此外，在法院判决适用惩罚性赔偿的场合，是否还应适用支付合理开支的问题亦不无疑问。例如，在美国的商业秘密侵权诉讼案件中，惩罚性赔偿往往会影响到律师费的移转。❸ 按照《商标法》的规定，我国商标侵权中惩罚性赔偿的适用并不影响支付合理开支。❹ 这种做法是否符合知识产权法促进创新的政策目标则需要进一步的探讨。

（二）合理开支的范围

按照我国知识产权法律的规定，合理开支是指知识产权权利人为制止侵权行为所支付的开支，从法律的表述来看，合理开支似乎并不限于发生在诉讼之中的。为相关司法解释明确认可的合理开支主要包括律师费、调查取证费用等。❺ 我国法院认可的其他费用，还包括公证费、审

---

❶ 张广良主编：《知识产权民事诉讼热点专题研究》，知识产权出版社 2009 年版，第 148 页。

❷ *K and N Engineering*，*Inc. v. Bulat*，510 F. 3d 1079（9th Cir. 2007）.

❸ 黄武双："美国商业秘密侵权赔偿责任研究"，载《科技与法律》2010 年第 5 期。

❹ 《商标法》第 63 条。

❺ 《最高人民法院关于审理著作权民事纠纷案件适用法律若干问题的解释》第 26 条、《最高人民法院关于审理商标民事纠纷案件适用法律若干问题的解释》第 17 条。

计费、鉴定费、翻译费、咨询费、档案查询费、交通食宿费、诉讼材料印制费等。❶ 从上述列举的项目来看，所谓合理开支均为诉讼中发生的。因此，非发生在诉讼中的费用不属于合理开支。例如，为了获得行政保护而支付的开支应当不属于合理开支范围。

有的法院将为消除侵权影响而产生的费用，如必要的广告费用等亦纳入合理开支当中。❷ 如前文所述，纠正广告费用应当属于知识产权权利人的实际损失，不应属于合理开支。❸ 关于合理开支的范围，TRIPs 协议除了列举了律师费以外，并没有明确哪些费用属于权利人的开支。但是从文意上来看，费用与损害是不同的。从费用移转的角度来看，将合理开支限定在权利人围绕诉讼而发生的支出，将广告费等为了消除侵权行为影响给权利人带来的成本纳入实际损失是合理的。

（三）开支合理性的认定

对于知识产权权利人所主张的合理开支，法院需要对其主张进行审查，即审查这些开支的真实性、关联性和合理性。❹ 具体来讲，是要审查权利人主张的开支是否已经支出、这些开支是否为处理本案纠纷所支出，以及这些开支是否超出必要的范围。对这些因素的考量，需要结合具体案情进行判断。

在司法实践中，应当结合具体的案件事实，尤其是通过对相关费用支出的必要性、有无事实基础等方面进行审查。❺ 知识产权权利人合理开支需提供证据予以证明。在"华某某等与上海斯博汀贸易有限公司等侵犯专利权纠纷案"中，最高人民法院指出，为制止侵权行为所支付的合理开支并非必须要有票据一一予以证实，法院可以根据案件具体情

---

❶ 《北京市高级人民法院关于确定著作权侵权损害赔偿责任的指导意见》第 13 条。

❷ 《重庆市高级人民法院关于确定知识产权侵权损害赔偿数额若干问题的指导意见》第 25 条。

❸ 关于纠正广告损失，参见本书第二章第三节。

❹ 《上海市高级人民法院关于知识产权侵权纠纷中适用法定赔偿方法确定赔偿数额的若干问题的意见（试行）》第 12 条。

❺ 陈志兴："浅析知识产权诉讼合理开支的确定与赔偿"，见 2014 年中华全国专利代理人协会年会第五届知识产权论坛论文。

况，在有票据证明的合理开支数额的基础上，考虑其他确实可能发生的支出因素，在原告主张的合理开支赔偿数额内，综合确定合理开支赔偿额。❶ 在该案中，最高人民法院坚持了有限裁量的观点，在相关已查明事实的基础上，就调查取证费用作出合理与否的判断，而非一味地依赖票据支持。

在实践中往往出现原告将同一份公证文书在不同案件中作为证据材料使用的情形。在这种情形下，如果知识产权权利人已经就该部分支出获得补偿，就应当构成后续案件中的合理开支。❷

公证费的收费标准由国务院财政部门、价格主管部门会同国务院司法行政部门制定。❸ 从证据的关联性来看，如果公证书所要证明的事实之间是互相补充的，那么应该认定均是合理支出；如果公证书所要证明的事实完全是重叠或者性质完全相同的，则应当认定原告的部分公证费并非制止侵权行为的合理开支。例如，在"常熟纺织机械厂有限公司与（法国）斯托布利—法韦日公司等侵犯专利权纠纷案"中，针对被上诉人主张的购买侵权产品费用及相应的公证费用，北京市高级人民法院法院认为，虽然购买涉案产品及公证费的付款人均为史陶比尔公司，但因该公司系被上诉人的关联公司，且购买涉案产品及公证行为均与被上诉人有关，因此被上诉人向上诉人主张相关费用并无不当。❹

公证费不包括鉴定费、评估费、公证书副本费、公证处到异地（省外）办理公证所需的差旅费、当事人因举证有困难委托公证处进行调查的有关费用等。理由在于，这些费用需要申请人另行支付。❺ 此外，公证员异地办理公证的差旅费是否属于合理开支的问题不无疑问。从费用

---

❶ "华某某、合肥安迪华进出口有限公司与上海斯博汀贸易有限公司等侵犯专利权纠纷案"，最高人民法院（2007）民三终字第 3 号民事判决书。

❷ 张广良主编：《知识产权民事诉讼热点专题研究》，知识产权出版社 2009 年版，第 148 页。

❸ 《公证法》第 46 条。

❹ "常熟纺织机械厂有限公司与（法国）斯托布利—法韦日公司等侵犯专利权纠纷案"，北京市高级人民法院（2007）高民终字第 550 号民事判决书。

❺ 《公证服务收费管理办法》第 7 条。

的合理性角度来看，各地的公证机构所出具的公证文书在法律效力上是一样的，权利人没有必要采取异地公证的方式固定证据，因此异地公证所产生的公证员的差旅费开支缺乏合理性。

在司法实践中，调查取证费与律师费可能存在交叉。例如，权利人委托代理律师进行调查、取证，此时权利人向律师支付的费用可能不但包括律师费，还包括全部或者部分的调查取证费用。因此，需要审查权利人与律师签订的服务合同，以明确该合同中涉及的费用究竟指向哪些内容，以免权利人的合理开支得到重复赔偿。❶

第二节　律师费

一、关于律师费负担的两种模式

在知识产权侵权案件中判决侵权人支付知识产权权利人所花费的律师费，实际上是广义的律师费负担规则中的一部分内容。目前，关于民事诉讼中律师费的负担在比较法上大致存在两种模式。

一种是由败诉方承担胜诉方的律师费的模式。在英国，胜诉一方当事人（不论是原告还是被告）均可以要求败诉一方当事人，支付包括律师费在内的一切合理开支。❷ 采用该种模式，主要是基于费用移转会使原告在起诉时考虑再三的因素，即可以通过使败诉方承担胜诉方的律师费从而达到抑制不必要的诉讼发生的目的。德国亦采用由败诉方承担胜诉方的律师费的模式。❸在德国，通常以一个固定的费用表为基础计算律

---

❶　陈志兴："浅析知识产权诉讼合理开支的确定与赔偿"，见 2014 年中华全国专利代理人协会年会第五届知识产权论坛论文。

❷　David A. Root, *Attorney fee-shifting in America：Comparing，Contrasting，and Combining the "American Rule" and "English Rule"*，15 Ind. Int'l & Comp. L. Rev. 583（2005）. 该规则被称为"英国规则"（English Rule）。

❸　《德国民事诉讼法》第 91 条。在德国，诉讼费用还包括律师费用。按照《德国民事诉讼法》的规定，败诉的当事人应当承担诉讼的费用。

师费，以此为基础作出的判决往往少于当事人实际所花费的费用。❶

另一种是原则上由当事人各自负担律师费，在例外情形下要求由败诉方负担对方律师费的模式。在 Arcambel v. Wiseman 案中，美国最高法院即确认了当事人各自负担律师费的原则。❷ 在美国，除非制定法有明确规定或者合同明确约定，律师费通常不在损害赔偿的范围之内。❸ 这种例外适用的规则被称为律师费转移规则。❹ 日本亦采取当事人各自负担律师费的原则。❺

关于知识产权侵权案件中律师费的承担，我国采取的是后一种模式，即原则上由案件当事人各自承担律师费，只有在法律明确规定的例外情形下才能由败诉方承担律师费用。按照 TRIPs 协议的要求，我国在知识产权侵权领域引入了败诉的侵权人向胜诉的权利人支付律师费的规定。要求侵权人承担权利人花费的律师费，主要是考虑到知识产权诉讼的高成本，避免出现诉讼成本过高导致权利人即使赢得了诉讼亦需要投入大量成本，从而不利于激励权利人通过诉讼保护权利的现象出现。TRIPs 协议将律师费的转移规定在损害赔偿的内容之中，该制度通常被表述为侵权人赔偿权利人的律师费损失。在这样的认识下，支付合理维权开支变成了损害赔偿的一部分内容。事实上，在美国，由败诉方承担律师费的做法仅仅是一种费用转移。应当看到其支付律师费制度的本质。

---

❶ 屈广清、周后春：“诉讼费（仲裁费）与律师费承担的比较研究”，载《河南省政法管理干部学院学报》2003 年第 4 期。

❷ *Arcambel v. Wiseman*，3 U. S. 306，306（1796）. 该规则被称为“美国规则”（American Rule）。

❸ *Fleischmann Distilling Corp. v. Maier Brewing Co.*，386 U. S. 714（1967）.

❹ 例如，美国法院从公平原则出发在合同诉讼、公益诉讼、知识产权诉讼等民事诉讼领域形成了当事人各自负担律师费用原则的例外制度，法院可在这些特殊的领域酌情判赔律师费。David A. Root，*Attorney Fee-shifting in America：Comparing，Contrasting，and Combining the " American Rule" and " English Rule"*，15 Ind. Int'l & Comp. L. Rev. 583（2005）. 1946 年《美国商标法》中并没有规定律师费的赔偿问题，律师费的赔偿问题是该法于 1976 年修订的过程中增加的内容。

❺ 《日本民事诉讼法》采取狭义的诉讼费用概念，其中并不包含律师费。因此律师费不适用败诉人负担原则。

　　此外，我国并未完全引入由败诉方负担律师费的规则，仅仅规定在知识产权侵权诉讼中，败诉的侵权人应当承担权利人的律师费，并没有规定如果被控侵权人胜诉，权利人需要支付被告支出的律师费。由败诉的原告向胜诉的被告支付律师费的主要意义在于可以有效地抑制恶意诉讼的发生，尤其是对以知识产权侵权诉讼作为打击竞争对手或者通过诉讼寻求许可费等类案件的发生。❶ 为了解决专利诉讼中的滥诉问题，2013 年的《美国创新法案》试图对《美国专利法》第 285 条进行修改，直接规定法院应当判决由败诉方支付胜诉方的合理开支。❷ 尽管众议院通过了该法案，但是美国国会没有通过。上述规则为美国司法实践的肯定。在 Octane Fitness, LLC v. ICON Health & Fitness, Inc. 案中，美国最

---

　　❶ 例如，在美国，存在大量的非专利实施主体（NPE）。根据美国国际贸易委员会（ITC）的定义，NPE 一般分为两类，第一类是拥有专利但并不实施该专利从事产品生产的发明者、科研机构（如大学或实验室）、新创公司等，其特点是通过授权方式符合"国内产业标准"；第二类是指拥有专利但并不实施该专利从事产品生产的实体，其商业模式主要为购买专利并进行专利诉讼。此类 NPE 购买专利的主要目的就是收取专利授权费用以及通过诉讼寻求和解费用。此类 NPE 与那些实施专利的公司相比，具有重要的竞争优势：他们不从事生产，在专利诉讼中需要提供较少的文件证据、证人证言以及律师费用，同时无须承担侵犯他人专利权的风险；由于诉讼是其主业，因此也无须担心商誉受损或员工因诉讼受到干扰。

　　❷ §285. Fees and other expenses (a) AWARD. —The court shall award, to a prevailing party, reasonable fees and other expenses incurred by that party in connection with a civil action in which any party asserts a claim for relief arising under any Act of Congress relating to patents, unless the court finds that the position and conduct of the nonprevailing party or parties 18 were reasonably justified in law and fact or that special circumstances (such as severe economic hardship to a named inventor) make an award unjust. (b) CERTIFICATION AND RECOVERY. —Upon motion of any party to the action, the court shall require another party to the action to certify whether or not the other party will be able to pay an award of fees and other expenses if such an award is made under subsection (a). If a nonprevailing party is unable to pay an award that is made against it under subsection (a), the court may make a party that has been joined under section 299 (d) with respect to such party liable for the unsatisfied portion of the award. (c) COVENANT NOT TO SUE. —A party to a civil action that asserts a claim for relief arising under any Act of Congress relating to patents against another party, and that subsequently unilaterally extends to such other party a covenant not to sue for infringement with respect to the patent or patents at issue, shall be deemed to be a nonprevailing party (and the other party the prevailing party) for purposes of this section, unless the party asserting such claim would have been entitled, at the time that such covenant was extended, to voluntarily dismiss the action or claim without a court order under Rule 41 of the Federal Rules of Civil Procedure".

高法院则确认对于那些"轻率的"原告如果败诉，需要适用费用移转规则，❶ 其目的即在于遏制非专利实施主体的滥诉行为。

二、合理律师费的适用条件

在我国，支付律师费的前提条件之一是知识产权权利人在侵权案件中胜诉。该规定与美国法是一致的。在美国，所谓的胜诉方是指获得了禁令救济以及名义上的损害赔偿金的原告，❷ 如果原告仅仅获得了禁令救济则不符合胜诉方的要求。当然，在我国并无如此严格的限制，只要法院判决被控侵权人应当承担侵权责任，知识产权权利人即有权主张支付律师费。

按照相关司法解释的规定，"人民法院根据当事人的诉讼请求和案件具体情况，可以将符合国家有关部门规定的律师费用计算在赔偿范围内"。❸ 从条文表述来看，我国法院对于是否判决支付律师费是享有自由裁量权的。也就是说，虽然知识产权权利人可以向法院主张由败诉的侵权人支付合理律师费，但是是否作出支持知识产权权利人主张的判决需要法院进行具体的判断。然而在司法实践中，我国法院通常会在知识产权侵权成立的案件中判决由侵权人向权利人支付律师费。对此，有学者建议对于法律关系简单的案件，不适用支付律师费的规则。❹

在美国，并非所有知识产权权利人胜诉的侵权案件均能毫无疑问地适用败诉方支付律师费的规则。按照美国法，除制定法有明确规定或者合同有特别约定的，律师费均不在损害赔偿的范围内。《美国商标法》制定之初并未明确规定律师费的赔偿问题，通说认为该法实际上是排除

---

❶ *Octane Fitness, LLC v. ICON Health & Fitness, Inc.*, 134 S. Ct.1749 (2014).

❷ *Montgomery v. Noga*, 168 F. 3d 1282 (11th Cir.1999); *Audi AG v. D' Amato*, 469 F. 3d 534 (6th Cir.2006).

❸ 《最高人民法院关于审理著作权民事纠纷案件适用法律若干问题的解释》第 26 条。

❹ 张耕：《知识产权民事诉讼研究》，法律出版社 2004 年版，第 574 页。

了支付律师费的可能性。❶ 1975 年，《美国商标法》进行修订，明确规定在例外情形下，法院可以判决败诉方赔偿对方当事人律师费。❷《美国版权法》和《美国专利法》中亦有类似的规定。❸ 因此在美国法上，只有在例外情况下，法院才可以判令败诉的侵权人承担知识产权权利人支出的合理律师费用。

在 Kirtsaeng v.John Wiley & Sons，Inc. 案中，美国最高法院讨论了版权诉讼中败诉方承担律师费用规则的适用标准。❹ 美国最高法院指出，版权诉讼中律师费移转规则的适用，需要看其是否符合版权法的宗旨，即是否有利于鼓励作品的创作和传播。❺ 判决败诉方支付胜诉方的律师费是一把双刃剑，既提高了对胜诉方的奖励也强化了对败诉方的惩罚。这种做法既可能激励也可能抑制当事人提起诉讼来划定清晰的版权边界。但是这种做法仅对偏好风险的当事人有效。大多数的诉讼当事人并不偏好风险，甚至倾向于规避风险，其效果是存在疑问的。❻ 当然，当事人主张的客观合理性只是确定律师费移转规则适用中的一个重要因素，而非决定性因素。❼ 即使败诉方的诉讼主张具有客观合理性，法院仍可以考虑其他相关因素对个案中是否适用律师费移转进行自由裁量。

---

❶ 在 Fleischmann Distilling Corp.v.Maier Brewing Co 案中，美国最高法院明确指出，在依据联邦商标法起诉的商标侵权案件中，律师费不予赔偿。*Fleischmann Distilling Corp.v.Maier Brewing Co.*，386 U. S.714（1967）. 尽管最高法院明确否定赔偿律师费在商标案件中的适用，有些法院还是在例外的情形中判决侵权人支付原告律师费。J.Thomas McCarthy，*McCarthy on Trademarks and Unfair Competition* § 30：98（database updated 2014）.

❷ 《美国商标法》第 35 条（a）款。

❸ 《美国版权法》第 505 条、《美国专利法》第 285 条。

❹ 泰国留学生科森（Kirtsaeng）在康奈尔大学学习期间，发现威利公司销售的教科书在美国和泰国存在较大差价。于是，科森从泰国购买了教科书并转卖给美国学生。威利公司以版权侵权为由将科森诉至法院，科森则以首次销售原则进行抗辩。2013 年，美国最高法院明确了版权法领域采取国际用尽的态度，认可了平行进口的合法性，科森最终胜诉。此后，科森又向纽约南部地区法院起诉要求威利公司承担其因版权诉讼而支付的巨额律师费，初审法院和上诉法院均驳回了科森的请求。美国最高法院最终撤销了下级法院的裁决并将此案发回地区法院重审。

❺ *Kirtsaeng v.John Wiley & Sons，Inc.*，136 U. S.1979，1986（2016）.

❻ *Kirtsaeng v.John Wiley & Sons，Inc.*，136 U. S.1979，1987（2016）.

❼ *Kirtsaeng v.John Wiley & Sons，Inc.*，136 U. S.1979，1988（2016）.

例如，原告在诉讼中存在不当行为时，即使其诉讼主张具有合理性，法院仍然可以适用律师费移转。又如，被告故意重复侵权时，或者原告故意重复主张版权时，即使败诉方的主张具有客观合理性，法院仍然可以适用律师费移转来抑制这种故意重复的行为。❶ 可见，在美国版权法上，是否适用律师费移转，尤其是在版权人胜诉的情况下，是否判决由侵权人支付律师费，除了需要考虑被告的行为因素以外，还需要对原告的行为进行考察。

在商标侵权的场合，所谓例外情形，主要是指商标侵权人在主观上具有恶意。当然，美国各巡回上诉法院采用的具体标准可能有所不同。例如，美国第一上诉巡回法院认为，未进行商标检索可以作为证明侵权人是出于故意而从事侵权行为。❷

类似的，在专利领域，1946 年之前《美国专利法》并未授权法院在专利案件中授予胜负方律师费赔偿，不论胜诉或者败诉，律师费用均由各方当事人分别承担。1946 年国会修订了《美国专利法》，增加了一项自由裁量的费用移转规定。❸ 然而在司法实践中，法院并未当然地适用该条的规定，而是认为费用移转并非对败诉者的惩罚，而仅仅是在特殊情形下方能适用。❹ 该条款使得法院可以考察败诉方行为是否不公正或者存在恶意，以及类似的其他衡平因素，以至于案件如此的特殊，因此可以适用费用移转。1952 年国会修改了费用移转条款，修改后的《美国专利法》第 285 条规定，"法院在例外的案件中可以判决（败诉方）向胜诉方当事人支付律师费"。一直以来，美国法院以一种自由裁量的方式，考察各种因素以确定一个案件是否属于例外。❺ 美国联邦上诉巡回

---

❶ *Kirtsaeng v. John Wiley & Sons*, *Inc.*, 136 U. S.1979, 1989 (2016).

❷ *Tamko Roofing Products*, *Inc.v.Ideal Roofing Co.*, *Ltd.*, 282 F. 3d 23 (1st Cir.2002).

❸ 35 U. S. C. § 70 (1946 ed.).

❹ *Park-In-Theatres*, *Inc.v.Perkins*, 190 F. 2d 137, 142 (C. A. 9 1951).

❺ *True Temper Corp.v.CF & I Steel Corp.*, 601 F. 2d 495, 508-509 (C. A. 10 1979); *Kearney & Trecker Corp.v.Giddings & Lewis*, *Inc.*, 452 F. 2d 579, 597 (C. A. 7 1971); *Siebring v.Hansen*, 346 F. 2d 474, 480-481 (C. A. 8 1965).

法院亦指示下级法院在适用费用移转规则时全面考察案件的情况。❶ 在 Fogerty v. Fantasy，Inc. 案中，美国最高法院明确指出，在是否判决由败诉方承担胜诉方律师费的问题上，法院可以根据自由裁量进行个案认定，可以考虑是否存在滥诉、当事人的诉讼动机、客观合理性、特定情况下考虑补偿或者抑制的需要等因素进行确定。❷

在 2005 年，美国联邦上诉巡回法院放弃了之前的衡平做法，转而采用了一种更加严格更加机械的公式。在 Brooks Furniture Mfg.，Inc. v. Dutailier Int'l，Inc. 案中，该法院主张，例外情形仅仅是诉讼中存在某些严重恶意的不当行为，例如故意侵权、欺诈或者违反衡平原则而提起专利诉讼、诉讼中存在不当行为、无理的或者不合理的诉讼、违反《联邦民事诉讼规则》第 11 条或者类似规定的行为。❸ 按照该案确立的标准，一个案件只有在与诉讼有关的不当行为需要进行单独的制裁，或者确认诉讼是以主观上出于恶意、客观上不具备正当理由时才构成例外情形。❹ 这种公式使得原本具有弹性的制定法条文变得过于僵化。首先，可制裁的行为并非一个合适的标准。即使当事人的不当行为不需要进行单独的制裁，法院亦可以认定案件属于例外情形而适用费用移转规则。❺ 而第二项标准又过于严格。美国联邦上诉巡回法院主张费用移转的适用需要当事人提供确定的证据，❻ 美国最高法院认为并非如此，该制度仅仅是赋予法院在该问题上的自由裁量权，而非规定了证明标准。❼ 在 Octane Fitness，LLC v. ICON Health & Fitness，Inc. 案中，美国最高法院指出，对专利侵权案件中的律师费的移转所谓例外情形，是指与其他案件在以下方面存在很大区别的案件，即某一方当事人的地位十分强大（考虑适

---

❶ *Rohm & Haas Co. v. Crystal Chemical Co.*，736 F. 2d 688，691（C. A. Fed. 1984）；*Yamanouchi Pharmaceutical Co.*，*Ltd. v. Danbury Pharmacal，Inc.*，231 F. 3d 1339，1347（C. A. Fed. 2000）.

❷ *Fogerty v. Fantasy，Inc.*，510 U. S. 517，534（1994）.

❸❹ *Brooks Furniture Mfg.*，*Inc. v. Dutailier Int'l，Inc.*，393 F. 3d 1378，1381（2005）.

❺❼ *Brooks Furniture Mfg.*，*Inc. v. Dutailier Int'l，Inc.*，393 F. 3d 1378，1757（2005）.

❻ *Brooks Furniture Mfg.*，*Inc. v. Dutailier Int'l，Inc.*，393 F. 3d 1378，1382（2005）.

用的法律和案件事实）或者该案是以一种非合理的方式起诉的。❶

在商业秘密侵权案件中，《美国统一商业秘密法》规定，如侵权诉讼主张出于恶意，提出取消禁令的请求或者拒绝执行禁令出于恶意，或者存在故意、恶意而侵占，法院可责令向胜诉一方支付律师费用。❷ 当然，由于商业秘密保护主要是州法层面上的问题，并非所有的州均采用了《美国统一商业秘密法》的模式。例如，明尼苏达州即严格要求当事人自行负担律师费；马萨诸塞州法律则明确规定禁止在商业秘密侵权案件中适用律师费移转规则。❸

三、合理律师费的计算

知识产权权利人主张侵权人支付的律师费，并非权利人实际支出的律师费，而是应当被限定在合理的范围内。

在我国，作为合理支出的律师费需要符合国家有关部门规定。❹ 在我国，律师费实行政府指导价和市场调节价。❺ 从计费方式上看，律师费可以采取计件收费、按标的额比例收费和计时收费等方式。❻ 但是目前，我国尚无全国统一的律师收费标准，而是各地方根据各自的实际情况分别制定各地的律师收费标准。❼ 因此，关于合理律师费的计算，需要考虑各地的不同情况。由于各地律师费收费标准不同，在实践中可能出现以下问题，即当事人为了获得更专业的法律服务找到了发达地区的律师，但是在欠发达的地区诉讼，相较而言，其支付的律师费可能会高

---

❶ *Octane Fitness, LLC v.ICON Health & Fitness, Inc.*, 134 S. Ct.1749 (2014). 该案判决指出，（1）联邦上诉法院对于专利侵权案件中律师费的赔偿问题采用的标准过于严格；（2）对律师费的证明标准应采优势证据标准而非清楚可信标准；（3）在上诉中应当尊重地区法院对律师费的判决。

❷ 《美国统一商业秘密法》第4条。

❸ 黄武双："美国商业秘密侵权赔偿责任研究"，载《科技与法律》2010年第5期。

❹ 《最高人民法院关于审理著作权民事纠纷案件适用法律若干问题的解释》第26条第2款。

❺ 《律师服务收费管理办法》第4条。

❻ 《律师服务收费管理办法》第10条。

❼ 《律师服务收费管理办法》第8条。

于在法院地的律师费。此时，权利人主张按照实际支付的律师费计算能否得到支持。最高人民法院指出，"当事人为诉讼支付的符合规定的律师费，应当根据当事人的请求，综合考虑其必要性、全部诉讼请求的支持程度、请求赔偿额和实际判赔额的比例等因素合理确定，并计入赔偿范围"。❶ 因此，法院可以结合案件的实际考虑上述支出是否合理。学者建议，法院在具体的知识产权审判实践中确定合理律师费需要考量以下因素：判决赔偿额与诉讼请求额的比例；诉讼请求被支持的程度；合理律师费在其他相关联的案件中是否已经获得赔偿；案件的复杂程度；律师实际工作量；参考司法行政部门规定的律师收费标准。❷

在美国，是否判决支付律师费是法院的职权，陪审团无权计算律师费的数额。❸ 在美国，律师服务通常采取小时收费制，律师费应以工作所花费的时间乘以合理的律师费率进行计算。美国通常适用"北极星"（lodestar）计算方法确立合理律师费。❹ 具体来讲，寻求律师费赔偿的当事人需要向法院呈交律师工作时间及单位计价的证据。胜诉一方的律师应该诚实善意地将过分的、不必要的费用请求时间排除在外。法院在评估具体的律师费时，应当将当事人非合理花费的时间排除在费用计算范围外。在 Johnson v. Georgia Highway Exp., Inc. 案中，❺ 美国第五上诉法院在合理律师费数额时列举了以下考量因素：所需的时间和劳动量；争议问题的新颖性和复杂性；恰当履行法律服务所需的诉讼技巧；因接受本案代理，律师对其他雇佣行为的排斥程度；同类案件通常所收取的律师费数额；费用是否固定或附条件；委托人或客观情况所强加的时间限制；律师参与到诉讼行为中的时间；律师的经验、声誉及能力；委托人

---

❶ 《最高人民法院关于全面加强知识产权审判工作为建设创新型国家提供司法保障的意见》第 13 条。

❷ 张耕、王淑君："知识产权诉讼中律师费应有限转付"，载《人民司法》2014 年第 9 期。

❸ *Tamko Roofing Products, Inc. v. Ideal Roofing Co., Ltd.*, 282 F. 3d 23, 31（1st Cir. 2002）.

❹ *City of Burlington v. Dague*, 505 U. S. 557, 562（1992）.

❺ *Johnson v. Georgia Highway Exp., Inc.*, 488 F. 2d 714, 717-719（5th Cir. 1974）.

对案件裁决结果的满意程度；律师与委托人之间职业关系的性质及时间长度；类似案件中支付的数额。该案所确立的考量因素为很多美国各级法院所采纳。❶

---

❶ *Kerr v. Screen Actors Guild*, *Inc.*, 526 F. 2d 67, 70 (9th Cir.1975).

参考文献

［1］蔡明诚.发明专利法研究［M］.台北：自版，1997.

［2］曾隆兴.现代损害赔偿法论［M］.北京：中国政法大学出版社，2001.

［3］曾世雄.损害赔偿法原理［M］.台北：新学林出版股份有限公司，2005.

［4］曾玉珊.论知识产权侵权损害的法定赔偿［J］.学术研究，2006（12）：75.

［5］陈聪富.侵权违法性与损害赔偿［M］.北京：元照出版公司，2008.

［6］陈富聪.美国惩罚性赔偿金的发展趋势——改革运动与实证研究的对峙［J］.台
大法学论丛，1997（1）：231.

［7］陈瑞华.法学研究方法的若干反思［J］.中外法学，2015（1）：22.

［8］陈志兴.浅析知识产权诉讼合理开支的确定与赔偿［C］.2014年中华全国专利
代理人协会年会第五届知识产权论坛论文.

［9］陈舟.对知识产权侵权案法定赔偿的几点建议［J］.电子知识产权，2003
（10）：36.

［10］程永顺.专利纠纷与处理［M］.北京：知识产权出版社，2006.

［11］戴建志，陈旭主编.知识产权损害赔偿研究［M］.北京：法律出版社，1997.

［12］董美根.知识产权许可研究［M］.北京：法律出版社，2013.

［13］董天平，邰中林.著作权侵权损害赔偿问题研讨会综述［J］.知识产权，2000
（6）：35.

［14］董雪兵，史晋川.累积创新框架下的知识产权保护研究［J］.经济研究，2006
（5）：97.

［15］范晓波.知识产权产权的价值与侵权损害赔偿［M］.北京：知识产权出版
社，2016.

［16］范长军.德国专利法研究［M］.北京：科学出版社，2010.

［17］冯博生，王仲.论侵害智慧财产权之损害赔偿方法［J］.法律评论，1993

（8）：17.

[18] 冯晓青，罗娇.知识产权侵权惩罚性赔偿研究——人文精神、制度理性与规范设计 [J]. 中国政法大学学报，2015（6）：24.

[19] 冯晓青.知识产权法的价值构造：知识产权法利益平衡机制研究 [J]. 中国法学，2007（1）：67.

[20] 和育东.专利侵权赔偿中的技术分摊难题——从美国废除专利侵权"非法获利"赔偿说起 [J]. 法律科学，2009（3）：161.

[21] 洪学军.论侵害他人权益型不当得利——兼析侵权损害赔偿请求权与不当得利返还请求权的竞合 [J]. 中国青年政治学院学报，2003（2）：113.

[22] 胡海荣.美国侵权法上连带责任的新发展及其启示 [J]. 法商研究，2008（3）：115.

[23] 胡平仁.法律政策学的学科定位与理论基础 [J]. 湖湘论坛，2010（2）：24.

[24] 黄武双.美国商业秘密侵权赔偿责任研究 [J]. 科技与法律，2010（5）：45.

[25] 江伟.民事诉讼法学 [M]. 第3版.北京：北京大学出版社，2015.

[26] 蒋舸.著作权法与专利法中"惩罚性赔偿"之非惩罚性 [J]. 法学研究，2016（5）：80.

[27] 蒋志培.论知识产权侵权损害的赔偿 [J]. 电子知识产权，1998（1）：10.

[28] 孔祥俊.网络著作权保护法律理念与裁判方法 [M]. 北京：中国法制出版社，2015.

[29] 李琛，王泽.论侵害他人商标权的不当得利 [J]. 河南社会科学，2005（3）：60.

[30] 李黎明.专利侵权法定赔偿中的主体特征和产业属性研究——基于2002~2010年专利侵权案件的实证分析 [J]. 现代法学，2015（7）：170.

[31] 李明德.关于知识产权损害赔偿的几点思考 [J]. 知识产权，2016（5）：3.

[32] 李素华.专利侵害之损害赔偿及侵害所得利益法之具体适用：以我国专利法为中心 [J]. 台大法学论丛，2013（4）：1387.

[33] 李永军.论连带责任的性质 [J]. 中国政法大学学报，2011（2）：80.

[34] 李永明，应振芳.法定赔偿制度研究 [J]. 浙江社会科学，2003（3）：80.

[35] 林广海.市场价值视域下的知识产权侵权赔偿 [J]. 知识产权，2016（5）：20.

[36] 凌斌.法律救济的规则选择：财产规则、责任规则与卡梅框架的法律经济学重

构 [J]. 中国法学, 2012 (6): 5.

[37] 刘春田.知识产权作为第一财产权利是民法学上的一个发现 [J]. 知识产权, 2015 (10): 3.

[38] 刘筠筠.知识产权侵权损害赔偿问题研究 [M]. 北京: 知识产权出版社, 2017.

[39] 鲁宇鹏.法政策学初探——以行政法为参照系 [J]. 法商研究, 2012 (4): 111.

[40] 南振兴, 王岩云.知识产权侵权认定及损害赔偿研究 [J]. 河北经贸大学学报, 2005 (4): 82.

[41] 彭汉英.当代西方的法律政策思想 [J]. 外国法评译, 1997 (2): 28.

[42] 钱玉文.论我国知识产权法定赔偿制度的司法适用 [J]. 社会科学家, 2008 (2): 78.

[43] 曲三强.现代知识产权法 [M]. 北京: 北京大学出版社, 2009.

[44] 史尚宽.债法总论 [M]. 北京: 中国政法大学出版社, 2000.

[45] 宋健.知识产权损害赔偿问题探讨——以实证分析为视角 [J]. 知识产权, 2016 (5): 10.

[46] 田韶华.论侵权责任法上可得利益损失之赔偿 [J]. 法商研究, 2013 (1): 127.

[47] 王景, 高燕梅.知识产权损害赔偿评估 [M]. 北京: 知识产权出版社, 2016.

[48] 王利明.论返还不当得利责任与侵权责任的竞合 [J]. 中国法学, 1994 (5): 74.

[49] 王利明.侵权责任法研究 [M]. 第2版.北京: 中国人民大学出版社, 2016.

[50] 王迁, 王凌红.知识产权间接侵权研究 [M]. 北京: 中国人民大学出版社, 2008.

[51] 王怡萍.商标侵权损害赔偿计算: 以民国100年修法为核心 [J]. 辅仁法学, 2014 (12): 23.

[52] 王泽鉴.侵权行为 [M]. 北京: 北京大学出版社, 2009.

[53] 王泽鉴.侵权行为 [M]. 第3版.北京: 北京大学出版社, 2016.

[54] 王泽鉴.人格权法: 法释义学、比较法、案例研究 [M]. 北京: 北京大学出版社, 2013.

[55] 王争.累积性创新、专利期限与企业R&D投资路径 [J]. 制度经济学研究,

2005（4）：65.

[56] 王竹.论教唆行为与帮助行为的侵权责任 [J].法学论坛，2011（9）：64.

[57] 王竹.侵权责任分担论——侵权损害赔偿责任数人分担的一般理论 [M].北京：中国人民大学出版社，2009.

[58] 毋爱斌.损害额认定制度研究 [J].清华法学，2012（2）：115.

[59] 吴汉东.论网络服务提供者的著作权侵权责任 [J].中国法学，2011（2）：38.

[60] 吴汉东.知识产权法总论 [M].第3版.北京：中国人民大学出版社，2013.

[61] 吴汉东.无形财产权基本问题研究 [M].第3版.北京：中国人民大学出版社，2013.

[62] 吴汉东.知识产权损害赔偿的市场价值基础与司法裁判规则 [J].中外法学，2016（6）：1480.

[63] 肖永平，霍政欣.英美债法的第三支柱：返还请求权法探析 [J].比较法研究，2006（3）：45.

[64] 解亘.法政策学——有关制度设计的学问 [J].环球法律评论，2005（2）：65.

[65] 徐聪颖.我国商标权法定赔偿的现状及反思 [J].甘肃政法学院学报，2015（3）：76.

[66] 徐聪颖.我国专利法定赔偿的实践及反思 [J].河北法学，2014（12）：60.

[67] 徐伟.网络服务提供者连带责任之质疑 [J].法学，2012（5）：82.

[68] 徐小奔.论专利侵权合理许可费赔偿条款的适用 [J].法商研究，2016（5）：184.

[69] 晏志杰.经济学价值理论新解——重新认识价值概念、价值源泉及价值实现条件 [J].北京大学学报（哲学社会科学版），2001（6）：10.

[70] 阳庚德.普通法国家惩罚性赔偿制度研究——以英、美、澳、加四国为对象 [J].环球法律评论，2013（4）：139.

[71] 杨彪.受益型侵权行为研究——兼论损害赔偿法的晚近发展 [J].法商研究，2009（5）：77.

[72] 杨会.数人侵权责任研究 [M].北京：北京大学出版社，2014.

[73] 杨立新.网络平台提供者的附条件不真正连带责任与部分连带责任 [J].法律科学，2015（1）：166.

[74] 姚辉，邱鹏.侵权行为法上损害概念的梳理与抉择 [J].私法研究，2009

（1）：30.

[75] 叶金强.论侵权损害赔偿范围的确定 [J].中外法学，2012（1）：155.

[76] 尹锋林.研发成本应作为我国专利侵权赔偿数额的重要参考因素 [C].2014 年知识产权司法保护研讨会文集.

[77] 尹新天.中国专利法详解 [M].北京：知识产权出版社，2012.

[78] 于敏.日本侵权行为法 [M].第 3 版.北京：法律出版社，2015.

[79] 袁秀挺.知识产权惩罚性赔偿制度的司法适用 [J].知识产权，2015（7）：21.

[80] 占善刚.证明妨害论——以德国法为中心的考察 [J].中国法学，2010（3）：100.

[81] 张耕，王淑君.知识产权诉讼中律师费应有限转付 [J].人民司法，2014（9）：97.

[82] 张耕.知识产权民事诉讼研究 [M].北京：法律出版社，2004.

[83] 张广良.知识产权民事诉讼热点专题研究 [M].北京：知识产权出版社，2009.

[84] 张玲.我国专利间接侵权的困境及立法建议 [J].政法论丛，2009（2）：41.

[85] 张凌寒.网络服务提供者连带责任的反思与重构 [J].河北法学，2014（6）：58.

[86] 张平华.连带责任的弹性不足及其克服 [J].中国法学，2015（5）：118.

[87] 张新宝，李倩.惩罚性赔偿的立法选择 [J].清华法学，2009（4）：5.

[88] 张新宝.中国侵权行为法 [M].北京：中国社会科学出版社，1995.

[89] 张泽吾.举证妨碍规则在赔偿确定阶段的适用及其限制——兼评新《商标法》第 63 条第 2 款 [J].知识产权，2013（11）：40.

[90] 朱丹.知识产权惩罚性赔偿制度研究 [M].北京：法律出版社，2016.

[91] 朱广新.惩罚性赔偿制度的演进与适用 [J].中国社会科学，2014（3）：104.

[92] 朱启莉.我国知识产权法定赔偿适用情形存在的问题与对策研究——兼评《著作权法》（草案）第 72 条 [J].当代法学，2012（5）：11.

[93] 朱岩."利润剥夺"的请求权基础——兼评《中华人民共和国侵权责任法》第 20 条 [J].法商研究，2011（3）：137.

[94] [澳] 彼得·达沃豪斯·约翰·布雷斯韦特.信息封建主义 [M].刘雪涛，译.北京：知识产权出版社，2005.

[95] [澳] 彼得·德霍斯.知识财产法哲学 [M].周林，译.北京：商务印书馆，2008.

[96] ［德］弗兰克·A.哈梅尔.中国法院对知识产权法的实施——兼论对损害赔偿和费用承担的主张［M］//徐楷行,译.中德法学论坛.第8辑.南京：南京大学出版社,2011.

[97] ［德］卡尔·拉伦茨.法学方法论［M］.陈爱娥,译.北京：商务印书馆,2004.

[98] ［德］鲁道夫·克拉瑟.专利法——德国专利和实用新型法、欧洲和国际专利法［M］.单晓光,等,译.北京：知识产权出版社,2016.

[99] ［德］乌尔里希·马格努斯.侵权法的统一：损害与损害赔偿［M］.谢鸿飞,译.北京：法律出版社,2009.

[100] ［法］乔治·卡明等.荷兰,英国,德国民事诉讼中的知识产权执法［M］.张伟君,译.北京：商务印书馆,2014.

[101] ［法］萨伊.政治经济学概论［M］.陈福生,陈振骅,译.北京：商务印书馆,1963.

[102] ［加］欧内斯特·J.温里布.私法的理念［M］.徐爱国,译.北京：北京大学出版社,2007.

[103] ［美］E.博登海默.法理学法律哲学与法律方法［M］.邓正来,译.北京：中国政法大学出版社,2004.

[104] ［美］彼得·凯恩.侵权法解剖［M］.汪志刚,译.北京：北京大学出版社,2010.

[105] ［美］查尔斯·韦兰.公共政策导论［M］.魏陆,译.北京：格致出版社,2014.

[106] ［美］丹·B.多布斯.侵权法（上册）［M］.马静,等,译.北京：中国政法大学出版社,2014.

[107] ［美］丹·L.伯克,马克·A.莱姆利.专利危机与应对之道［M］.马宁,余俊,译.北京：中国政法大学出版社,2013.

[108] ［美］弗兰克·费希尔.公共政策评估［M］.吴安明,等,译.北京：中国人民大学出版社,2003.

[109] ［美］戈登·史密斯,罗素·帕尔.知识产权价值评估、开发与损害赔偿［M］.夏玮,等,译.北京：电子工业出版社,2012.

[110] ［美］克里斯蒂娜·博翰楠,赫伯特·霍温坎普.创造无羁限：促进创新中的自由与竞争［M］.兰磊,译.北京：法律出版社,2016.

[111] ［美］罗伯特·考特,托马斯·尤伦.法和经济学［M］.第6版.史晋川,等,译.上海：格致出版社,2012.

[112] ［美］竹中俊子主编.专利法律与理论——当代研究指南［M］.彭哲，等，译.北京：知识产权出版社，2013.

[113] ［美］Kevin Bendix.版权损害赔偿：引入专利法中的合理许可使用费用制度［C］//林小慧，仇沐慈.万勇，刘永沛主编.伯克利科技与法律评论：美国知识产权经典案例年度评论. 北京：知识产权出版社，2013.

[114] ［日］青山紘一.日本专利法概论［M］.聂宁乐，译.北京：知识产权出版社，2014.

[115] ［日］三村量一.非专用品型间接侵害——日本特许法 101 条 2 号，5 号的问题点［J］.付丽莎，许清，译.太平洋学报，2009（10）：54.

[116] ［日］田村善之.日本知识产权法［M］.周超，等，译.北京：知识产权出版社，2011.

[117] ［日］田村善之.著作权间接侵害［G］//田村善之.田村善之论知识产权. 李扬，等，译.北京：中国人民大学出版社，2013.

[118] ［日］伊藤贵子.专利间接侵权：中日法律规定与司法实践比较研究［D］.上海：华东政法大学，2010.

[119] ［英］约翰·穆勒.政治经济学原理（上册）［M］.胡企林，等，译.北京：商务印书馆，1997.

[120] Beatson，J.The Use and Abuse of Unjust Enrichment：Essays on the Law of Restitution［M］.Oxford：Oxford University Press，1991.

[121] Bensen，Eric E.，Apportionment Lost Profits in Contemporary Patent Damages Cases［J］. 10 Vir.J.L.& Tech.，2005（10）：1.

[122] Berg，Stephanie.，Remedying the Statutory Damages Remedy for Secondary Copyright Infringement Liability：Balancing Copyright and Innovation in the Digital Age［J］. J.Copyright Soc'y U. S. A.，2009（56）：265.

[123] Birk，Peter.An Introduction to the Law of Restitution［M］.Oxford：Oxford University Press，1985.

[124] Blair，Roger D.& Cotter，Thomas F.Intellectual Property，Economic and Legal Dimensions of Rights and Remedies［M］.Cambridge：Cambridge University Press，2005.

[125] Brett M. Frischmann & Mark A. Lemley. Spillovers［J］. Colum. L. Rev.，2007

（107）：257.

[126] Brown, Ralph S. Civil Remedies for Intellectual Property Invasions: Themes and Variations [J]. Law & Contemp.Probs., 1992 (55): 45.

[127] Charles W.Adams.Indirect Infringement from a Tort Law Perspective [J]. U.Rich. L.Rev., 2007 (42): 635.

[128] Cotropia, Christopher A.& Mark L.Lemley, Copying in Patent Law [J]. N.C.L. Rev., 2009 (87): 1421.

[129] Cotter, Thomas F.An Economic Analysis of Enhanced Damages and Attorney's Fees for Willful Patent Infringement [J]. Fed.Circuit B. J., 2004 (14): 291.

[130] Cotter, Thomas F.Comparative Patent Remedies: A Legal and Economic Analysis [M]. Oxford: Oxford University Press, 2013.

[131] Cotter, Thomas F.Four Principles for Calculating Reasonable Royalties in Patent Infringement Litigation [J]. Santa Clara Computer & High Tech. L. J., 2011 (27): 725.

[132] Cotter, Thomas F.Patent Holdup, Patent Remedies, and Antitrust Responses [J]. J.Corp.L., 2009 (34): 1151.

[133] David A. Root, Attorney fee – shifting in America: Comparing, Contrasting, and Combining the" American Rule" and " English Rule" [J]. Ind.Int'l & Comp.L. Rev., 2005 (15): 583.

[134] Dmitry Karshted.Damages for Patent Indirect Infringement [J]. Wash.U.L.Rev., 2014 (91): 911.

[135] Dorr, Robert C.& Munch, Christopher H.Protecting Trade Secrets, Patents, Copyrights, and Trademarks [M]. 2d ed.New York: Wiley Law Publications, 1995.

[136] Douglas Lichtman & William Landes. Indirect Liability for Copyright Infringement: An Economic Perspective [J]. Harv.J.L.& Tech., 2002 (16): 395.

[137] Dreier, Thomas. How Much ' Property ' is there in Intellectual Property? The German Civil Law Perspective [C] // Helena R.Howe & Jonathan Griffiths ed.Concepts of Property in Intellectual Property Law. Cambridge: Cambridge University, 2013.

[138] Ferch, Priscilla.Statutory Damages under the Copyright Act of 1976 [J]. Loy.U.

Chi.L. J., 1983 (15): 485.

[139] Friedman, Josh. Apportionment: Shining the Light of Day on Patent Damages [J]. Case W.Res.L.Rev., 2012 (1): 150.

[140] Goldstein, Paul. & Reese, R. Copyright, Patent, Trademark, and Related State Doctrines [M]. 7th ed. New York: Foundation Press, 2012.

[141] Goldstein, Paul. Goldstein on Copyright [M]. 3rd ed. Aspen Publishers, 2005.

[142] Heald, Paul. Money Damages and Corrective Advertising: An Economic Analysis [J]. U.Chi.L.Rev., 1988 (55): 629.

[143] Landers, Amy L. Patent Claim Apportionment, Patentee Injury, and Sequential Intervention [J]. 19 Geo.Mason L.Rev. (2011): 471.

[144] Landova, Marketa Trimble. Punitive damages in copyright infringement actions under the US Copyright Act [J], E. I. P. R., 2009 (2): 110.

[145] Lemley, Mark A. Rationalizing Internet Safe Harbors [J]. J.Telecomn.& High Tech.L. [2007]: 101.

[146] Love, Brian J. Patentee Overcompensation and the Entire Market Value Rule [J]. Stan.L.Rev.2007 (60): 263.

[147] Ludlow, Gregory C.& Anne M.Godbout, Recent Developments in Canadian Law: Survey of Intellectual Property [J]. Ottawa L.Rev., 1998 (30): 531.

[148] McCarthy, J.Thomas. McCarthy on Trademarks and Unfair Competition [M]. 4th ed. New York: Thomson West, 2014.

[149] Means, Samuel Chase. The Trouble with Treble Damages: Ditching Patent Law's Willful Infringement Doctrine and Enhanced Damages [J]. U. Ill. L. Rev. 2013: 1999.

[150] Patry, William. Patry on Copyright [M]. New York: Thomson West, 2015.

[151] Pincus, Laura B. The Computation of Damages in Patent Infringement Actions [J]. Have.J.L.& Tec.1991 (5): 95.

[152] Reddington, Justin A. To Caesar what is Caesar's: An Addacious Claim for Punitive Damage Reform in Patent Law [J]. Liberty U.L.Rev., 2015 (10): 201.

[153] Richard B.Troxel & William O.Kerr. Calculating Intellectual Property Damages [M]. New York: Thomson West, 2015.

[154] Samuelson, Pamela & Wheatland, Tara. Copyright Statutory Damages: A Remedy In Need of Reform [J]. Wm.& Mary L.Rev., 2009 (51): 439.

[155] Samuelson, Pamela et al., Statutory Damages: A Rarity in Copyright Laws Internationally, but for how long? [J]. J.Copyright Soc'y U.S.A., 2012 (60): 529.

[156] Scotchmer, Suzanne. On the Shoulder of the Giants: Cumulative Research and the Patent Law [J]. 5 J.Econ.Persp., 1991 (5): 29.

[157] Skenyon, John et al., Patent Damages Law and Practice [M]. New York: Thomson West, 2015.

[158] Stephanie Berg. Remedying the Statutory Damages Remedy for Secondary Copyright Infringement Liability: Balancing Copyright and Innovation in the Digital Age [J]. J.Copyright Soc'y U. S. A., 2009 (56): 265.

[159] Thomas, David A.& McGregor, Harvey. McGregor on Damages [M]. 18th ed. Sweet & Maxwell, 2009.

[160] Troxel, Richard & Kerr, William. Calculating Intellectual Property Damages [M]. New York: Thomson West, 2016.